Andi Zeisler
Wir waren doch mal Feministinnen

wir waren doch mal **FEMINISTINNEN**

Vom Riot Grrrl zum Covergirl

Der Ausverkauf einer politischen Bewegung

ANDI ZEISLER

Rotpunktverlag.

Aus dem Amerikanischen von Anne Emmert und Katrin Harlaß

Der Rotpunktverlag wird vom Bundesamt für Kultur mit einem
Strukturbeitrag für die Jahre 2016–2020 unterstützt.

Die Originalausgabe erschien 2016 unter dem Titel
*We were Feminists once. From Riot Grrrl to CoverGirl,
the Buying and Selling of a Political Movement* im Verlag
PublicAffairs, New York.

Published by arrangement with Perseus Books, New York, USA.

© Andi Zeisler, 2016
© Rotpunktverlag, 2017 (für die deutschsprachige Ausgabe)
www.rotpunktverlag.ch

Umschlag: Ulrike Groeger
Satz: Patrizia Grab
Druck und Bindung: Friedrich Pustet, Regensburg

1. Auflage 2017

ISBN 978-3-85869-726-4

Dieser Titel ist auch als E-Book erhältlich.

INHALT

EINLEITUNG 7

KAPITEL EINS
DIE SCHALTHEBEL DER ERMÄCHTIGUNG 19

KAPITEL ZWEI
SÜCHTIG NACH HELDINNEN: FEMINISMUS UND HOLLYWOOD 47

KAPITEL DREI
MACHEN OMAS SCHLÜPFER EINE FEMINISTIN AUS MIR? 79

KAPITEL VIER
DAS GOLDENE ZEITALTER DES (FEMINISTISCHEN) FERNSEHENS 105

KAPITEL FÜNF
UNSERE BEYONCÉS UND WIR 135

KAPITEL SECHS
KILLERWELLEN 167

KAPITEL SIEBEN
ERMÄCHTIGUNG VON OBEN 197

KAPITEL ACHT
DER AUFSTIEG DER MÄCHTIGEN FRAU 223

KAPITEL NEUN
SCHÖNHEIT IM KRIECHGANG 241

EPILOG
DAS ENDE DES WOHLFÜHL-FEMINISMUS 277

DANK 289
ANMERKUNGEN 293
PERSONENREGISTER 299

Meinem süßen Harvey –
Möge deine Generation diesen ganzen Mist endlich erledigen

EINLEITUNG

Ich habe mir nie vorgenommen, ein Buch über die Kommerzialisierung des Feminismus zu schreiben, auch wenn ich wohl schon seit zwanzig Jahren damit rechne, dass es dazu kommt.

Als eine der drei Gründerinnen der Zeitschrift *Bitch: Feminist Response to Pop Culture* war ich immer der festen Überzeugung, dass der Feminismus gerade im Bereich der Medien und der Popkultur in den Köpfen und Herzen der Menschen viel bewegen kann. Angefangen haben wir 1995 mit einem Schwarz-Weiß-Heftchen. Nachdem der Begriff »Feminismus« im massiven Backlash der 1980er Jahre allen möglichen unschönen Ballast mit sich herumgeschleppt hatte, war er gerade erst wieder in die Vorstellungswelt der Popkultur vorgedrungen. Wir konsumierten die Popkultur rauf und runter, und *Bitch* sollte sie als die prägende Kraft würdigen, die sie für uns alle darstellte, und ihre Bedeutung als Schauplatz für feministischen Aktivismus und feministische Analyse herausstreichen. Zu Beginn der Dot-Com-Revolution gab es noch keine Blogs mit feministischer Filmkritik, keine Tweets, die Judith Butler und

Der unglaubliche Hulk in einem Atemzug genannt hätten. Wir hatten nur einander als gemeinsamen Resonanzkörper für dezidierte Meinungen und brennende Fragen. Fragen wie: Warum wird in Talkshows die Sexualität erwachsener Frauen wie eine Epidemie behandelt, die es einzudämmen gilt? Was soll man davon halten, dass Sitcoms und Werbespots Männer als hoffnungslos schusselige Pappnasen darstellen, die nicht einmal einen Einkaufszettel lesen können? Warum sterben in Katastrophenfilmen Schwarze immer als Erste? Und dann natürlich die wiederkehrende Frage: Warum muss eine Musikerin, die es auf das Cover des *Rolling Stone* schafft, dort Unterwäsche tragen?

Wir nannten das Heftchen *Bitch* (»Schlampe«, »Zicke«), weil wir uns das Wort zurückerobern wollten, und mit der dazugehörigen Verbform *to bitch* (»meckern«, »lästern«) wollten wir schon dadurch etwas bewegen, dass wir den Mund aufmachten und andere ermutigten, das auch zu tun. Ein zweites Wort, das wir zurückerobern wollten, stand im Untertitel: »Eine feministische Stellungnahme zur Popkultur«. In den 1970er Jahren geboren, waren wir in der Zeit des Backlash aufgewachsen. Wir hatten gesehen und gehört, dass der Feminismus bestenfalls als ärgerliche, mittlerweile aber abgehakte politische Episode abgetan wurde, schlimmstenfalls als soziales Experiment, das seine Erfolge auf Kosten einer gesunden Gesellschaft gefeiert hatte und schuld daran war, dass Männer nach Hausmannskost hungerten, Kinder vor dem quäkenden Fernseher dahinvegetierten, Frauen verbittert nach Liebe lechzten. Der Feminismus hatte kein Imageproblem – es war eine regelrechte Imagekatastrophe.

So begannen wir mit einem Heftchen, und das Heftchen wuchs sich zu einer Zeitschrift aus. Gleichzeitig tauchte das Wort *bitch* tief in die Alltagssprache ein, war im Fernsehen und im Radio überall zu hören, ein lässiger Gruß über Geschlechtergrenzen hinweg und ein Ausdruck für weibliche Coolness. Doch es blieb ein komplexes Unterfangen, den Leuten das »Feministische« schmackhaft zu machen.

Als aktivistisches Projekt wurde *Bitch* von der Hoffnung getrieben, dass es da draußen noch mehr frustrierte popkulturbesessene Feministinnen gab. Bei den Inhalten – Essays über Film und Fernsehen, die kritische Betrachtung von Werbekampagnen und Interviews mit Feminist*innen jeden Geschlechts, die coole Projekte auf die Beine stellten – handelte es sich ausschließlich um Texte, die wir lesen wollten, jedoch nirgends fanden. Nach einiger Zeit merkten wir, dass wir definitiv nicht mehr allein waren: In den folgenden zehn Jahren wurde die Popkultur zunehmend ernst genommen. Sehr ernst. Ernst im Sinne von *New York Times* und *Wall Street Journal*. Ernst in dem Sinne, dass plötzlich Internetseiten aufpoppten, die sich ausschließlich mit dem Inhalt von Fernsehsendungen beschäftigten. Ein Jahrzehnt nach der Gründung von *Bitch* loteten Hunderte Websites, Podcasts und Blogs die Schnittstellen von Feminismus und Popkultur aus.

Aus der weit verstreuten Gemeinde von Popkultur-Feminist*innen heraus, die sich im Lauf der Jahre gebildet hat, habe ich beobachtet, wie Popkultur und Medien den Feminismus im Guten wie im Schlechten verändern – und wie der Feminismus seinerseits Popkultur und Medien beeinflusst. Doch als ich anfing, dieses Buch zu schreiben, geschah etwas Schräges: Feminismus wurde *hip.*

Eine Welle der Erregung, die bis dahin unter der Oberfläche der Mainstream-Kultur gebrodelt hatte, brach sich plötzlich Bahn. Als gegen Ende der MTV Video Music Awards 2014 Beyoncé auftrat, leuchtete hinter ihr in großen Neonbuchstaben das Wort *FEMINIST*, und in ihrem Song »Flawless« wurden Worte aus einer Rede der nigerianischen Schriftstellerin Chimamanda Ngozi Adichie eingespielt: »Wir bringen Mädchen bei, sich kleiner zu machen. Wir sagen Mädchen: ›Du darfst ehrgeizig sein, aber nicht zu sehr.‹« Am Ende des Einspielers folgt Adichies Wörterbuchdefinition von *Feminist*in:* »Eine Person, die an die soziale, politische und wirtschaftliche Gleichheit der Geschlechter glaubt.« Obwohl der Song schon recht bekannt war und Beyoncés spezielle, geschäftstüchtige

Form des Feminismus bereits seit ihrer Zeit in der Band Destiny's Child ihre Songtexte durchzieht, rammte sie mit dieser visuell untermauerten Botschaft offiziell einen Pflock in den Boden. Im Licht der Scheinwerfer rockte die größte Popsängerin der Welt das einst vielgeschmähte Etikett wie einen knallengen Glitzerfummel auf dem roten Teppich, buchstabierte es ihrem Acht-Millionen-Publikum nachgerade vor.

Als Beyoncé ihren feministischen Claim absteckte, löste sie damit einen medialen Dominoeffekt aus. Kurz darauf hielt Emma Watson, langjähriger Publikumsliebling als Hermine in den *Harry-Potter*-Filmen, vor den Vereinten Nationen eine Rede über die Bedeutung der Geschlechtergleichheit, in der sie unter anderem erklärte, es sei »an der Zeit, dass wir das Geschlecht auf einem Spektrum betrachten statt als zwei gegensätzliche Ideale«. Die Popsängerin Taylor Swift, die sich Jahre zuvor vom Feminismus distanziert hatte, riss das Ruder herum und gab in einer Presseerklärung bekannt, sie sei in Wahrheit die ganze Zeit Feministin gewesen. Auf der Modewoche von Paris gipfelte die Chanel-Show in einer feministischen Demo auf dem Laufsteg, und die mit den typischen Tweedstoffen der Firma eingekleideten Models schwenkten Schilder mit Sprüchen wie »History is Her Story« oder »Women's Rights are More Than Alright«. Verizon, Always, Pantene und andere Marken griffen in ihrer Werbung für Handytarife, Maxibinden und Glanzshampoos feministische Motive auf. Und mein Google-Alert für die Stichworte »Frauen« und »Feminismus«, der mir zuvor immer nur vereinzelte Artikel mit Überschriften wie »Feminismus: Veraltet und unbeliebt« gemeldet hatte, lieferte mir plötzlich geballte Frauenpower: »Beyoncés hipper neuer Club: Feminismus«, »Emma Watson haucht dem Feminismus neues Leben ein«, »Warum männliche Feministen heiß sind«. Scheinbar von einem Tag auf den anderen wurde plötzlich so gut wie jede weibliche Berühmtheit, die über einen roten Teppich schritt – und auch so manche männliche –, mit der Frage konfrontiert, ob sie oder er Feminist*in sei. Überall, sei es in Klatschspalten oder Flugmagazinen, begegnete man plötzlich der Regisseurin Lena Dunham oder dem Buch *Lean In* von Facebook-Geschäftsführerin Sheryl Sandberg. Die wachsende Präsenz von Transgender-Frauen in der Mainstream-Popkultur – Laverne Cox, Janet Mock, die Amazon-Webserie *Transparent* –, bot neue Gelegenheiten, Gender als limitierendes soziales Konstrukt zu diskutieren. Die Zeitschrift *Cosmopolitan*, die Bibel der Männerbefriedigungs-Tipps, brachte plötzlich gezielt politische Autorinnen und Themen; allerdings erklärt sie uns nach wie vor, wie wir ihn auf »40 verschiedene Arten um den Verstand bringen« können. Der Feminismus, lange abgetan als das Reich der Wütenden, der Zynikerinnen, der Männerhasserinnen und der abstoßend Behaarten, war plötzlich offiziell ein Thema. Er war scharf. Und, was wohl das Wichtigste war: Er war marktfähig.

Theoretisch hatten meine Mitstreiterinnen und ich uns diesen Durchbruch in den Medien und in der Popkultur, die wir konsumierten, immer gewünscht. Es steht völlig außer Frage, dass der Feminismus in den letzten Jahren in allen Bereichen unserer Kultur Fuß gefasst hat. Das widerspiegelt sich nicht nur in der Zahl weiblicher Senatorinnen und Unternehmensvorstände, sondern auch im Diskurs über Politik, Unterhaltung, Erziehung oder Kunst. Während die Öffentlichkeit lange nichts von Anschuldigungen wegen häuslicher Gewalt durch Profisportler wissen wollte, beherrscht das Thema mittlerweile ausgedehnte Debatten und Pressekonferenzen. Verletzende Witze von Comedians, die noch vor zehn Jahren unkommentiert geblieben wären, lösen Mikrokampagnen in sozialen Netzwerken aus, die bisweilen so viel Fahrt aufnehmen, dass sie für den Witzbold nachhaltige Folgen haben können. Und in Unterhaltungsmagazinen werden neue Spielfilme unter dem Gesichtspunkt rezensiert, wie stark – oder ob überhaupt – weibliche Figuren repräsentiert sind.

Innerhalb kürzester Zeit hat der Feminismus in der amerikanischen, wenn nicht gar in der globalen Kultur seine vielleicht komplexeste Rolle übernommen. Die meisten Probleme, die feministische Bewegungen überhaupt erst nötig machten, sind noch immer aktuell, doch Mainstream, Stars und Unternehmen vertreten einen coolen Spaß-Feminismus, den sich jede*r zu eigen machen kann. Man hat dieses Phänomen schon als »Pop-Feminismus«, »Wohlfühl-Feminismus« und »weißen Feminismus« bezeichnet. Ich spreche vom »Marktfeminismus«. Dieser Feminismus ist dekontextualisiert. Er ist entpolitisiert. Und diese Wiederkehr des Feminismus ist die wohl populärste aller Zeiten.

Im Jahr 2015 konnte frau nicht einmal mit einem Tampon wedeln, ohne etwas oder jemanden damit zu treffen, der die tiefere feministische Bedeutung dahinter herauskehrte, und das in Kontexten, in denen man es am wenigsten erwartet hätte: Nagellackentferner, Unterwäsche, Energy Drinks, Putzmittel. Die Sache wurde so langsam bizarr. *Ms.*, eine Partnerzeitschrift der *Cosmopolitan*, brachte 2014 eine Liste der »Top 20 Promi-Feministinnen«. Kurz darauf bejubelte das Webzine *The Daily Beast* die Männerzeitschrift *Maxim* als »neue feministische Bibel«, weil unter der neuen Chefredakteurin berühmte Frauen nicht mehr nach ihrer Fickbarkeit bewertet wurden. (Na ja, bewertet werden neben berühmten Frauen jetzt auch Urlaubsorte und Restaurants.) Auch die Entscheidung des *Playboy*, nach 62 schamlosen Jahren keine doppelseitigen Nacktfotos mehr abzudrucken, wurde als kühne frauenfreundliche Maßnahme gefeiert und nostalgisch durch die rosarote Brille gewürdigt, etwa in Beiträgen wie »Das Playboy Bunny: Sexistisches Relikt oder frühe feministische Leitfigur?«

Im Sommer 2015 erhielt unser aller Lieblings-Muppet, Karate-Crack Miss Piggy, den angesehenen First Award des im Brooklyn Museum ansässigen Sackler Center of Feminist Art, eine Ehre, die vor ihr Frauen wie Toni Morrison und Chief Wilma Mankiller zuteil geworden war. Stimmt schon, Miss P. hatte sich vom F-Wort distanziert, aber nun, da der Feminismus die Nachrichten erobert hatte (und, was vielleicht noch wichtiger war, eine neue *Muppets-*

Show anstand), war für die Dame der ideale Zeitpunkt gekommen, mit Gloria Steinem zu plaudern und zu verkünden: »*Moi* is a feminist pig.« Als im Herbst 2015 Popstar Katy Perry in einer Ausgabe der Zeitschrift *InStyle* ihr Parfüm Killer Queen als »royal, rebellisch und feministisch« bezeichnete, war das Wort »Feminismus« bereits zu einer Art hipper Allzweckwürze geworden, mit dem Medien und Popkultur ihre Inhalte aufpeppten.

Doch während von der Madison Avenue bis nach Hollywood »Feminismus« zu einem Modewort avanciert ist, sind die Belange, die im Zentrum echten feministischen Fortschritts stehen, so ungeklärt wie eh und je. Da schiebt der Oberste Gerichtshof von Texas gerade noch einem Gesetz den Riegel vor, das die Schließung sämtlicher Frauenkliniken im Bundesstaat nach sich gezogen hätte, weil es forderte, dass jede Einrichtung den medizinischen Standard ambulanter OP-Zentren einhalten müsse. Da muss eine feministische Videospielkritikerin einen Vortrag an einer Universität absagen, nachdem jemand mit einem Attentat nach dem Vorbild des Montreal-Massakers gedroht hat, dem antifeministischen Amoklauf eines Studenten an der Polytechnischen Hochschule Montréal in Québec im Jahr 1989, dem vierzehn Frauen zum Opfer fielen. Und da erstellt der Polizist Daniel Holtzclaw aus Oklahoma City wiederholt Profile schwarzer Frauen aus einfachen Verhältnissen, weil er sexuelle Übergriffe plant, und wird fast ein Jahr lang unter Fortzahlung seiner Bezüge freigestellt, bevor man ihn endgültig hinauswirft. (Ende 2015 wurde Holtzclaw zu einer Gefängnisstrafe verurteilt.) Und, uah, vergessen wir nicht den Microsoft-Chef, der einer Gruppe weiblicher Fachkräfte erzählt, Frauen sollten keine Gehaltserhöhungen fordern, sondern »dem System vertrauen« – ihr wisst schon, dem System, in dem Frauen seit Jahrzehnten weniger Geld bekommen als Männer –, dann würden sie auch mit »gutem Karma« belohnt.

Es ist ein ewiges Auf und Ab von Good News und Bad News. Auf der einen Seite feiern wir die wachsende Zahl weiblicher Showrunner und Drehbuchautorinnen, doch andererseits haben die Republikaner im Senat schon zweimal einstimmig ein Gesetz abgelehnt, mit dessen Hilfe geschlechtsspezifische Einkommensunterschiede nivelliert werden sollen. Wir verschlingen eine Netflix-Serie über Leben und Liebe in einem Frauengefängnis, doch in den vergangenen Jahren sind Dutzende schwarzer Frauen in Polizeigewahrsam gestorben, ohne dass der Hergang hinreichend geklärt worden wäre. Diese Probleme kann und wird der Marktfeminismus nicht lösen. Ich fürchte wirklich, dass auf uns, die wir uns aus der Vermählung von Popkultur und Feminismus herrlich progressive Früchte versprachen, noch einiges zukommt.

Was derzeit in der Popkultur artikuliert wird, sind die besonders medientauglichen Bereiche des Feminismus: heterosexuelle Beziehungen und Ehe, wirtschaftlicher Erfolg, der bestehende kapitalistische Strukturen nicht in Frage stellt, das Recht, unter Wahrung der körperlichen Autonomie begehrenswert zu sein. Emma Watsons Rede vor den Vereinten Nationen kreiste um eine »Einladung« an die Männer, sich für den Feminismus zu engagieren und ihn damit besser zu legitimieren. Bei Sheryl Sandbergs viel gepriesenem *Lean-In*-Ansatz geht es darum, Frauen für ihren Arbeitsplatz passend zu machen, wo sie in wachsendem Maße nicht als Mensch, sondern als Roboter mit störender Biologie betrachtet werden. Der Feminismus, den diese Frauen verfechten, ist sicher vernünftig, aber nicht sonderlich differenziert. Er geht nicht der Frage auf den Grund, warum sich Männer kaum für den Feminismus engagieren oder warum eine Unternehmenskultur Frauen zu unvertretbaren Entscheidungen zwingt. Statt Überzeugungen, Prozesse oder Hegemonien kritisch zu hinterfragen, gibt er Tipps für optisches Tuning.

Egal, wie laut in den Sozialen Netzwerken für den Feminismus getrommelt wird, wie rasant sich ein Video über den Unsinn von Schönheitsidealen verbreitet, wie knallhart und dominant Frauenrollen im Fernsehen oder im Spielfilm angelegt sein mögen oder wie kernig der Name des neusten Nagellacks klingt: Die Vorstellungen, die sich hinter dem Wort »Feminismus« verbergen, sind nach wie vor so umstritten wie in kaum einem anderen sozialen und politischen Lebensbereich. Die ewige Kernfrage – sind Frauen Menschen, mit denselben Rechten, denselben Möglichkeiten, denselben Freiheiten wie Männer? – wird immer häufiger auf Gebieten gestellt, auf denen sie schon vor Jahrzehnten hätte beantwortet werden müssen. Offenbar leben wir nicht in einer Welt, in der der Feminismus zur Gänze verwirklicht wäre. Vielmehr sehen wir untätig zu, wie der Hochglanz-Wohlfühl-Feminismus den tief verwurzelten Formen der Ungleichheit die Aufmerksamkeit entzieht. Dieser Feminismus präsentiert einfache Motive von Schwestern im Geiste, die einander unter die Arme greifen: ein aufmunterndes »Dann mal ran, Mädels« auf Twitter und entsprechende Fotos auf Instagram, beschwingte Zeitschriftenartikel über Kleidung, in der frau sich selbst gefällt. Der Kampf um die Gleichstellung der Geschlechter ist vom kollektiven Ziel zu einer Handelsmarke verkommen.

Es ist völlig unbestritten, dass die Darstellung sozialer Bewegungen in Medien und in Popkultur – und sei sie noch so oberflächlich – Haltungen beeinflussen kann. Da ich die Popkultur aus tiefster Überzeugung für eine weltverändernde Kraft halte, gebe ich auch die Hoffnung nicht auf, dass sich eine vom Feminismus schon halbwegs geprägte Kultur diese Kraft zunutze machen und den Weg zu Ende gehen wird. Immerhin: Wenn es feministische Fernsehsendungen, feministische Verlage und feministische Popstars geben kann, warum nicht auch feministische Unterwäsche? Feministische Spielsachen? Einen feministischen Energy Drink? Einen feministischen Stripclub? Wenn sich Feminismus in Form eines Films oder eines Albums verkauft, warum dann nicht auch als nichttextuelles Produkt?

Dieses Buch geht der Frage nach, wie dieser neu entdeckte Marktfeminismus – vermittelt über die Medien, entkoppelt von der Politik, stramm ausgerichtet auf individuelle Erfahrung und Selbstverwirklichung – mit anerzogenen Vorstellungen über Macht und Aktivismus, über Feminist*innen und deren Tun korreliert. In der ersten Hälfte des Buches will ich aufzeigen, wie die feministische Vergangenheit und Gegenwart die Medien und die Popkultur, über die der Feminismus repräsentiert und verbreitet wird, geprägt haben. Die zweite Hälfte des Buches wendet sich den Projekten zu, die noch unvollendet sind. Beide Teile bieten Gelegenheit, den Marktfeminismus einzuordnen und der Frage nachzugehen, was aus einer sozialen, politischen und nach wie vor radikalen Bewegung wird, wenn sie durch Popkultur und Medien – ihre zeitgenössischen Übersetzer – gefiltert wird.

Oft wird gesagt, kultureller Wandel lasse sich daran messen, ob und wie umfassend sich die Gesellschaft diesen Wandel zu eigen macht. Die Vereinnahmung einer Bewegung durch die Medien (etwa durch eine Internet-Galerie mit den »8 besten und schlechtesten Feministinnen der Unterhaltungsbranche«) beweise, dass er tatsächlich Spuren hinterlassen habe. In diesem Buch geht es um die Frage, wie sich der moderne Feminismus verändert *und* angepasst hat und was in dieser seltsamen neuen Welt des Marktes wohl als Nächstes geschieht.

TEIL EINS
PLÖTZ LICH HIP

KAPITEL EINS
DIE SCHALTHEBEL DER ERMÄCHTIGUNG

»In der Dorfkirche von Seneca Falls im Bundesstaat New York wurden vor 150 Jahren auf einem Frauenrechtskongress die ersten kühnen Schritte eines revolutionären Weges gegangen, der am Ende zum Frauenwahlrecht führte. Sie können heute den Jahrestag dieses Meilensteins in der Geschichte der Frauenrechte, die Stärke und Überzeugungskraft der mutigen Suffragetten von damals hochleben lassen, wann immer Sie Ihre First USA Anniversary Series Platinum Mastercard einsetzen. Feiern Sie die Frauenrechte. Ordern Sie noch heute.«

Es war nicht das erste Mal, dass die Emanzipation von uns Frauen mit der Macht verbunden wurde, Geld auszugeben, das wir nicht besaßen, und es sollte auch nicht das letzte Mal sein. Doch die Art, wie die Bank bei dieser Kreditkartenwerbung aus dem Jahr 1998 das Wahlrecht der Frau mit der Freiheit, Schulden zu machen, verknüpfte, ist eine beinahe schon bewundernswert schamlose Vereinnahmung der Sprache des Feminismus für die Zwecke des Kapitalismus. (Die Bank versprach sogar, allen Karteninhaberinnen nach dem ersten Einkauf einen kostenlosen »Frauenalmanach« zuzusenden.)

Eine der oft und gerne kolportierten Nebensächlichkeiten, die illustrieren sollen, wie weit wir Frauen es doch schon geschafft haben, ist die, dass wir noch bis Mitte der 1970er Jahre keine Kreditkarten bekommen konnten, die auf unseren eigenen Namen ausgestellt waren. Verheiratete Frauen brauchten einen männlichen Gegenzeichner – Ehemann oder Vater –, um eine Karte nutzen zu können, die dann auch auf dessen Namen ausgestellt wurde. Alleinstehenden, geschiedenen und selbst verwitweten Frauen wurden Kreditkarten sogar gänzlich verweigert. (Oftmals wurde beides auch bei Bibliotheksausweisen so gehandhabt.) Daher markierte der Equal Credit Opportunity Act [Gesetz zur Gleichstellung im Kreditgeschäft], als er 1974 verabschiedet wurde, ein Stück echte Befreiung der Frau: Von da an ging der Familienstand die Bank im Zusammenhang mit Kreditkarten nichts mehr an, und Frauen durften nach geltendem Recht zu jeder Zeit und überall mit Geld, das ihnen nicht gehörte, Dinge kaufen, die sie kaufen wollten, und genauso Schulden machen wie Männer. (Zumindest theoretisch. Seither gibt es eine Vielzahl von Belegen, dass Banken weiterhin Menschen aufgrund ihrer ethnischen Herkunft diskriminieren.) Doch die Vorstellung, dass das Einkaufen selbst ein feministischer Akt sei, wurde zu einem zentralen Glaubenssatz des sich entwickelnden Marktfeminismus.

Es ist keineswegs übertrieben zu sagen, dass der moderne Feminismus praktisch sofort nach seiner Geburt vom Markt vereinnahmt wurde. Die »neue Frau« des späten 19. und frühen 20. Jahrhunderts – weiß, aus der Mittelschicht stammend –, die über genügend freie Zeit verfügte, um mit dem viktorianischen Ideal vom »Hausengel« in Konflikt zu geraten, rückte früh in den Fokus von Werbefachleuten, die neue Käuferschichten erschließen wollten. Diese Werbemacher konstruierten Idealbilder weiblicher Konsumentinnen in Gestalt von Müttern und Ehefrauen, die den spät erblühenden Heldinnen in den Werken eines Henrik Ibsen ähnelten – voller ungenutzten Potenzials, voller Sehnsucht, sich den geltenden

Konventionen zu widersetzen und am öffentlichen Leben teilzunehmen. Diesen Frauen pries man Konsumgüter als möglichen Weg in die Autonomie an.

Weil Frauen um die Wende zum 20. Jahrhundert als neue Marketing-Zielgruppe so wichtig wurden, musste sich auch die Werbeindustrie selbst für Frauen öffnen. Und da viele dieser Frauen in der Suffragetten-Bewegung engagiert waren, fanden sie sich in einem Dilemma wieder: Einerseits fühlten sie sich wertgeschätzt wegen ihres angeblich angeborenen Gespürs dafür, »was Frauen wollen«, andererseits wollten sie sich nur äußerst ungern zu Fürsprecherinnen solch einer essenzialistischen Denkweise machen. Frances Maule, Werbetexterin in der Agentur J. Walter Thompson und eine der Organisatorinnen der New York State Suffrage Party, drängte ihre Kolleg*innen, Frauen nicht als amorphen, leicht beeinflussbaren Haufen zu betrachten, sondern stattdessen den Slogan der Suffragetten-Bewegung »Frauen sind Menschen« zu beherzigen. Es funktionierte: Im Jahr 1918 zeichnete die Frauenredaktion der Werbeagentur für mehr als die Hälfte des Geschäftes von J. Walter Thompson verantwortlich.[1]

Doch obwohl diese Strategie eigentlich nichts anderes war als gesunder Menschenverstand, stand sie in Konflikt mit der wachsenden Kultur des Massenmarktes, deren Profitstreben darauf beruhte, die Kluft zwischen den Geschlechtern nicht nur zu betonen, sondern diese sogar verbindlich festzuschreiben. Hersteller, Händler, Werbemacher und Zeitschriftenverleger – sie alle investierten sehr viel, um zwei voneinander unterscheidbare, zugleich aber verlässliche Konsumentengruppen zu etablieren: Männer und (weiße) Frauen. Allerdings gelang es ausgerechnet jenen Frauen, die von diesem Massenmarkt geflissentlich übersehen wurden, mit dem Slogan »Frauen sind Menschen« im Hinterkopf einige der erfolgreichsten Unternehmen dieser Ära aufzubauen: Unternehmerinnen wie Madam C. J. Walker und Annie Turnbo Malone zum Beispiel wurden mit Entwicklung und Verkauf von Haarpflegeprodukten für schwarze Frauen zu Vorreiterinnen des Direktvertriebsmodells. Und anstatt ihre praktisch aus dem Stand erfolgreichen Unternehmen nach dem Top-Down-Modell als Vehikel zur Profitmaximierung zu strukturieren, konzipierten sie sie als Heimstätten von Ausbildung und Bildung und machten sie zu Horten für Gemeinschaftssinn und Philanthropie.

Der süße Duft der Freiheit

Zigaretten gehörten zu den ersten Produkten, mit denen sich der Markt auf die entstehenden Frauenbewegungen einstellte – allerdings nicht etwa aus politischen Gründen, sondern um das darin schlummernde kommerzielle Potenzial zu erschließen. Im späten 19. und frühen 20. Jahrhundert galt Rauchen für Frauen als derart unziemlich, dass es ihnen in der Öffentlichkeit oftmals ausdrücklich verboten war. Logisch, dass die Eroberung dieses Wachstumsmarktes für die American Tobacco Company der »Erschließung einer Goldmine direkt in unserem Vorgarten«[2] gleichkam. Das Unternehmen nutzte die erste Welle des Feminismus geschickt aus, indem es Edward Bernays einstellte (der heute als »Vater der Public Relations« gilt) und ihn Werbekampagnen entwerfen ließ, durch die mehr Frauen zum Rauchen und damit zum Kauf von Zigaretten animiert werden sollten. Anfangs appellierte Bernays an die Eitelkeit der Frauen, indem er Zigaretten als Schlankheitsmittel anpries – »Reach for a Lucky instead of a Sweet«, lautete die Aufforderung in den entsprechenden Anzeigen – doch sein Bauchgefühl sagte ihm, dass er ihr Streben nach Autonomie ansprechen musste, um das Produkt so richtig nach vorne zu bringen. Also inszenierte er 1929 zusammen mit der ATC einen Marsch für Gleichberechtigung auf der Fifth Avenue in New York. Dafür heuerten sie Demonstrantinnen an, die Lucky Strikes als »Fackeln der Freiheit« hoch hielten, den Zuschauern die Losung »Kampf dem nächsten Geschlechter-Tabu!« entgegenbrüllten und diese aufforderten, mit ihnen gemeinsam den aufregenden Duft der Geschlechtergerechtigkeit zu inhalieren. Die Fotos von diesem Marsch erregten landesweit großes Aufsehen – ein frühes Beispiel für einen künstlich erzeugten Medienhype –, und wie erwartet schoss daraufhin der Anteil der weiblichen Zigarettenkäuferinnen auf mehr als das Doppelte nach oben: von 5 Prozent im Jahr 1923 auf 12 Prozent nach dem Marsch. Die Konkurrenten von Lucky Strike zogen umgehend nach. Philip Morris organisierte sogar eine Vortragstour durch die USA, auf der Zigarettenexperten Frauen in die tieferen Feinheiten des Umgangs mit dem Glimmstengel einweihten.

Vier Jahrzehnte später setzten Virginia Slims, die ersten Zigaretten, die sich direkt an die Zielgruppe der jungen, berufstätigen Frauen wandten, das Erbe von Lucky Strike fort, indem sie gezielt die Vorstellung propagierten, Rauchen sei ein Schlüsselelement der Emanzipation. Ähnlich wie später die »First USA Seneca Falls Mastercard« beschworen Virginia Slims die historische Vergangenheit derart anschaulich als eine Zeit schrecklicher Unterdrückung, dass im Grunde jede Alternative als gewaltiger Fortschritt erscheinen musste. Der berühmte Slogan »You've come a long way, baby« suggerierte, die Möglichkeit, dass Frauen nun den einstmals Männern vorbehaltenen Rauch inhalieren durften, sei kein Nebenprodukt der Emanzipation, sondern die Emanzipation selbst. (Sehr passend, dass Werbetexterin Peggy Olson nach ihrem Weggang von Sterling Cooper Draper Pryce mitten in der fünften Staffel der in den Sixties angesiedelten Erfolgsserie *Mad Men* von ihrer neuen Agentur umgehend damit betraut wird, sich einen Namen und eine entsprechende Werbekampagne für »eine Damenzigarette« auszudenken.) Als erste Zigarettenmarke, die Bilder von Frauen benutzte, um Frauen als Kundinnen zu gewinnen, wurden Virginia Slims in den zwei Jahrzehnten nach ihrer Markteinführung zu einem Riesenerfolg für den Mutterkonzern Philip Morris. Bis zu den 1980er Jahren erhöhte sich ihr Marktanteil von 0,24 Prozent auf 3,16 Prozent.[3]

Als die zweite Welle der Frauenbewegung anrollte und von den Medien aufgegriffen wurde, ergaben sich zunehmend Möglichkeiten, Produkte über Verkaufstechniken zu vermarkten, die auf Selbstverherrlichung beruhten. Werbemacher achteten sorgfältig darauf, weder den Feminismus selbst noch die aktuelle Frauenbewegung zu erwähnen: Alles lief darauf hinaus, potenzielle Kund*innen einzufangen, die so weit an die Emanzipation der Frau glaubten, dass sie Firmen unterstützten, die das augenscheinlich ebenfalls taten; gleichzeitig galt es aufzupassen, dass man diese Kund*innen nicht durch Verkaufstechniken, die in den Augen von Feminist*innen Werkzeuge sexueller Objektifizierung waren, verprellte. Reichte dieser zynische Ansatz aus, um »weibliche Hygieneartikel« wie ein Intim-Deo unter dem Slogan »Freedom Spray« zu verkaufen? Offenbar ja.

Die Strategie ist simpel: Wer Produkte für Frauen vermarkten und verkaufen will, erzeugt zuerst einmal Unsicherheiten bei den Kundinnen und bietet ihnen dann gezielt Lösungen an. Zum Aufklärungsarsenal der Feminist*innen gehörte deshalb unter anderem die Ablehnung süßer Versprechungen über die lebensverändernde Wirkung von Gesichtscremes und Shampoos – ganz zu schweigen von dem riesigen Feld, das unter der Überschrift »Die Frau als dekoratives Objekt« subsummiert werden kann. Branchen, die vom Selbsthass der Frauen lebten, hatten allen Grund, die potenzielle Reichweite der feministischen Bewegung zu fürchten. Also vereinnahmten sie die Sprache der Emanzipation zum Zwecke des Verkaufs ihrer Produkte und konnten auf diese Weise zwei Fliegen mit einer Klappe schlagen: den Geist der Bewegung feiern, zugleich aber einer ganzen Reihe neuer Unsicherheiten Vorschub leisten (wie wär's mit »Natural-Look-Kosmetik?«) und ein neues Rollenvorbild etablieren – den Archetypus der ambitionierten Frau.

Charlie, ein Parfüm »für die neue Frau«, das Revlon 1973 auf den Markt brachte, wurde als erstes Duftwasser aus den USA zum absoluten Kassenschlager. Einen Großteil seines Erfolges verdankte es dem inzwischen zum Kult avancierten Werbeclip, der sich gezielt an Frauen unter fünfunddreißig richtete: Das Model Shelley Hack steigt selbstbewusst aus einem Rolls Royce und läuft in einem schicken Seidenoverall durch die Straßen von New York City – eine Verkörperung all der Freiheiten und der Entschlossenheit der Frauenbewegung, nur ohne die Schlabberklamotten und das finstere Gesicht. Der begleitende Jingle versichert potenziellen Käufer*innen, dass es sich hier um die *Spaß*variante der Emanzipation handelt. »Kinda young, kinda now, Charlie!/ Kinda hip, kinda wow, Charlie!« Revlons zwanzig Punkte umfassendes Marketingprofil für das »Charlie-Girl« beschrieb die Zielkundin als »respektlos und unprätentiös«; »kann taff sein, glaubt, dass Regeln zweitrangig sind«; »kann sehr weich sein, ist aber niemals passiv«; »ist sehr entspannt in Sachen Sex«; und – sehr interessant – »ist keine jüdische Prinzessin«.[4] (An dieser Stelle sei angemerkt, dass meine jüdische Mutter bis kurz vor Anbruch der Ära Charlie in der Produktentwicklung von Revlon gearbeitet hat.)

In der Tat widerspiegelte das Charlie-Girl weniger die neue Vision von der jungen, emanzipierten weißen Frau, sondern präsentierte sich eher als überlegene Alternative zu den realen Aktivistinnen der feministischen Bewegung. In ihrem 2013 erschienenen Buch *Wonder Women: Sex, Power, and the Quest for Perfection* bescheinigt Debora Spar, Präsidentin des Barnard College (einer unabhängigen Bildungseinrichtung für Frauen in New York City) und eigenen Aussagen zufolge dem Feminismus anfänglich eher abgeneigt, der dekontextualisierten Variante der Emanzipation in Gestalt von Charlie große Überzeugungskraft: »Feministinnen waren laut und aufdringlich, schrill und unweiblich. Charlie dagegen war wunderschön, ladylike und erfolgreich, eine berufstätige Frau und Mutter. Wozu Feminismus, wenn es doch Charlie gab?« Frauen wie Debora Spar fühlten sich von der Spielart der Emanzipation, wie Shelley Hack sie verkörperte, deutlich stärker angesprochen als von den echten Agitatorinnen, die eine solche Werbefigur überhaupt erst möglich gemacht hatten. Und diese Grundhaltung, angestoßen und befördert durch das Produkt und von dessen Konsumentinnen ohne Wenn und Aber angenommen, legte einen der Grundsteine für den heutigen Marktfeminismus, in dem Bild und Theorie entkoppelt sind und in dem die Spaßvariante der Emanzipation die werthaltigste ist.

Nach dem Erfolg von Charlie brachte Revlon 1978 Enjoli heraus, ein Produkt, das die Ikonografie der »neuen Frau« einen Schritt weitertrieb. Stand die kecke, unbekümmerte Verkörperung von Charlie für die junge emanzipierte amerikanische Frau, so bezog sich Enjoli mit dem Slogan »The 8-hour fragrance for the 24-hour woman« jetzt auf das, was nötig war, um diese Freiheit zu erhalten. Die Print-Werbung zeigte eine blonde Frau, die offensichtlich mit beiden Beinen im Leben steht: zur Arbeit geht, ein Kind auf dem Arm trägt, ein Geschäftstelefonat führt und joggt. Die Montage ruft schon beim bloßen Anschauen ein Gefühl der Erschöpfung hervor, sollte aber wohl der modernen Superfrau in all ihrer facettenreichen Glorie schmeicheln. Falls ihr euch fragt, wie die modernen Massenmedien darauf kommen, »Ich will alles« sei der Heilige Gral weiblicher Existenz, braucht ihr euch bloß diese Werbung noch einmal anzusehen: »Kinder und Goldhamster füttern. Abschiedsküsschen austeilen. Und um fünf vor neun bei der Arbeit sein. Für dich doch kein Problem.« Es war das erste Mal, dass ein kosmetisches Produkt kein statisches Frauenbild mehr beschwor. Und Enjoli war das erste Parfüm, das zur Kenntnis nahm, wie unglamourös das Leben vieler Frauen im Grunde war.

Männliche Figuren standen nicht im Mittelpunkt von Werbekampagnen, die die Sprache des Feminismus vereinnahmten, dennoch bezogen die meisten von ihnen Männer auf die eine oder andere Weise ein, und zwar entweder als Teil eines spielerischen Wettbewerbs – wie es die Werbekampagnen für Deos der Marke Secret noch die gesamten 1980er Jahre über taten – oder als schmückendes Beiwerk. Ihre Rolle bestand darin, sicherzustellen, dass das Charlie-Girl, die Enjoli-Frau, das Mädchen mit der Natural-Look-Foundation und andere ihre neu gewonnenen Freiheiten nicht zu weit trieben. Shelley Hacks Charlie tätschelt ihrem männlichen Partner am helllichten Tage den Hintern, achtet aber darauf, zum Abendessen einen Salat zu bestellen. Enjolis 24-Stunden-Frau schlüpft in ein seidenes Negligé, nachdem Kinder und Goldhamster gefüttert sind, damit ihr Mann noch ein bisschen Liebe kriegt, bevor sie fix ihre zwei, drei Stunden schläft. Letztlich gab es in der Werbung mit emanzipierten Frauen kaum etwas, das den Status quo bedrohte. Erst in den vermeintlich postfeministischen 1990er Jahren verschwanden die Männer klammheimlich aus der Bilderwelt des frauenbewegten Konsums, und es setzte sich die Vorstellung durch, dass frau Dinge für sich selbst tun und kaufen konnte.

Der Subtext und die Singles

Über Jahrzehnte hatte die Werbeindustrie Frauen in erster Linie angesprochen, indem sie ihre Rolle in Bezug auf andere Menschen betonte. In frühen Anzeigen für Listerine wurden Frauen davor gewarnt, dass mangelnde Hygiene – schlechter Atem oder, noch schlimmer, schlechter Genitalgeruch – sie ihre Ehe kosten könne, und Mütter in scharfen Worten dafür getadelt, dass sie für den Popo ihrer Babys nicht die allerbesten Pflegecremes und Wegwerfwindeln benutzten. In den 1990er Jahren ging die Werbung neue Wege. Nun wurde ausdrücklich anerkannt, dass Frauen nicht nur glückliche Singles sein konnten, sondern dass viele Frauen sich sogar bewusst für diesen Status entschieden und ihn als Konsumentinnen in vollen Zügen genossen. In einem Beitrag, der 1999 in der New Yorker Wochenzeitung *Village Voice* unter dem Titel »Werbung für Frauen ist keine Kunst: Warum TV-Werbeagenturen weibliche Zuschauerinnen für selbstverständlich halten« erschien, sinnierte der Journalist Mark Boal: »Der Marketingspezialist oder Medieneinkäufer von heute kann durchaus eine Frau in Prada sein.

Hier spiegelt sich ein grundlegender Wandel in den Geschlechterrollen, der auch im Fernsehen ausagiert wird. Die brave Hausfrau aus *Verliebt in eine Hexe* ist durch Buffy, die waffenschwingende Draufgängerin, ersetzt worden.« Doch auch er schloss mit der Mutmaßung, selbst diese schöne neue Werbelandschaft schöpfe bei ihrer Ansprache der weiblichen Zielgruppe aus einem altmodischen Drehbuch, in dem weibliche Identitäten nach wie vor um Liebe und Romantik herum gestrickt seien.

Für uns Popkulturjunkies war diese Erkenntnis nicht gerade neu. Sogar attraktiv gestaltete Werbestrategien, die sich gezielt an Singlefrauen wandten, dienten im Grunde dazu, deren Außenseiterstatus zu untermauern. Eine Werbung für Diet Coke von 1999 zeigte eine Frau beim Ausfüllen eines Video-Dating-Profils. Auf Befragen lässt sie die Partnervermittlerin wissen, sie habe »großartige Freunde« und einen »tollen Job«. »Klingt, als hätten Sie ein ziemlich gutes Leben«, fasst ihre Gesprächspartnerin zusammen. Die Möchtegern-Heiratskandidatin nimmt einen Schluck von ihrem kalorienreduzierten Getränk, während sie die Bemerkung verarbeitet. Und dann macht sie sich ganz schnell vom Acker, bevor sie noch mehr von ihrer reichlich vorhandenen Single-Zeit verschwendet. Was soll sie denn mit einem Mann, wo sie doch dieses tolle, koffeinhaltige Prickelwasser mit dem künstlichen Süßstoff in ihrem Leben hat? Der Clip war Teil einer Serie, die auf »Ermächtigung« abhob und deren Slogan (»Live Your Life«) eine 180-Grad-Wende gegenüber dem früheren Ansatz von Diet Coke darstellte, dessen dröge Pointe (»You are what you drink«) die körperliche Erscheinung in den Vordergrund gerückt hatte.

Eine Print-Werbung von DeBeers für Diamanthalsketten presste derweil das Bild von der Single-Frau auf der Suche nach Mr. Goodbar in Juwelenform. Der zugehörige Text suggerierte eine zufällige Barbekanntschaft: »Ich gehe an einem Schaufenster vorbei. Er zwinkert mir zu ... Wir sehen uns an. Und obwohl ich normalerweise nicht zu dieser Sorte Frau gehöre, nehme ich ihn mit nach Hause.«

Anscheinend war es weder Diet Coke noch DeBeers ganz wohl mit ihrer Single-Frau-Werbung. Offenbar waren ihre Macher dermaßen gelähmt, weil sie nicht auf die alten Ehefrau-und-Mutter-Klischees zurückgreifen durften, dass sie mit dem dicksten Pinsel ausmalten, was diese Frauen *nicht* waren, um klarzumachen, was sie waren. Als jedoch immer mehr Unternehmen dazu übergingen, Marketing für Single-Frauen zu betreiben, stellte sich heraus, dass sie sich sprachlich von eben diesen alten Wertvorstellungen emanzipieren mussten, um den richtigen Ton zu treffen.

»*Deine linke Hand sagt ›wir‹. Deine rechte Hand sagt ›ich‹. Deine linke Hand liebt Kerzenlicht. Deine rechte Hand liebt das Rampenlicht. Deine linke Hand wiegt das Kind. Deine rechte Hand regiert die Welt. Frauen aller Länder, hebt eure rechte Hand.*«

Mithilfe der »A Diamond is Forever«-Werbung von 1947 hatte DeBeers im Alleingang einen Markt für Verlobungsringe geschaffen, indem das Unternehmen den Diamanten zu einem ebenso grundlegenden Symbol des Eheglücks erhob wie das Brautkleid und den Hochzeitsstrauß. Doch Anfang der 2000er Jahre suchte man nach einer Möglichkeit, die Marktposition auszuweiten; jetzt rückte die Gruppe der unverheirateten Kundinnen zwischen dreißig und fünfzig in den Fokus. Der Ring für die rechte Hand war geboren – eine Produktlinie ausgefallener Designs, entworfen speziell für den bis dato in den Vereinigten Staaten und anderswo unbedeutenderen Ringfinger, dazu eine Werbekampagne, die die potenziellen Trägerinnen gezielt umschmeichelte. Grundaussage der neuen Verkaufsmasche: Die Ehe ist etwas für biedere, fantasielose Zuckerpüppchen, die sich an die Traditionen halten und zu allem Ja und Amen sagen und, mit einem Wort – jetzt aber mal ganz ehrlich – ziemlich langweilig sind. Warum sollte frau einen altbackenen Diamantring tragen, den irgendein Trottel ihr angesteckt hatte, wenn sie sich selbst ein Modell aussuchen konnte, noch dazu ein viel ausgefalleneres?

Die Werbung war eine Zeit lang DER Hit: Im Jahr 2004 stieg der Umsatz aus Nicht-Eheringen für die rechte Hand um 15 Prozent.

Der Gründer der Konsumforschungsorganisation America's Research Group meinte im Januar 2004 in einem Interview für NBC News, der Schlüssel zum Erfolg des Rings läge darin, dass weibliche Konsumentinnen ihn mit einem Gefühl von Anspruch und Ermächtigung in Verbindung brächten. »Die Zeiten, in denen Frauen für alles und jedes eine Erlaubnis einholen mussten, sind definitiv vorbei, und darin liegt der wahre Grund für den Anstieg ihrer Kaufkraft in den letzten zehn Jahren.«[5]

Doch dieser Erfolg währte nicht lange. Der schwungvolle Handel mit Ringen für die rechte Hand erlahmte ziemlich schnell, nicht zuletzt wegen des zunehmenden öffentlichen Bewusstseins für die unhaltbaren Zustände in Angola, Sierra Leone, Simbabwe und der Demokratischen Republik Kongo, wo man bereits fünfjährige Kinder zur Arbeit in den Minen zwang, um die Bürgerkriege in diesen Ländern zu finanzieren (Stichwort Blutdiamanten). Doch auch auf staatlicher Seite hatte sich die Situation verändert: In den Jahren nach dem 11. September 2001 verlagerte sich der Fokus wieder mehr auf Stabilität und Häuslichkeit, und zahlreiche Verfechter dieser Entwicklung träumten von einer Neubelebung der traditionellen Geschlechterrollen. Zeitschriften stellten die Theorie auf, die Terroranschläge seien ein Weckruf für den von der US-amerikanischen Kultur kastrierten Mann gewesen, und proklamierten die Rückkehr des Cowboys als Frauenschwarm; George W. Bush spielte die Karte des unbesiegbaren Superhelden aus, indem er pathetisch von »Übeltätern« sprach und großspurig trompetete: »Die sollen nur kommen!« Verlage und Frauenmagazine schwärmten plötzlich von der »Kunst der Häuslichkeit«; stylische Topfkratzer und wohlriechende Fußbodenpflegemittel wurden zu Stars einer neuen Generation von Luxusgütern für den Haushalt. Das ganze Land sprach vom Heiraten: Die Regierung Bush, angestachelt von konservativ-christlichen Lobbygruppen, stellte einen Betrag von 1,5 Milliarden US-Dollar zur Verfügung, um Geringverdiener zu ermutigen, sich trauen zu lassen, vergaß aber nicht zu erwähnen, diese Geldspritze sei selbstverständlich nur für heterosexuelle Paare bestimmt. Am anderen Ende des Spektrums zelebrierten Prominente wie Jennifer Lopez und Mark Anthony, David und Victoria Beckham, Ben Affleck und Jennifer Garner sensationell protzige Vermählungen, die von einer gigantischen neuen Hochzeitsindustrie in allen Einzelheiten medial aufbereitet wurden und US-weit angeblich ein wahres Heiratsfieber auslösten. Und ungeachtet der erbitterten »Verteidigung« der Hetero-Ehe durch den amtierenden Präsidenten, breitete der hochzeitsindustrielle Komplex seine Arme auch für schwule Paare aus und empfing die Regenbogenfraktion mit einer ganzen Palette von speziell auf sie zugeschnittenen Produkten auf das Herzlichste. 2014 gab es dann wieder einen neuen Trend bei den »Nicht-Eheringen«: Laut *Vogue* war es diesmal die Single-Frau, die am linken Ringfinger eheringähnlichen Modeschmuck trug, um sich zugehörig zu fühlen. So viel zur Überwindung von Traditionen.

Ich bin stark. Ich bin unbesiegbar. Ich bin gut für den Umsatz

»Wenn ich mitspielen darf«, sagt das kleine Mädchen, »werde ich mich mehr mögen«. »Ich werde mehr Selbstvertrauen haben.« »Mein Brustkrebsrisiko sinkt um sechzig Prozent«. »Ich werde mit größerer Wahrscheinlichkeit erst dann schwanger, wenn ich es wirklich will.« »Ich werde eher einen Mann verlassen, der mich schlägt.« »Ich werde lernen, was es heißt, stark zu sein.«

Wir schrieben das Jahr 1995, und Nike griff mit durchtrainierter Sportlerhand nach den weiblichen Kundinnen – in Gestalt der berührenden Werbekampagne »If you let me play«. Auf der Grundlage gesicherter Erkenntnisse über die positiven Auswirkungen von Teamsport auf junge Mädchen zündete der Clip ein wahres Feuerwerk aus Girlpower. Dafür packte die Marke Forschungsergebnisse der Women's Sports Foundation – von dieser über Jahrzehnte gesammelt und allesamt Gegenbeweise zu der Behauptung, Sport sei

»nur was für Jungs« – in dreißig Sekunden Werbezeit. Die Darstellerinnen, Mädchen unterschiedlichster ethnischer und kultureller Herkunft auf dem Weg ins Teenageralter, sprachen eine nach der anderen die Ergebnisse dieser Studien in die Kamera. Ihr direkter Blick in die Augen der Zuschauer*innen wirkte wie ein Vorwurf, als seien die Leute vor den Bildschirmen allesamt heimliche Kompliz*innen bei der Ausgrenzung von Mädchen im Sport. Die Kampagne wurde für Nike zu einem der größten Werbeerfolge aller Zeiten und trug dazu bei, das Image der Marke auf Feminismus, Bildung und Fortschrittlichkeit auszurichten, ohne den Umsatz zu gefährden.

»Das war keine Werbung. Das war die Wahrheit«, so die Aussage von Janet Champ, Nikes Chef-Werbetexterin für die Kampagne.[6] Wie auch immer, jedenfalls waren es ganz neue Töne für eine florierende Marke, in deren hochmodernen Werbeclips Figuren wie der von Spike Lee gespielte Mars Blackmon (»It's gotta be the shoes!«) auftraten, die zwar definitiv cool waren, aber meist nicht ganz so ernst daherkamen. Und der leicht anklagende Unterton des Dialogs zwischen Mädchen und Zuschauer*innen funktionierte sogar noch besser, als Nike gehofft hatte. Zeitungsreporterin Mary Schmitt, die für den *Kansas City Star* über die Kampagne berichtete, schrieb dazu: »Die Werbung läuft jetzt seit etwa einem Monat im Fernsehen, und bei Nike stehen die Telefone nicht mehr still. [...] Viele der Anrufer*innen sind Mütter, die mit brüchiger Stimme erklären, sie wünschten sich für ihre Töchter all die Chancen, die sie selbst nie gehabt hätten. Manche sind auch Väter, deren Töchter jetzt die Stadien erobern, die vorher für Jungs reserviert waren. Manche sind Trainer*innen oder Lehrer*innen, die aus eigener Erfahrung wissen, wie der Sport das Leben junger Mädchen verändern kann. Und manche sind Frauen, die diese Chance niemals hatten.«[7]

Doch trotz der aufrichtigen Beteuerung von Janet Champ war und blieb es Werbung, und noch dazu äußerst erfolgreiche. Wer nicht gerade als fremdgesteuerter Zombie oder seelenloser Roboter durch die Welt läuft, wurde bestimmt schon mal von der einen oder anderen Werbung zu Tränen gerührt. Und dennoch: Wie hoch der Taschentuchfaktor eines Spots auch immer sein mag – an dessen Ziel ändert er gar nichts: Wir sollen animiert werden, die beworbenen Produkte zu kaufen.[8]

Ein Jahr später schob Nike die nächste Kampagne nach, eine Variation auf das Thema von »If you let me play«. Die ganz ähnlich gestaltete Montage mit dem Titel: »There's a Girl Being Born in America« zeigte eine Reihe kleiner Mädchen multikultureller Abstammung. Sie spielen Katz und Maus mit der Kamera und blicken dem Zuschauer direkt in die Augen. Die Botschaft des Spots ist wiederum ein Narrativ, das den Sport als einen Weg beschwört, auf dem Mädchen in der Welt erfolgreich sein können: »In Amerika wird ein Mädchen geboren. Und irgendwer wird ihr eine Puppe geben. Und irgendwer wird ihr einen Ball geben. Und dann wird irgendwer ihr eine Chance geben.« Die berührende Wirkung, die dieser Werbespot entfaltete, entstand in gewisser Weise aus der Tatsache, dass er die politische Entwicklung, die stattgefunden hatte, ausblendete: Dass Mädchen (in vielen Fällen immer noch zähneknirschend) die Möglichkeit eingeräumt wurde, Sport zu treiben, war Title IX zu verdanken. Das Gesetz von 1972 verpflichtete Schulen, die Bundeszuschüsse erhielten, dem Frauensport die gleiche Förderung zukommen zu lassen wie dem Männersport. Die Werbetexte zu beiden Nike-Spots verwandelten gesetzlich untermauerte Forderungen in dringliche, an unsichtbare Männer gerichtete Bitten und verwischten damit im Grunde die Rolle, die feministische Agitation beim Aufstieg des Frauensports spielte. Frauen und Mädchen mochten ja für das *Recht* auf Sport gekämpft und dieses auch errungen haben, aber »There's a Girl Being Born in America« betonte auf äußerst effektive Weise, dass die gesellschaftliche Stigmatisierung immer noch, und zwar sehr oft, die Bitte um Erlaubnis einschloss.

Die Schwesterkampagnen waren ein geschickter Schachzug. Nike würdigte nun den Frauensport dadurch, dass sie ihn ganz einfach zur Normalität erklärten. Geschickt auch deshalb, weil sich die Popkultur zu dieser Zeit sehr stark im Fluss befand, und zwar nicht nur in Bezug auf das Frauen-, sondern auch das Mädchenbild. Hatten die 1970er und 1980er Jahre die Emanzipation zu einem Marktplatz weiblicher Selbstverwirklichung erhoben, so verlagerte sich der Fokus in der darauffolgenden Dekade auf jüngere Konsumentinnen. In den 1990er Jahren rückten die Medien eine schwelende »Mädchenkrise« in den Mittelpunkt. Studie um Studie fand heraus, dass selbst kluge, sportliche Mädchen mit gesundem Selbstvertrauen und jeder Menge familiärer Unterstützung gegen eine Wand aus Unsicherheiten, Selbstzweifeln und körperlicher Scham prallten, sobald sie in die Pubertät kamen. Und plötzlich erschien die Emanzipation des Mädchens genauso wichtig wie die Emanzipation der Frau – und war zufälligerweise auch genauso leicht zu vermarkten.

Von Buffy, der mutigen Vampirjägerin, über die Videospielfigur Lara Croft, eine aufregend weibliche Forscherin, bis hin zu einer ganz neuen Spezies draufgängerischer Bond-Girls – die Jahre von Mitte bis Ende der 1990er wurden zur Ära der Action-Heldinnen. Die plötzliche Schwemme von smarten, unabhängigen Heroinnen mit Gerechtigkeitssinn war nicht als magische Brücke über den real existierenden Abgrund mangelnden Selbstvertrauens gedacht, füllte aber durchaus ein echtes Sichtbarkeitsvakuum. Junge Frauen waren ja nicht unbedingt sehr scharf darauf, die abgegriffenen Schinken zur feministischen Theorie und Alltagspsychologie zu lesen, die vielleicht irgendwann einmal dazu beigetragen hatten, Selbstwahrnehmung und Selbstwertgefühl ihrer Mütter und Tanten zu stärken. Aber im Fernsehen, in Comics und in Filmen konnten sie weibliche Rollenvorbilder finden, die weibliche Stärke auf alltägliche, coole Weise verkörperten. Für Jungs hatte es sowas ja schon immer gegeben.

Gleichzeitig wurden den Mädchen alte Werbebotschaften in neuem Gewand präsentiert. Nehmen wir Barbie, dieses pinkfarbene Sammelbecken für alle möglichen kulturellen Stereotype in Bezug auf Frauen. Seit ihrer Markteinführung 1964 war Barbie unter anderem Barsängerin, Karrierefrau, Bikini-Model und sogar Mutter. 1992 wurde sie als »Teen Talk Barbie« zum Gegenstand erbitterter Kontroversen: Jede Teen-Talk-Puppe verfügte über ein bestimmtes Repertoire an Standardsätzen, von denen so einige die Intelligenz und Interessen von heranwachsenden Mädchen krass unterschätzten. In Zeiten des Narrativs von der Mädchenkrise und der lebhaft blühenden Riot-Grrrl-Bewegung hatte kaum jemand Luft, sich um die Machenschaften eines Spielzeugherstellers zu kümmern, der seiner Barbie Sprüche einprogrammierte wie »Mathe ist echt schwer!« und »Lass uns unsere Traumhochzeit planen!«. Aber die American Society of University Women veröffentlichte postwendend eine Stellungnahme an Mattel, in der es hieß: »Am ehesten spielen Mädchen im Alter zwischen neun und zwölf Jahren mit einer Teen Talk Barbie. Bei Mädchen dieser Altersgruppe besteht das größte Risiko, dass sie das Selbstvertrauen in ihre mathematische Kompetenz verlieren«, gefolgt von der Forderung, den Satz aus dem Repertoire der Puppe zu streichen. Noch besser reagierten die Mitglieder einer Kultur-Guerilla, die sich Barbie Liberation Organization nannte. Sie sabotierten etwa 300 bis 500 Teen Talk Barbies und G. I. Joe »Talking Dukes« (deren männliche Gegenstücke), indem sie die Sprachmodule vertauschten. Danach knurrte Barbie finster »Friss Blei, Cobra!«, während der Duke aufgeregt zwitscherte: »Lass uns shoppen gehen!«

Im Jahr 1999, zu Barbies 40. Geburtstag, schlug die Puppe plötzlich völlig andere Töne an. Die neue Barbie, eine mit schier unglaublichen Brüsten bestückte Modepuppe (die ursprünglich auf einer sexy deutschen Trickfilmfigur basierte), war zu einer »Lifestyle-Marke für Mädchen« umfunktioniert worden, und eine neue Serie von Werbespots schaffte das eigentlich Unmögliche: Verkauf von Barbie ohne Puppe. Die Kampagne bestand aus Schwarz-Weiß-Fotos von echten Mädchen, die Hockey und Basketball spielten, dazu Slogans wie »Girls Rule« und »Werde deine eigene Heldin«. Lediglich das unauffällige pinkfarbene Barbie-Logo in einer Ecke verriet die Verbindung zu Mattel.

Dein Körper, deine (Konsum-)Entscheidung

Die Geschichte des Rückgriffs auf Sprache und Theorie des Feminismus zum Zwecke der Produktvermarktung ist bis heute getrieben von der Idee, dass die Ermächtigung weiblicher Verbraucherinnen über deren persönliche Konsumentscheidung stattfindet – und dabei sind diese Entscheidungen nicht Mittel zum Zweck, sondern der eigentliche Zweck. Der Aufstieg dieses »Choice-Feminismus« fiel zusammen mit der rasanten, beinahe alle Lebensbereiche erfassenden Ausweitung der Konsumentscheidungen seit den 1980er Jahren. Sein Kern liegt in der Vorstellung, dass es nicht so wichtig ist, *wofür* wir uns entscheiden, sondern vielmehr, dass wir überhaupt das *Recht* auf eine Entscheidung haben. Konsum, stets eng verbunden mit Status, wurde zur Maßeinheit für Emanzipation erhoben und blähte sich mit der wachsenden Selbstsucht der Privilegierten, aber Unsicheren immer weiter auf. Tom Wolfe prägte für diese Dynamik den Begriff »Ich-Dekade« und verarbeitete sie später auf satirische Weise in seinem Roman *Fegefeuer der Eitelkeiten* (1987). Der Historiker Christopher Lasch prangerte in seinem Bestseller *Das Zeitalter des Narzissmus* (1979) die Verherrlichung des Kreislaufs von Konsum und Bedürftigkeit durch die Werbe- und Marketingindustrie an. Zugleich ging er aber auch hart mit linken Bewegungen ins Gericht, darunter dem Feminismus, und warf ihnen vor, deren Erfüllungsgehilfen zu sein. (Später nahm der von seinem Temperament her antifeministisch eingestellte Autor in einer posthum unter dem Titel *Women and the Common Life* veröffentlichten Aufsatzsammlung den aufkeimenden Marktfeminismus ins

Visier. Er schrieb: »Die feministische Bewegung ist weit davon entfernt, den Konzernkapitalismus zu zivilisieren. Sie ist vielmehr von ihm korrumpiert worden und hat merkantile Denkgewohnheiten übernommen.«)

Der feministischen Kulturhistorikerin und Medienkritikerin Susan J. Douglas zufolge hing der Erfolg von gezielt an Frauen gerichteter Werbung in den 1980er Jahren davon ab, wie effektiv sie Status und Macht mit Emanzipation zu verbinden wusste. Als zunehmend neoliberale Rhetorik in den Sprachgebrauch der Oberschicht Einzug hielt, mutierten Luxuskosmetika, Designerlabels und Trainingspläne à la *Buns of Steel* plötzlich von einfachen Konsumgütern zu emanzipatorischen Errungenschaften. »Für Frauen der Reagan-Ära«, schreibt Douglas, »verschmolzen Elitedenken und Narzissmus zu einem perfekten Anreiz, das politische Tagesgeschehen endlich zu vergessen und sich wieder dem Persönlichen zuzuwenden, wo frau vielleicht etwas verändern konnte.«[9] Die Präsentation von Wahlmöglichkeiten in Zeiten eines impliziten Postfeminismus ließ sich leicht in etwas umsetzen, das als »Empowertising« bezeichnet werden könnte – eine Werbetaktik, die dafür sorgt, dass in jedem Akt exklusiven, unabhängigen Konsums ein bisschen Feminismus mitschwingt.

Nehmen wir mal die berühmt-berüchtigten Wonderbra-Werbeplakate von 1994. Model Eva Herzigova betrachtet begeistert ihre hochgepushten Brüste, die appetitlich aus einem wunderschönen schwarzen Spitzen-BH hervorquellen, daneben die Worte »Hello Boys«. Der Wonderbra wurde in Großbritannien bereits seit den 1960er Jahren verkauft, aber dank dieser großflächigen Plakatwerbung schoss der Absatz in astronomische Höhen. Die Reklame funktionierte teilweise auch deshalb so gut, weil sie mit Hintergedanken spielte (Auf anderen Plakaten der Serie war zu lesen: »Schau mir in die Augen und sag, dass du mich liebst« und »… oder freust du dich bloß, mich zu sehen?«). Aber sie setzte auch einen gewissen Grad an etwas voraus, das die feministische Theoretikerin Angela

McRobbie »einkalkulierten Feminismus« nennt – die Überzeugung nämlich, dass sich die feministische Bewegung durch ihren Erfolg selbst überflüssig gemacht hat und für die Fortentwicklung unserer Kultur irrelevant geworden ist. Frau kann beinahe hören, wie auf dem Meeting über den Entwurf zu dieser Plakatkampagne der Satz fällt: »Das würde sexistisch *wirken,* wenn wir es nicht besser wüssten, aber wir wissen es ja besser, und weil Frauen *wissen,* dass wir es besser wissen, ist es echte Ermächtigung.« Eva Herzigova, Kate Moss und mit ihnen Millionen Frauen, die haufenweise Wonderbras aus den Kaufhäusern nach Hause schleppten, trafen die Wahl, diese Unterwäsche zu tragen und damit sexuelle Selbstbestimmung zu demonstrieren – was könnte denn feministischer sein? Soweit die Logik solcher Überlegungen.

Mitte der 2000er Jahre hatte das Thema Konsum als emanzipatorischer Akt dann vollkommen absurde Züge angenommen. Sinnbildlich hierfür steht der Slogan, unter dem Lean Cuisine, Anbieter von tiefgefrorenen Diät-Vorspeisen und Fertiggerichten, 2004 eine neue Tiefkühlpizza vermarktete: »Das Frauenstimmrecht. Der Vater, der zu Hause bei den Kindern bleibt. Der Push-up-BH. Die Pizza von Lean Cuisine.« Hier wird der Eindruck erweckt, es handle sich beim Push-up-BH um eine emanzipatorische Errungenschaft, die der Übertragung politischer Grundrechte in nichts nachsteht, und eine tiefgekühlte Diät-Pizza sei gleichbedeutend mit einer Neubewertung der häuslichen Geschlechterrollen. Schamloser ging's ja nun wirklich nicht mehr. Und doch wurde die Vereinnahmung im Dienst von Spaß und Profit immer noch einen Schritt weiter getrieben: Im selben Jahr behauptete eine Werbung für Barely There, auch Betsy Ross[10] hätte, wäre sie zur Unterzeichnung der Unabhängigkeitserklärung eingeladen worden, zu diesem feierlichen Anlass selbstverständlich in perfekt sitzender Unterwäsche erscheinen wollen.

Empowertising beruht auf der Idee, dass jede Konsumentscheidung eine feministische Entscheidung ist, sobald sie dieses Etikett von einer selbsternannten Feministin verpasst bekommt. Aber es treibt das Ganze noch ein Stückchen weiter: Empowertising suggeriert, dass schon die bloße Tatsache, eine Frau zu sein, gefeiert werden müsse. Das Ego ist schon seit langem eines der Schlüsselelemente effektiver Werbung. Für Empowertising, das durch Betonung des »personalisierten Verkaufs« den Fokus vom objektiven Wert des Gekauften weg verlagert und stattdessen fest im Geflecht der individuellen Mythologie der Käuferin verankert, ist es absolut unverzichtbar. Was Douglas in den 1980er Jahren als emanzipatorischen Narzissmus bezeichnete, trägt heute eine andere Verkleidung. Und bei dieser geht es weniger um Status oder Besitz, sondern vielmehr um das Frausein an sich.

Sehen wir uns mal die Schokoladenwerbung an. Schließlich wissen wir ja alle, dass mit unserer Schwäche für Schokolade höchstens unsere Leidenschaft für Schuhe und Duftkerzen mithalten kann. Werbung, die vorführte, wie Frauen stets und ständig nach Schokolade lechzten, alle möglichen Gründe fanden, Schokolade zu essen, ja, Schokolade regelrecht zu einem Objekt sexueller Begierde machten, gehörte in den 1960er und 1970er Jahren bei der Monetarisierung der Frauenemanzipation zum Standardrepertoire. Die neue, unabhängige Frau könne durch den Genuss von Schokolade beinahe alle ihre Bedürfnisse befriedigen, so die unterschwellige Botschaft. Doch sexuelle Doppelmoral und die Überzeugung, Frauen sollten in puncto Bedürfnisbefriedigung mal schön an der kurzen Leine bleiben, halten sich hartnäckig. Also bekam die kommerzielle Erschließung des Ermächtigungspotenzials von Schokolade in den 1990er und frühen 2000er Jahren einen neuen Dreh- und Angelpunkt: die Kombination aus Sünde – Schokolade und deren Konsumentinnen wurden als »frevlerisch« und »dekadent« hingestellt – und Vergebung. Zu den Werbespots der erstgenannten Kategorie gehören die, in denen Frauen in schier endlose Bahnen wallender, schokoladenbrauner Seide gehüllt sind, dazu wird oft und gerne das Wort »schmelzen« benutzt. In den Clips der zweiten

Kategorie übernimmt die Schokolade die Rolle der besten Freundin in einer romantischen Komödie: Sie muntert dich auf und versichert dir, dass alles super ist. Und dann gibt es da noch ein dritte Variante: unverblümte Aufforderungen wie »Na los, Mädel! Das hast du dir verdient!« Denn im Grunde besteht ja immer die Gefahr, dass Frauen selbst noch beim Auswickeln der allerkleinsten Praline von Angst und Selbstzweifel überwältigt werden. Dagegen wirkt ein kleiner Extra-Schubs auf der Verpackung Wunder.

Das alles kommt scheinbar ganz harmlos daher. Doch solche Botschaften sind Teil eines größeren Ganzen. Mithilfe solcher Bilder soll weiblichen Verbraucherinnen ein Akt des Konsums als mutige Tat für die Gleichberechtigung der Frau verkauft werden. Dabei ist es doch ganz simpel: Ich habe Appetit, und da esse ich eben ein Stück Schokolade. Werbung und Marketing für Joghurt funktionieren in etwa auf der gleichen Schiene. Hier wird eine eigentlich vollkommen genderneutrale Zwischenmahlzeit als zutiefst feminines Produkt positioniert. Die Inbrunst, mit der sich die Frauen in den entsprechenden Werbeclips ihrem heißgeliebten Milchprodukt mit Fruchtgeschmack hingeben, bot bereits Anlass für exzellente Satire, etwa Kristin Wiigs Parodie auf Jamie Lee Curtis in *Saturday Night Live*. Sie spielt die Frau, die im echten Leben Werbung für Activia macht, als Joghurt-Fanatikerin, die sich andauernd ins Höschen kackt.

Darf es etwas subtiler sein?

Die Werbetaktik zur gezielten Ansprache von Feministinnen hat sich über die Zeit verändert – von »emanzipierten« Versionen femininer Helferlein (das persönliche Deo, der Push-up-BH, die kalorienreduzierte Tiefkühlnahrung) bis hin zur Frauenemanzipation, die der Konsumentscheidung selbst innewohnt. Doch seit kurzem kommt dieser Ansatz ein wenig schwammiger daher. 2014 tauchte eine neue Spielart des Empowertising auf – in Gestalt einer Werbung für die Telekommunikationsfirma Verizon mit dem Titel »Inspire Her Mind«. Darin ist zu sehen, wie ein kleines Mädchen zur jungen Frau heranwächst. An bestimmten Schnittstellen wird es von einer Stimme aus dem Off zurechtgewiesen. Sie watet durch einen Bach (»Pass auf, dass du dein Kleid nicht schmutzig machst!«); sie studiert das Leben der Meeresbewohner in einem Gezeitentümpel (»Lass die Finger davon!«); sie baut in der Garage eine Rakete (»Gib den Bohrer deinem Bruder, der kann das sicher besser.«). Die letzte Szene zeigt sie im Flur ihrer Schule, wo sie offenbar interessiert vor einem Plakat für eine Wissenschaftsmesse stehen bleibt, das in einem Schaukasten hängt. Sie überlegt kurz und schlägt die Augen nieder. Dann folgt das schlimmste Girly-Stereotyp von allen: Sie benutzt ihre Spiegelung in der Scheibe, um Lippenstift aufzulegen. Stimme aus dem Off: »Worte können große Wirkung haben. Ist es nicht Zeit, ihr zu sagen, dass sie nicht nur schön ist, sondern auch ziemlich klug?« Dazu werden Ergebnisse statistischer Erhebungen eingeblendet, die belegen, dass vielen Mädchen ihr Interesse an Mathematik, Informatik, Naturwissenschaften und Technik von ihrem Umfeld ausgeredet wird.

In einem anderen Beispiel, Werbung für Monatshygiene von Always, ist die Filmemacherin und langjährige Chronistin der Girl-Kultur Lauren Greenfield zu sehen. Sie bittet Erwachsene und Teenager beiderlei Geschlechts, vor der Kamera zu rennen, zu kämpfen und zu werfen »wie ein Mädchen«. Diese setzen die Anweisung um, indem sie sich auf übertrieben mädchenhafte Weise bewegen, Trippelschritte und gezierte Verrenkungen machen. Anschließend bittet Greenfield junge Mädchen, dieselben Aktivitäten zu wiederholen, und diese führen sie mit großer Entschlossenheit und Zielgerichtetheit aus. Ihre Bewegungen folgen keinem der gängigen Stereotype – die Mädchen werfen, laufen und kämpfen mit vollem Körpereinsatz. Danach befragt Greenfield beide Gruppen. Die jungen Mädchen sind echt verwundert, als sie erfahren, die Anweisung, Dinge »wie ein Mädchen« zu tun, sei als Beleidigung gemeint gewesen. Den Erwachsenen und Teenagern war das jedoch sehr wohl bewusst. Anschließend wird die Information eingeblendet, dass das Selbstvertrauen von Mädchen mit Einsetzen der Pubertät dramatisch absinkt, und die Zuschauer werden aufgefordert, den Ausdruck »wie ein Mädchen« neu zu definieren.

Die »Inspire Her Mind«-Werbung konzentrierte sich darauf, mehr Mädchen für naturwissenschaftliche und technische Fächer zu interessieren, ein Thema, das in den vergangenen zehn Jahren enorme gesellschaftliche Zugkraft entfaltet, viele Menschen erreicht und massenhaft Gelder eingeworben hat. Kaum jemanden lassen die aufrüttelnden Fotos und Videos junger Absolvent*innen verschiedenster ethnischer Herkunft unter dem Menüpunkt »Responsibility« auf der Website von Verizon kalt. Und hilfreich ist auch, dass weder dort noch in der Werbung selbst den Zuschauern ein bestimmtes Produkt verkauft wird. Die unausgesprochene Botschaft lautet vielmehr »Hey, wir sind ein Unternehmen, dem das Potenzial Ihres Sohnes (oder Ihrer Tochter) am Herzen liegt! Also: Entscheiden Sie sich für uns.«

Ebenso wenig war auch der Always-Spot »Like a Girl« direkt an ein neues Produkt gekoppelt. Er schien vielmehr kreiert worden zu sein, um das Unternehmen selbst als eine Marke zu positionieren, die sich über den Einfluss von Stereotypen und Vorurteilen auf das Leben von Mädchen und Frauen sehr wohl im Klaren ist. Ein Menüpunkt der Unternehmenswebsite mit dem Titel »Fighting to empower girls everywhere« erläutert die diversen Partnerschaften mit nichtstaatlichen Organisationen. So arbeitet Always zum Beispiel mit der UNESCO zusammen, um seine Produkte in die ländlichen Regionen Nigerias und Senegals zu bringen. Dort ist die fehlende Verfügbarkeit von Monatsbinden gleichbedeutend mit versäumten Schultagen, was dazu führt, dass Mädchen geringere Chancen haben.

Eigentlich wissen wir doch alle ganz genau, worum es bei Werbung für Frauen geht: Die Produkte, die speziell für weibliche Konsumentinnen kreiert und platziert werden, vom Haushaltsreiniger über Kosmetik bis hin zu persönlichen Hygieneartikeln, sollen Probleme lösen, von denen wir in vielen Fällen nicht einmal wissen, dass wir sie überhaupt haben – bis uns jemand darauf hinweist und/oder uns einredet, dass wir uns dafür schämen müssen. (Moment mal, das *wusste* ich ja noch gar nicht! Meine Achselhöhlen müssen sexier sein?!) Diese neue Art von Werbung machte nun auch offiziell klar, dass die Werbeindustrie jetzt Möglichkeiten sah, Produkte an Frauen zu vermarkten, ohne erst einmal dafür zu sorgen, dass sie sich komplett mies fühlten. Was für ein Durchbruch! 2014, nach so vielen frauenbewegten Jahrzehnten, hatten sie es endlich geschnallt: Zieh mit deiner Werbung die Frauen nicht erst runter, dann kaufen sie auch deine Produkte. Damit war eine unfassbar niedrige Hürde übersprungen, und eilig klopften sich alle gegenseitig auf die Schulter. Plötzlich gab es sogar einen Namen für dieses Phänomen: »Femvertising«, Verzeihung, #*Femvertising* wurde auf den Websites von Werbeunternehmen zum Dauerbrenner. Und die allgemeine Diskussion darüber, wie dieses erstaunlich Neue zu bewerkstelligen sei – Frauen nicht zu beleidigen – bescherte Konferenzen und Seminaren zu dem Thema riesigen Zulauf.

Es lohnt sich schon, einmal genauer darüber nachzudenken, was Unternehmen wie Verizon und Always so plötzlich dazu brachte, die Ermächtigung und das Wohlergehen von Frauen und Mädchen zu ihrer Strategie zu machen. Schließlich war Always jahrelang gemütlich auf den Flügeln seiner Produkte dahingesegelt, und hatte diese mit platt-fröhlichen Slogans wie »Have a happy period. Always!« und Werbebotschaften beworben, die um extrem gute Saugfähigkeit und die besondere Form der Verpackung kreisten. Und Verizon verdankte seine Berühmtheit vor 2014 einem knuffigen Typen mit Brille, der unentwegt fragte »Kannst du mich jetzt hören?«. Es mag vielleicht arg zynisch klingen, wenn ich die Motive von Markenwerbung in Frage stelle, die auf etwas scheinbar derart Aufrichtiges hinausläuft wie die Kampagnen »Inspire Her Mind« und »Like a Girl«.

Doch angesichts der Tatsache, dass der Fokus hier auf den Marken selbst liegt und nicht auf deren Produkten, ist die Vermutung, dass diese Form der Ansprache auf gewisse Weise auch den Feminismus anpeilt, natürlich äußerst verführerisch.

Zumindest eine Sekunde lang. Genau auf diese Weise zieht Empowertising uns in seinen Bann, und weil es so wenig Werbung gibt, in der, sagen wir mal, die athletischen Fähigkeiten junger Mädchen gepriesen werden, sticht die, die es tut, natürlich heraus. Allerdings stellen wir bei näherer Betrachtung fest, dass hier immer noch dieselbe alte Masche gestrickt wird – im Fall von Always tut die »Like a Girl«-Kampagne alles, um das mangelnde Selbstvertrauen von Mädchen abzukoppeln von dem Schamgefühl, das ihnen im Zusammenhang mit der beginnenden Menstruation und ihrem sich entwickelnden Körper noch immer eingetrichtert wird. (»Have a happy period, Always!« *erwähnte* zumindest mal das Wort »Periode«.) Der Spot wirkt im Kontext eines Marktes für Produkte für Frauen, der in den letzten Jahren den Ernst des Menstruations-Marketings der Vergangenheit mithilfe von Humor und absurder Komik erfolgreich abgeschüttelt hat, besonders zugeknöpft.

Das Internet, die sozialen Medien und der Aufstieg einer äußerst reaktionsschnellen Medienkritik haben ohne Zweifel stark dazu beigetragen, dass sich bei großen Unternehmen eine wichtige Erkenntnis durchsetzte: Selbst dann, wenn eine Marke stabile Gewinne abwirft, muss sie zumindest so tun, als wäre sie daran interessiert, was ihre Kundinnen denken. Früher konnte es zwar durchaus vorkommen, dass Printanzeigen oder Werbeclips, in denen Frauen beleidigt wurden, eine Flut von geharnischten Briefen an die jeweilige Chefetage nach sich zogen. Allerdings konnte frau nur wenig tun, um zu verhindern, dass die Werbung weiterlief. Seit einiger Zeit sieht das aber ganz anders aus: Dieselbe Werbung würde höchstwahrscheinlich zum Aufhänger für gut platzierte Blogpostings in den Internetauftritten von Forbes oder dem *Wall Street Journal* und laute Zwischenrufe auf Feministing.com, Clutchmagonline.com, Autostraddle.com und Bitchmedia.org. Dazu kämen eine Unmenge pointierter Tweets und – sehr wahrscheinlich – eine Online-Petition auf Change.org. Es ist deprimierend, dass solche Reaktionen immer wieder nötig sind, aber die öffentliche Bloßstellung hat sich als ungeheuer effektive Methode erwiesen. Und in Fällen frauenbeleidigender Werbung ist sie vielleicht sogar die einzige, die Marken dazu zwingen kann, darüber nachzudenken, was sie mit den von ihnen vermittelten Botschaften und Bildern eigentlich anrichten.

Werbung muss nur eine einzige Aufgabe erfüllen. Und die besteht nicht darin, politische Bewegungen in all ihren Schattierungen abzubilden. Doch die atemberaubende Entwicklung und Verbreitung dieses Mediums in nur zwei Jahrzehnten – von der klammheimlichen Eroberung neuer physischer Räume (Griffe von Einkaufswagen, Bandenwerbung im Sport, Tickets für öffentliche Verkehrsmittel) über ihre Allgegenwart in den digitalen Medien (gesponsorte Tweets und Instagram-Posts, interaktive Facebook-Anzeigen) bis hin zu Erscheinungsformen wie Guerillawerbung und viralen Videos – ging mit einem erheblichen Machtzuwachs einher. Wenn sich, wie Medienwissenschaftler*innen (etwa Jean Kilbourne und Sut Jhally) seit Jahrzehnten unermüdlich wiederholen, die Macht von Werbung auf zweifache Weise entfaltet, nämlich kumulativ und unterbewusst, dann wird sie in dem Langzeitprojekt »Gleichstellung der Geschlechter« mit absoluter Sicherheit auch weiterhin eine ganz entscheidende Rolle spielen.

Ob man die Sprache der Ermächtigung dafür benutzt, uns weiszumachen, die mögliche Wahl zwischen drei Sorten Tiefkühl-Diätpizza sei eine radikale Errungenschaft, oder dafür, eine Welt zu errichten, in der niemand mehr eine Tiefkühl-Diätpizza braucht (oder in der dieses Produkt zumindest nicht mehr ausschließlich an Frauen vermarktet wird), sind immer noch zwei vollkommen verschiedene Paar Schuhe. Und genauso tief ist die Kluft zwischen Feminismus und Marktfeminismus. Aus diesem Grund ist die

Bezeichnung »Femvertising« nützlich, wenn auch nicht auf die Art, wie sie ursprünglich gedacht war. Mithilfe der Begriffe »Empowertising« und »Femvertising« wird es möglich, über das Geschäft des Marketings für Frauen zu sprechen, ohne Beispiele für dieses Geschäft mit dem echten Feminismus zu vermischen. Sie bieten einen Zugang, um mehr über die spezifischen Probleme von Frauen und Mädchen zu erfahren; vielleicht sind sie sogar ein Weg, um Alternativen zu Mainstream-Produkten zu finden. Doch wenn wir uns für die Werbespots und Printanzeigen selbst begeistern, feiern wir damit lediglich die Tatsache, dass die Werbebranche es schafft, Frauenbewegungen zu vereinnahmen und sie uns dann wieder zu verkaufen – und uns anschließend dafür zu belohnen, dass wir den Happen schlucken.

KAPITEL ZWEI
SÜCHTIG NACH HELDINNEN: FEMINISMUS UND HOLLYWOOD

Nur ein kleines bisschen weniger unentrinnbar als Tod und Steuern ist die Sommersaison der Hollywood-Blockbuster. Das ist die Zeit, in der die großen Studios ihre neusten »Tentpoles« (»Zeltstangen«-Filme) herausbringen, so genannt, weil die ungeheuren Gewinne über das Jahr die umsatzschwächeren Produktionen stützen. In diesen Wochen kommen Spiderman, Batman, Iron Man und andere Mans im Surround-Sound zu ihrem Recht, und die Filmbosse setzen sich mit Dollarzeichen in den Augen hinters Steuer ihres Tesla. Es ist normalerweise nicht die Zeit, in der ein Multiplex-Kandidat als »der lang erwartete feministische Actionfilm« angepriesen wird. Im Mai 2015 geschah aber genau das. Der Spielfilm hieß *Mad Max: Fury Road*, die vierte Episode der australischen Reihe um einen ehemaligen Polizisten, der sich durch das rechtlose Chaos einer gnadenlosen Endzeit-Wüste schlägt. Was folgte, war nahezu einhelliges Lob: *Fury Road* heimste die begehrte Wertung »99 Prozent frisch« auf dem Tomatometer der Filmkritik-Website *Rotten Tomatoes* ein und veranlasste die *New York Post* – die nicht gerade dafür bekannt ist, sich für den Feminismus zu interessieren –, den Streifen zum »feministischen Spielfilm des Jahres« zu erklären.

Ich bin ein Fan verheerender und sinnloser Explosionen wie viele andere auch. (Ich habe Geld dafür bezahlt, um *Armageddon* im Kino zu sehen. Zweimal.) Aber wie die meisten Feministinnen mit Filmspleen habe ich mittlerweile bestimmte Erwartungen an die weiblichen Figuren eines aufwendigen Franchise-Actionfilms, der nicht gerade den Titel *Alien* trägt. Häufig werden diese Figuren anfänglich als stark, klug und solide dargestellt – bis sie in den Dienst eines männlichen Helden und seiner Reise treten und jemand sie entführt, terrorisiert, auf eine Bombe schnallt oder was auch immer. Tut mir leid, wenn ich euch gerade einen Haufen Superheldenfilme verdorben habe!

Da ich in einer Zeit aufgewachsen bin, in der die *Mad-Max*-Trilogie der Gipfel der coolen Postapokalypse war und Mel Gibson die Öffentlichkeit noch nicht mit seinen Eskapaden nervte, passte es meiner Meinung nach – zumal nach Tina Turners kulthafter Aunty Entity in *Jenseits der Donnerkuppel* – durchaus ins Drehbuch dieser Dystopie, dass Frauen die Macht ergreifen. Trotzdem kommen im Reich der mit großen Budgets produzierten Hollywood-Actionfilme Lobpreisungen wie die für *Fury Road* selten vor. Noch faszinierender fand ich, dass Trailer und Filmplakat, die den Star des Films, Charlize Theron, in den Vordergrund rückten, eine kleine, aber schwer beleidigte Gruppe männlicher Blogger dazu veranlasste, den Film unter lauten Protesten zu boykottieren. Der Vorwurf lautete, er sei eine Art pyrotechnisches Trojanisches Pferd für Feminazi-Propaganda. (»Es macht mich wütend, wie Hollywood und der Regisseur von *Fury Road* mich und andere Männer dazu überlistet haben, diesen Film anzuschauen«, beschwerte sich einer.) *Fury Road* stand nicht auf meiner Filmliste für den Sommer; mein

Mann, der sich die vorausgegangenen *Mad-Max*-Filme etwa 250 Mal angesehen hatte, wusste nicht einmal, dass es einen neuen gab. Aber als ich hörte, dass der Streifen Antifeministen schon durch seine bloße Existenz auf die Palme brachte, musste ich natürlich sofort ins Kino, also danke, Jungs.

Fury Road handelt explizit von den Verheerungen, die das Patriarchat für Männer wie für Frauen anrichtet, und von den verzweifelten Versuchen, diesem System zu entkommen. Max (nun von Tom Hardy gespielt) ist an seinen früheren Versuchen, seinen Mitmenschen Gutes zu tun, dermaßen zerbrochen, dass er sich verwildert und stumm in quälenden Erinnerungen an die Menschen ergeht, deren Tod er nicht verhindern konnte. Max ist zwar die bereits eingeführte Hauptfigur der Filmreihe, doch vorangetrieben wird die Handlung von Charlize Theron als Imperator Furiosa. Furiosa fährt im Dienste des maskierten Kriegsherrn Immortan Joe, der über die Zitadelle herrscht, einen riesigen Kampftruck. Immortan Joe unterdrückt die hungernden Massen, hält Frauen als »Brüter« und Milchvieh und missbraucht Max und andere als »Blutbeutel«. Die taffe Furiosa, ausgestattet mit einer Armprothese, hat unsagbare Gräueltaten überlebt und einen Racheplan entwickelt: Sie will dem Patriarchen seinen geschätzten Harem abknöpfen und Hunderte Meilen durch unwirtliche Landstriche zum »Grünen Land« ihrer Geburt fahren. Da die Kombination aus Max' posttraumatischer Belastungsstörung und Furiosas unerbittlicher Zielstrebigkeit nur einen minimalen Plot zulässt, erzählt der Subtext die Geschichte. Männliche Machtgier und die Gewalt über die Ressourcen haben jede Lebenskraft aus dem Land gesaugt; der Kriegsherr hat Tausende kränklicher, knabenhafter Männer hervorgebracht, denen er, wie den Wikingern vor ihnen, weismacht, sie könnten Ruhm nur erlangen, wenn sie im Kampf fielen. Das Grüne Land ist, wie Furiosa feststellen muss, verschwunden; als einziges Erbe ist eine Tasche voll Samen geblieben, die von einer Motorradgang ältlicher, knarrenschwingender First Mothers bewacht wird.

Ich fand den Film toll, doch darum geht es nicht. Andere fanden ihn doof, aber darum geht es auch nicht. Worum es geht, ist, dass die Lobeshymnen für den »feministischsten Film des Jahres« den Ton für eine Debatte vorgaben, die sich nicht so sehr um den Film selbst rankte als um den Feminismus als objektiven Qualitätsmaßstab. Vielen Artikeln und Blogeinträgen, in denen die lautere feministische Absicht von *Fury Road* gepriesen wurde, trat eine Flut von »Na ja, aber eigentlich«-Repliken entgegen (eine erschien gar unter dem Titel »Eigentlich ist der Film gar nicht so feministisch, und eigentlich ist er nicht einmal gut«). Auf jede Stimme, die für Therons stoische Furiosa schwärmte, folgte eine, die sie unrealistisch cool und perfekt fand. Während die einen erklärten, ein widerlicher Patriarch, der zu seinem Vergnügen die schärfsten Frauen hortet, passe genau in das postapokalyptische Szenario, meinten die anderen, ein *richtiger* feministischer Film würde keinen Harem zeigen, der einer Werbung für Calvin-Klein-Parfüm entsprungen sein könnte.

Die Debatte war nicht sonderlich ergiebig, illustrierte aber recht gut die beunruhigenderen Facetten des Marktfeminismus. Zum einen wird mit dem Schlagwort »feministisch« mittlerweile alles überschwenglich gelobt, das Frauen nicht offen herabwürdigt, erniedrigt oder ausbeutet. Zum anderen dient bei der Einstufung eines Films als »feministisch« oder »nicht feministisch« – vor allem, wenn dieser Film weder das eine noch das andere für sich beansprucht – der Feminismus nicht als Katalog von Werten, Moralvorstellungen und politischen Ansichten, sondern lediglich als Maßstab dafür, ob der Streifen es wert ist, konsumiert zu werden. *Fury Road* war zweifellos ein Triumph des Marktfeminismus. Er begeisterte Leute, die mögen, wenn es mächtig kracht und knallt, die auf die Jungfrau in Not aber auch gut verzichten können. Er öffnete Blicke in die Gehirnwindungen des Chauvinisten und seine Angst vor einer Welt, in der Frauen den Männern gleichgestellt sind. Doch es ist noch lange nicht ausgemacht, ob das ausgerechnet die Popkultur-Branche nachhaltig beeinflussen wird, die seit fast einem Jahrhundert besonders offen der Ungleichheit frönt: Hollywood.

Der feministische Trugschluss

Den Begriff des »feministischen Trugschlusses« prägte Marjorie Ferguson 1990 in ihrem Essay »Images of Power and the Feminist Fallacy«.[11] Ferguson spielte damit auf die Überzeugung an, die Darstellung mächtiger Frauen in den Medien bringe echten Frauen »kulturelle Sichtbarkeit und institutionelle Ermächtigung«. Ferguson fragte: »Untersuchen wir die Darstellung von Frauen in Literatur, Film, Fernsehen und Printmedien als Selbstzweck? Oder untersuchen wir diese Darstellung als Mittel zum Zweck?«

Mehr als fünfundzwanzig Jahre später scheint diese Frage relevanter denn je. In der Geschichte des Kinos herrscht kein Mangel an »starken weiblichen Rollen«, wie sie heute, manchmal mit einem Augenrollen und/oder gedachten Anführungszeichen, genannt werden. Und dank spezieller Filmfestivals, Streaming-Dienste, feministischer Filmportale und Websites wie Youtube kann frau heute besser denn je auf sie zugreifen. Eine unvollständige Liste der Filme, die entsprechende Blogs und Listicles häufig als feministische Klassiker anführen, enthält Streifen wie *Königin Christine, Die Farbe Lila, Thelma und Louise, Born in Flames, Warum eigentlich bringen wir den Chef nicht um?* und die *Alien*-Reihe, aber auch *Clueless, Warten auf Mr. Right, Magnolien aus Stahl, Grüne Tomaten, Set it off, Angeklagt* und *Echte Frauen haben Kurven*. Das heißt, die Kriterien für einen feministischen Film sind so unterschiedlich wie die Menschen, die ihn sich ansehen.

Doch obwohl es unendlich viele Foren gibt, die zum Beispiel einem Plädoyer für den heimlichen Feminismus von *Natürlich Blond 1* und *2* Raum bieten, ist der eklatante feministische Trugschluss im Reich der großen Leinwand doch frustrierend offensichtlich. Es ist ein Unterschied, ob ein Film eine eindeutig feministische Linse für ein Thema anbietet – eine »Lesart«, in der sich der Feminismus spiegelt oder ausdrückt – oder ob ein Film selbst feministisch ist. Starke Frauenfiguren im Film – und prägnante, kraftvolle, nuancierte Geschichten über sie – sind schließlich nichts Neues. Es gibt sie seit den Anfängen der Filmindustrie. Die lange Tradition solcher Frauenrollen hat aber an den Werten und Haltungen, die diese Branche prägen, wenig geändert. In der Geschichte Hollywoods widerspiegeln die Zyklen, in denen Frauen mal wichtige Rollen vor und hinter der Kamera übernahmen, mal in den Hintergrund traten, nicht so sehr die jeweiligen feministischen Bewegungen der Zeit als vielmehr das Bestreben, einen Markt für die Filme zu erschließen – und dieses Bestreben wurde mit der Zeit immer stärker vom Gender geprägt.

In der Stummfilmära wuchs die Filmindustrie in Hollywood aufgrund der großen Nachfrage des Publikums rasch und zeigte sich Drehbuchschreiberinnen, Redakteurinnen, Regisseurinnen und Produzentinnen gegenüber offener als jemals danach. Regisseurinnen wie Dorothy Arzner, Lois Weber, Alice Guy-Blaché (die als erste echte Vertreterin des Autorenfilms gilt) und schauspielernde Produzentinnen wie Mary Pickford (Gründerin des Filmstudios United Artists) und Clara Bow schufen Filme, die, anders als die in Hollywood später hochgeschätzten eskapistischen Fantasien, menschliche Geschichten mit komplexen Beziehungen und progressiven Themen erzählten; Webers *The Hand That Rocks The Cradle* aus dem Jahr 1917 beispielsweise sprach sich für eine Legalisierung der Geburtenkontrolle aus. Frauen leiteten bald Dutzende von Produktionsfirmen. Doch wie die Filmjournalistin und -historikerin Melissa Silverstein schreibt: »Als es immer stärker ums Geld ging, verschwanden auch die Frauen hinter den Kulissen.« Mit der neuen Tonfilmtechnik, die ab den 1920er Jahren den Stummfilm ablöste, kam bald die Wall Street ins Spiel, die in junge Studios investierte, die großen Bosse der Regisseur*innen und Produzent*innen stellte und in den boomenden Studios die Belegschaft zunehmend maskulinisierte und nach Geschlechtern trennte. Frauen auf einflussreichen kreativen Positionen galten plötzlich als amateurhaft und unprofessionell. In Anbetracht der männlich dominierten wirtschaftlichen Kräfte, die Hollywood beherrschten, und der immer größeren Beträge, die auf dem Spiel standen, stellten Frauen angeblich ein zu großes Risiko dar.[12]

Die Darstellung von Frauen auf der Leinwand nahm eine ähnliche Entwicklung. In der Ära, die heute als Pre-Code bezeichnet wird, waren Frauen klug, qualifiziert, ehrgeizig, unverblümt, undurchsichtig, trickreich, sogar kriminell. Sie erpressten ihren Chef, setzten uneheliche Kinder in die Welt, verführten andere Frauen – und in den Thrillern ging es noch heißer zu. Jean Harlows *Feuerkopf* war eine dreiste soziale Aufsteigerin, die jeden Mann zu verführen bereit war, um zu bekommen, was sie wollte; Barbara Stanwyck spielte in *Baby Face* eine mittellose junge Frau, die es mit Sex zu etwas brachte (»She had IT und made IT pay«, lockte das Filmposter). Und natürlich war da Mae West, Sexbombe und Varietékünstlerin, Autorin und Produzentin, die für jeden einzelnen schlüpfrigen Spruch in Samantha Jones' *Sex and the City* Patin stand. Ihre augenzwinkernden Sprüche – »Komm doch bei Gelegenheit mal rauf zu mir« oder »Wenn ein Mädchen auf die schiefe Bahn gerät, folgen ihr die Männer auf dem Fuß« – versinnbildlichten lange Zeit die kecke Schlagfertigkeit des Pre-Code-Hollywood. Es ist nicht so, dass die Heroinen, die diese Frauen verkörperten, *wie Männer* waren – das beileibe nicht. Sie waren nur einfach auf der Leinwand so menschlich wie Männer, hatten Appetit und Humor, einen Dickkopf und Fehler. Und das war ein Teil des Problems, das der Hays Code beseitigen sollte.

Der Motion Picture Production Code, 1930 unter der Ägide des ehemaligen Postministers Will Hays verfasst, sollte verhindern, dass Hollywood Filme produzierte, die zum Verfall der »moralischen Maßstäbe« der Zuschauer*innen führen könnten. Der Code legte fest, wie Handlung und Drehbuch aussehen mussten, damit das Publikum nicht zu kriminellen Handlungen und Rachegedanken verleitet oder moralischer Ambiguität ausgesetzt wurde. Besondere Aufmerksamkeit galt den Themen Ehebruch, Beziehungen zwischen Menschen unterschiedlicher Hautfarbe, »unreine Liebe« (unter anderem Homosexualität und Transgender-Beziehungen) und sogar Tanzen. Nacktheit war verpönt, Gotteslästerung tabu. »Kunst kann in ihrer Wirkung moralisch zersetzend sein«, hieß es warnend in dem Code. »Das trifft eindeutig zu auf unsittliche Kunst, unanständige Bücher, zweideutige Theaterstücke.«

Die Vorgaben für rechtschaffene Filme im Hays Code, der von 1934 bis 1968 gültig war, erstickten die Chancengleichheit wie eine nasse Decke. Auslöser war der Sensationsprozess um den Stummfilmstar Roscoe »Fatty« Arbuckle gewesen, der des entsetzlichen Mordes an einer jungen Schauspielerin in seinem Hotelzimmer beschuldigt wurde. Als die Details des Verfahrens über die Presseagenturen und den Äther an die Öffentlichkeit gelangten, entwickelte sich die moralische Verderbtheit Hollywoods zur nationalen Obsession, und die Filmbranche sah ein, dass sie eine Selbstkontrolle einführen musste, wenn sie härtere staatliche Eingriffe vermeiden wollte.

Die im Code dargelegten Regeln – unter anderem durfte »unreine Liebe [...] nicht so präsentiert werden, dass sie beim Publikum Leidenschaft oder morbide Neugier wecken könnte« – wirkten sich auf die Darstellung von Frauen erheblich stärker aus als auf die von Männern. In seinem Buch *Complicated Women: Sex and Power in Pre-Code Hollywood* weist der Filmkritiker Mick LaSalle darauf hin, dass sich der Hays Code in erster Linie mit Frauenleben auf der Leinwand befasste; die Darstellung einer erfüllenden beruflichen Laufbahn, sexueller Gelüste und eines von einem Mann unabhängigen Lebensstils wurde als unnatürlich und – wieder dieses Wort – »unrein« gegeißelt. Was die Autoren und Hüter des Codes so auf die Palme brachte, war nicht so sehr die Sittenlosigkeit als vielmehr die Gleichstellung der Geschlechter – oder vielleicht war beides auch gar nicht zu unterscheiden. Jedenfalls hatten Spaß und Freiheit nun endgültig ein Ende. Der Code war »darauf ausgelegt, den Geist zurück in die Flasche zu bringen – und die Ehefrau wieder in die Küche«, so LaSalle.

Der Code stutzte ab seinem Inkrafttreten letztendlich die Entwicklungsmöglichkeiten für weibliche Figuren und etablierte stattdessen buchstäblich und im übertragenen Sinne ein Schwarz-Weiß-Bild von Männern und Frauen. Der gläubige Christ Joseph Breen, der als erster Mann für die Durchsetzung des Codes verantwortlich war, sorgte mit seiner Frömmigkeit und kraft seiner Position dafür, dass die Ungewissheiten des Lebens und die Fehlbarkeit der menschlichen Natur in Hollywood-Filmen keinen Platz mehr fanden. Unter Breens Aufsicht kamen auf der Leinwand weder Geburtenkontrolle noch Scheidung vor. Wenn in einem Skript ein Doppelbett erwähnt wurde, war Breen sofort zur Stelle und schlug vor, es durch zwei Einzelbetten zu ersetzen.

Aus diesem starren Glauben an moralische Integrität und nuancenfreie Menschlichkeit erwuchs eine Reihe von Fiktionen, die sich bis heute halten. Dass sich eine »gute« Ehe hinter einem weißen Lattenzaun verbirgt, mit einem weißen Mann und einer weißen Frau, die gerade so viel artigen, zeugungsfähigen Sex miteinander haben, dass zwei Kinder daraus hervorgehen – das war typisch Breen. Dass eine Frau nur wahrhaft »gut« ist, wenn sie ihre eigenen Träume hintanstellt, um den Träumen ihres Ehemanns und ihrer Kinder zu dienen – das war die Vision des Hays Code. Die Unsichtbarkeit und stillschweigende Geringschätzung von Schwarzen, Homosexuellen, Transgendermenschen oder Behinderten – das war die saubere, unkomplizierte, homogene Realität Hollywoods. Sie wurde bis zur Aufhebung des Codes mehr als dreißig Jahre lang auf Zelluloid gebannt und beeinflusste nachhaltig die Vorstellungswelt nicht nur in Hollywood, sondern in ganz Amerika. Wenn im Fernsehen Moderatoren und angebliche Experten in ihrer Scheinheiligkeit den Feminismus für alles Mögliche verantwortlich machen, von der Scheidungsrate über die Fettleibigkeit von Kindern bis hin zum Tod der Ritterlichkeit, so knüpfen sie damit an den Hays Code an. Wenn Republikaner wie Mitt Romney und Paul Ryan alleinerziehenden Eltern – besonders alleinstehenden Müttern – die Schuld für das grassierende Problem von Amokläufen und andere Fälle von Waffengewalt in die Schuhe schieben, so greifen sie Motive aus dem klassischen Breen-Skript auf, in dem die Ehe als moralischer Schutzschild gegen unsägliches Übel wirkt.

Die kollektive Linse, die die narrativen Möglichkeiten für Frauen deutlich verengte, verfestigte sich Ende der 1930er und in den 1940er Jahren mit dem Aufkommen der sogenannten Women's Pictures. Das Gebräu aus Romanze und Rührstück, mit dem sich diese Frauenfilme das Etikett »Schmachtfetzen« einhandelten, entsprach den Chick Flicks heutiger Zeiten und bediente das Frauenbild, von dem die Macher mittlerweile meinten, es stimme mit ihrem weiblichen Publikum überein: Die Frau war auf der Suche nach einem potenten Kerl und wünschte sich statt sexueller Autonomie den Käfig ehelicher Liebe; nach dem Ausbruch des Zweiten Weltkriegs, als Söhne, Ehemänner und Brüder in die Schlacht zogen, kam ein Hang zum Eskapismus dazu.

Die Handschrift des Hays Code bestimmte die Handlung dieser Frauenfilme: Hatten Frauen vorher als Architektinnen ihres eigenen Lebens gewirkt, waren sie nun seine Opfer. Die wichtigsten Themen waren die Suche nach Liebe und Mutterschaft, die mit Erniedrigung und Selbstaufopferung einherging, nicht selten bis hin zur Krankheit und zum Wahnsinn. Dazu kam ein triefender Moralismus, der Frauen häufig in Form von Doppelgängerinnen gegeneinander aufhetzte. Wenn Männer wie William Wyler und Douglas Sirk für Drehbuch und Regie verantwortlich zeichneten, rankte sich die Handlung stets um das Leiden einer Frau; diese Filme setzten den Ton für die kommenden Jahrzehnte, in denen die einzigen mitfühlenden Frauen betrogene Ehefrauen oder Mütter waren.

Stella Dallas aus dem Jahr 1937, *Reise aus der Vergangenheit* aus dem Jahr 1942 und *Solange ein Herz schlägt* aus dem Jahr 1945 sind bis heute drei Klassiker dieses Genres. Gemeinsam ist ihnen die implizite Wertschätzung von Figuren, die sich, egal, was es sie kostet, für andere aufopfern. In *Reise aus der Vergangenheit* findet die von ihrer Mutter unterdrückte Jungfer Charlotte (Bette Davis) ihre Erfüllung darin, dass sie sich um die ebenso fragile Tochter des geliebten Mannes kümmert, den sie nicht haben kann. Mit dem berühmtesten Satz des Films – »Lass uns nicht nach dem Mond greifen, wir haben die Sterne« – antwortet Charlotte, als ihr Geliebter daran zweifelt, dass sie, unverheiratet und kinderlos, wirklich mit ihrem Los glücklich sein kann. *Stella Dallas* wie auch *Solange ein Herz schlägt* handeln von Frauen (gespielt von Barbara Stanwyck und Joan Crawford), die alles tun, damit ihre jeweiligen Töchter es einmal besser haben als sie selbst, nur um am Ende von den undankbaren Gören, denen sie zum sozialen Aufstieg verholfen haben, verstoßen zu werden.

Die, mit den Worten der Filmhistorikerin Jeanine Basinger, »ohne Zweifel hirnlosen Handlungen« vieler dieser Frauenfilme verfolgten einen pädagogischen Zweck: Bevor die Frauen die richtige Entscheidung treffen konnten – die anständige, selbstnegierende Entscheidung –, mussten sie für eine falsche Entscheidung erst hinreichend bestraft werden. Das ähnelt durchaus den Lektionen, die den Frauenfiguren heute ins Skript geschrieben werden; die glücklosen Heldinnen unterhalten ihr Publikum mit einer Reihe hochnotpeinlicher Fehler. Bridget Jones blamiert sich vor Salman Rushdie und erscheint zu einer biederen Gartenparty im Playboy-Bunny-Kostüm; in *Der perfekte Ex* gibt sich Ally Darling als Britin aus und tappt bei dem Versuch, sich vor diversen Ex-Liebhabern zu verstecken, von einem Fettnäpfchen ins nächste. Katherine Heigl trägt in *Die nackte Wahrheit* zu einem Geschäftsessen versehentlich vibrierende Unterwäsche, deren Fernbedienung einem kleinen Kind in die Hände fällt. Und so geht es weiter, Film für Film: Erst nachdem die Frauen durch ihre eigenen grauenhaften Fehltritte hinlänglich gedemütigt sind, folgt die Belohnung in Gestalt des richtigen Mannes und der Aussicht auf eine glückliche Zukunft. Damals wie heute steht vor dem Erfolg eine große Portion Unterwerfung.

Und trotzdem war und blieb diese Ära des Frauenfilms in der US-amerikanischen Kinogeschichte ein Ausreißer. Denn in diesen Streifen rückten Frauen nicht als Nebenfiguren die Geschichte der männlichen Hauptfigur ins Scheinwerferlicht, sondern waren selbst das Thema. Wie nicht anders zu erwarten, rümpften die Filmkritiker daher die Nase. Trotz ihres Ansehens in der Filmbranche (Davis und Stanwyck wurden von der Academy of Motion Pictures jeweils als Beste Schauspielerin nominiert, Crawford für *Solange ein Herz schlägt* als solche ausgezeichnet) und ungeachtet des finanziellen Erfolgs verhöhnten die Kritiker Frauenfilme meist als kitschige Rührstücke, deren größter Makel war, dass sie zu, na ja, zu *weiblich* daherkamen. Das Kleinklein eines Frauenlebens sei doch belanglos. Die Handlung sei haarsträubend, die Frauen hätten eine Neigung zur Nabelschau, Gefühle würden aufgeblasen – im Lauf der Jahre fanden die Kritiker eine Vielzahl abfälliger Formulierungen für ihre Pauschalabfuhr. Diese Rezeption war weder neu, noch galt sie ausschließlich Frauenfilmen; die männlichen Kritiker brachten lediglich eine Geringschätzung von Medienerzeugnissen für Frauen zum Ausdruck, die schon seit den 1850er Jahren gang und gäbe war. Damals hatte sich Nathaniel Hawthorne bei seinem Verleger über die »vermaledeite Horde schreibselnder Frauen« beschwert, deren Bücher sich besser verkauften als seine. Und diese Kritikerhaltung zu allem, was sich gezielt an Frauen richtet, hält sich bis zum heutigen Tag, da beide Geschlechter gleichermaßen kulturelle Phänomene – die US-Rapperin Nicki Minaj, Frauenbasketball, Liebesromane – mit erschreckender Sorglosigkeit in Bausch und Bogen abqualifizieren, weil sie angeblich für die (bis dato gemeinhin männlichen) Kritikeraugen zu »mädchenhaft« seien.

Frauen und der Indie-Film

Wie die Stummfilmära und die Zeit der Women's Pictures markierte die Blütezeit des Indie-Films einen der wenigen Momente in der Hollywood-Geschichte, in denen eine größere Zahl an Spielfilmen gezielt für weibliche Zuschauerinnen produziert wurde. In kaum einer Epoche der Filmgeschichte war die Darstellung von Frauen auf der Leinwand von größerer Vielfalt geprägt als Ende der 1980er, Anfang der 1990er Jahre, als immer mehr Filmemacher*innen abseits der großen Filmstudios mit ihren Arbeiten auf großes Interesse stießen, nicht zuletzt dank des Erfolgs von *Sex, Lügen und Video* auf dem Sundance-Filmfestival. Das Zeitalter des Anti-Blockbusters war angebrochen. Landauf, landab schossen Filmfestivals aus dem Boden, und kleine Produktions- und Vertriebsfirmen verbreiteten die Stimmen und Visionen von Filmemacher*innen, die nicht zum Club der baseballbemützten Hollywood-Regisseure gehörten. So kam es, dass die Filme, die in kleinen Kinos und Vorführräumen gezeigt wurden, nicht nur von Frauen handelten, sondern auch radikal unterschiedliche Frauenbilder präsentierten.

In *Desert Hearts, The Watermelon Woman, Go Fish, The Incredibly True Adventure of Two Girls in Love, Heavenly Creatures* und *All Over Me* verliebten, stritten und verloren sich Lesben. In *Just Another Girl on the I.R.T., Zebrahead, Mississippi Masala* und *Eve's Bayou* schlugen sich Frauen mit ihrer Hautfarbe, Liebe und Identität herum. In *Girls Town, Ruby in Paradise, Trust, Mi Vida Loca* und *Gas Food Lodging* suchten sich taffe und verletzliche Mädchen einen Weg durch Freundschaften, Gewalt und ihr eigenes Ich. In *Daughters of the Dust* und *Out of Rosenheim* entfalteten Frauen an abgelegenen Orten Magie. In *I Was a Teenage Serial Killer* und *The Doom Generation* richteten weibliche Punks Chaos und Verwüstung an, und in *Bound – Gefesselt, Die letzte Verführung* und *Nikita* zogen Femmes fatales als männermordende Vamps durch die Lande. Da auch Zeitschriften und Online-Magazine wie *Sassy, Spin, BOMB* und *Film Threat* entstanden, die den Indies Raum und dem Publikum Tipps gaben, war es eine großartige Zeit für Feminist*innen, die gern allein im Dunkeln saßen: Als ich mir diese Filme in New York zwischen 1990 und 1994 im Arthouse-Kino unweit meines Colleges oder im Angelika Film Center zum Teil mehrmals ansah, war das inspirierend und beglückend, zumal mir egal sein konnte, was in den Multiplex-Kinos so lief.

Doch der Indie-Film der 1990er Jahre blieb nicht lange wirklich unabhängig. So, wie die großen Plattenfirmen Anfang der 1990er die kleinen Labels schluckten, die uns Nirvana und Guided by Voices beschert hatten, beschafften sich auch die großen Filmstudios durch den Kauf von Indie-Produktionsfirmen coole Ableger. Durch Medienkonzentration und vertikale Integration wurde der Indie-Film, kaum dass er die Bühne betreten hatte, auch schon wieder vereinnahmt. Time/Warner, Twentieth Century Fox, Disney, Universal und Paramount kauften Unabhängige wie Miramax (das mittlerweile seine Unabhängigkeit wiedererlangt hat), schlossen Verleihverträge oder gründeten ihre eigenen Tochterfirmen. In der zweiten Hälfte der 1990er Jahre hatten die meisten großen Filmstudios unabhängige Töchter, etwa Searchlight Pictures (Fox) oder Focus Features (NBC/Universal). Der vom Kabel-TV-Unternehmen Showtime gegründete Sundance Channel bescherte den Filmfans in den gesamten USA alternative Fernsehkost.

Genau wie es Anfang des 20. Jahrhunderts schon einmal geschehen war, verlor der Indie-Film mit steigender Bekanntheit, durch die Eingliederung in den Hollywood-Apparat und unter den ökonomischen Bedingungen des Studiosystems zunehmend das, was ihn zu einer echten Alternative gemacht hatte: die Filmschaffenden, die anders waren als die Mehrheit der großen Regisseure.

Nehmen wir den Film *Just Another Girl on the I.R.T.* aus dem Jahr 1992, der die Geschichte von Chantel erzählte. Der Traum der intelligenten und selbstbewussten Schülerin, aufs College zu gehen und Ärztin zu werden, zerbricht, als sie schwanger wird. Der Film ist nicht nur deshalb bemerkenswert, weil er eine junge schwarze

Protagonistin hat, sondern auch, weil er das Thema Abtreibung und Reproduktionsfreiheit mit einer ungewöhnlichen Direktheit behandelt. Leslie Harris schrieb das Drehbuch, führte Regie und produzierte den Film mit dem ausdrücklichen Ziel, ein neues Bild schwarzer Frauen und Mädchen zu vermitteln. *Just Another Girl* beherrschte das Sundance-Filmfestival 1993: Das Indie-Erfolgsstudio Miramax übernahm den Verleih, Harris erhielt einen Sonderpreis der Jury, und Peter Travers vom *Rolling Stone* lobte den Film in höchsten Tönen als »kunstvoll stilisiert, explosiv und witzig« und nannte Harris eine »erfrischende neue Stimme«. Der Film machte sogar Gewinn. Die Vermutung, dass die Regisseurin danach eine ähnliche Karriere machte wie andere Indie-Filmemacher, etwa Steven Soderbergh nach seinem Erfolg mit *Sex, Lügen und Video,* wäre durchaus naheliegend – doch nichts dergleichen geschah. Als Harris 2002 für einen Artikel in der Zeitschrift *Salon* gefragt wurde, warum es so wenig Regisseurinnen gebe, hatte sie schon zehn Jahre vergeblich versucht, die Finanzierung für einen zweiten Spielfilm zusammenzubekommen: »Man sagte mir – oft –, dass schwarze Frauen keinen Film tragen können.«[13] Im Jahr 2013 finanzierte Harris ihren Dokumentarfilm *I Love Cinema* per Crowdfunding.

Eine Studie im Auftrag des Sundance Institute und der gemeinnützigen Organisation Women in Film bestätigte 2013 Harris' Erfahrung, dass die Zahl weiblicher Filmregisseurinnen stagnierte. Der Studie zufolge schließen zwar fast gleich viele männliche und weibliche Student*innen die Filmhochschule ab, doch Frauen stellten 2002 bis 2012 weniger als ein Drittel der mehr als tausend Drehbuchautor*innen, Regisseur*innen, Produzent*innen und Kameraleute, deren Arbeiten auf dem Sundance-Filmfestival gezeigt wurden; dieser Anteil veränderte sich im Lauf der Jahre kaum. Dafür sind Frauen *über*repräsentiert bei den One-Hit-Wonders. Die Regisseurinnen von Festivalerfolgen wie *The Tao of Steve, The Woodsman, Blue Car, Girlfight* und *Winter's Bone* kamen zwar auf dem Sundance Festival gut an (in Debra Graniks Fall auch bei den Academy Awards, für die *Winter's Bone* 2010 in der Kategorie Bester Film nominiert wurde), erhielten aber nicht zeitnah die Unterstützung und Förderung aus der Filmbranche, die sie für eine stabile Karriere – oder auch nur für einen zweiten Film – gebraucht hätten. Es lohnt sich, Laufbahn und Bekanntheitsgrad dieser Frauen mit denen männlicher Regisseure zu vergleichen, die auf dem Sundance-Filmfestival ihr Debüt feierten und sich seither zu den ganz Großen in Hollywood entwickelt haben – unter ihnen Soderbergh, Kevin Smith, die Coen-Brüder, David O. Russell und beide Andersons (Wes und Paul Thomas). Die Wahrscheinlichkeit, dass man auf einer Liste der Regisseure, die beim Sundance ihren Durchbruch schafften, ein männliches weißes Gesicht nach dem anderen sieht, ist groß. Machen die Jungs eben zufällig bessere Filme, schreiben sie die spannenderen Drehbücher, besetzen sie die interessanteren Schauspieler? Viele würden das so sehen. Aber genauso gut kann es sein, dass sich die treffsichere Wirkung ihrer Filme aus einer unbestreitbar geschlechtsspezifischen Machtstruktur ergibt, in der »das Geld« von Anfang an in das Potenzial männlicher Regisseure investiert wird, mit denen sich die Produzenten besser identifizieren können. »Männliche Produzenten suchen nach Fantasieversionen ihres jüngeren Ich«, formulierte es die Regisseurin Mary Harron.[14]

Für die schon erwähnte Studie aus dem Jahr 2013 fragte man 51 unabhängige Filmemacherinnen, wie sich ihr Geschlecht auf ihre Karriere auswirke. In ihren Antworten kristallisierten sich fünf Hauptprobleme heraus: »geschlechtsspezifische finanzielle Hürden«, »männlich dominierte Netzwerke«, »Stereotype am Set«, »Vereinbarkeit von Arbeit und Familie« und »Nichtberücksichtigung bei Personalentscheidungen«. Der erste Punkt wurde als Hemmschuh für die Karriere von Frauen am häufigsten genannt; 43 Prozent der Befragten berichteten, dass sie geschlechtsspezifischen finanziellen Hürden begegnet waren, etwa niedrigere Produktionsbudgets, die mangelnde Bereitschaft von Produzenten und Investoren, weiblichen Regisseurinnen eine teure Produktion anzuvertrauen, die Ansicht, »weibliche« Themen zahlten sich kommerziell nicht aus, und weiteres mehr. Keri Putnam, verantwortliche Direktorin des Sundance Institute, erläuterte in der Zeitschrift *Entertainment Weekly* die Studienergebnisse mit den Worten, dass weibliche Regisseurinnen »bei Sundance erheblich erfolgreicher sind als in den Mainstream-Filmstudios«, und fügte hinzu, dass Produzenten und Geldgeber Frauen aufgrund der generell mangelnden Vielfalt in der Filmbranche als Außenseiter betrachteten. Frauen würden, zumal in Projekten mit einem großen Budget, gar nicht erst eingestellt. Kurz gesagt: »Mit steigendem Budget nahm die Zahl der beteiligten Frauen ab.«[15]

Alison Anders – die wie viele ihre Kolleginnen aus dem Indie-Boom der 1990er, etwa Lisa Cholodenko, Lesli Linka Glatter und Martha Coolidge, heute überwiegend fürs Fernsehen arbeitet – formulierte es so: »Ich habe Männer erlebt, die als Regisseure zu nichts zu gebrauchen sind und einen Film machen, der floppt, und die drehen sich um und bekommen eine riesige Studio-Produktion. [...] Wenn unsere Filme nicht erfolgreich sind, gibt man uns keine Chance auf einen zweiten Spielfilm.«[16]

Die Ursache für diese Kluft ist, dass die Frauenperspektive als eine von den Geschichten und Visionen der Männer grundlegend verschiedene Perspektive begriffen wird. Im Lauf der Kulturgeschichte wurde diese Perspektive fast immer herabgewürdigt, da dem Kanon in der Literatur, im Film, in der Musik und anderswo stets das stillschweigende Verständnis zugrundelag, dass die Geschichten (weißer) Männer universell und die von Frauen speziell seien. (David Foster Wallace machte im Jahr 1996 eine verräterische Bemerkung in diese Richtung, als er alle Schriftsteller*innen, die nicht weiß und männlich seien, als »tribal« bezeichnete.) Wenn also Studien wie jener des Sundance Institute »Erbsenzählerei« vorgeworfen wird – und das geschieht nicht selten –, so zeigt das, dass die Kritiker*innen das Wesentliche nicht begriffen haben. Es geht hier um Zahlen, aber noch mehr geht es darum, was diese Zahlen *bedeuten:* Es geht um die Frage, was »männliche Geschichten« und »weibliche Geschichten« wert sind, und nicht zuletzt geht es um das Eingeständnis, dass sich diese Kategorien – wie *Mad Max: Fury Road* überreich illustrierte – gar nicht gegenseitig ausschließen. Dass das Erleben von Frauen das Potenzial hat, so universell und so nachvollziehbar zu sein wie das von Männern, dürfte doch kein radikaler Gedanke sein. Doch beide Grundüberzeugungen – dass Frauen nur Geschichten von Frauen erzählen können und dass sich Geschichten von Frauen an eine spezielle Zielgruppe richten, dass sie tribal sind und auf Männer wenig überzeugend, ja sogar fremd wirken – halten sich in Hollywood besonders hartnäckig.

Was Frauen schauen

Das hartnäckige Frauenproblem Hollywoods ist unter anderem deshalb schon so lange vorhanden und derart tief verwurzelt, weil es eine Art Familiengeheimnis ist: Wer davon profitierte und in seinen Fortbestand investierte, betrachtete es als Norm; wer sich gern dagegen aufgelehnt hätte, hätte damit ihre oder seine Karriere aufs Spiel gesetzt. Auch das Bemühen, die Filmindustrie zu einer Einstellungspolitik zu zwingen, die den demografischen Verhältnissen der Kinogänger*innen besser gerecht würde, ist nichts Neues. Schon in den 1960er Jahren gab es Belege für eine Diskriminierung nach Hautfarbe und Geschlecht bei Einstellungen, die mehrere Anhörungen durch die Equal Employment Opportunity Commission, die US-Bundesbehörde gegen Diskriminierung in Beschäftigung und Beruf, nach sich zogen. Es folgte eine Untersuchung, die – wer hätte das gedacht? – Diskriminierung bei der Personalpolitik feststellte.

Institutionen wie die New York Film Academy und die Annenberg School for Communication and Journalism an der University of Southern California haben Studien finanziert, die Ungleichheit in allen möglichen Bereichen quantifizieren, sei es in der Zahl der Sprechrollen (einer USC-Studie zufolge waren in den hundert erfolgreichsten Filmen des Jahres 2009 nur 30 Prozent der Sprechrollen weiblich), sei es bei der Darstellung von Frauen auf der Leinwand (in den erfolgreichsten fünfhundert Filmen zwischen 2007 und 2012 trugen der NYFA zufolge beispielsweise 28,8 Prozent der weiblichen, jedoch nur 7 Prozent der männlichen Figuren freizügige Kleidung). Erhebungen wie diese gab es schon lange vor dem Internet, doch Blogbeiträge, Essays und reichlich mit Zahlen bestückte Infografiken, die die genannten und andere Organisationen regelmäßig veröffentlichen, tragen mittlerweile stark zu ihrer Verbreitung bei. Plattformen für virale Inhalte wie Upworthy geben sie in mundgerechten Happen aus, als Fakten, Grafiken und Videos, die sich leicht und schnell mit anderen teilen lassen. Blogs wie *Women in Hollywood*, *Shadow and Act* und andere mehr berichten über so gut wie jeden Aspekt der Filmbranche, der Geschlecht und Hautfarbe tangiert. Und erschütternde Anekdoten aus dem anonymen Tumblr »Shit People Say to Women Directors & Other Women« (zum Beispiel: »Ich bin kein Sexist, aber ich würde in dem Meeting lieber mit einem Mann sprechen. Suchen wir doch einen neuen Termin, an dem [er] auch kann.«) entwickelten sich im Frühjahr 2015 schon Stunden nach dem Start der Website zu einer Quelle kollektiver Wut.

Aber obwohl sich die Belege für offene Diskriminierung häufen wie unerwünschte Drehbücher – und obwohl die American Civil Liberties Union Anfang 2015 erneut eine Untersuchung der Einstellungspolitik der großen Hollywood-Filmstudios angekündigt hat –, machen uns die Vertreter der Filmindustrie regelmäßig weis, es habe noch nie so viele Frauen sowohl hinter wie auch vor der Kamera gegeben.

So prophezeite beispielsweise John Fithian, Chef der National Association of Theatre Owners [Vereinigung der Kinobesitzer] auf einer Branchenkonferenz, dass 2015 im Filmgeschäft ein »Jahr der

Frau« sein werde, weil weibliche Kinogängerinnen für Filme wie *Fifty Shades of Grey, Die Bestimmung – Insurgent* und *Cinderella* bereits mehr als 60 Prozent aller verkauften Eintrittskarten erstanden hätten. Fithian fügte hinzu, er sei überaus »erfreut, dass meine Tochter mehr Frauen in Hauptrollen sehen kann als je zuvor«.[17] (Wenn es ihm so wichtig war, dass seine Tochter mehr Frauen zu Gesicht bekommt, fragt man sich doch, warum er als wichtigste Schnittstelle zwischen den Kinobesitzern und der Filmindustrie nicht bereits vorher auf die Filmbranche eingewirkt hatte? Aber na gut.) Ein paar Monate später folgten auf dem prestigeträchtigen Filmfestival in Cannes weitere Lobgesänge auf das »Jahr der Frau«, als die Filmemacherin Agnès Varda für ihr Lebenswerk ausgezeichnet wurde – zum ersten Mal in neunundsechzig Jahren ging dieser Preis an eine Frau – und, ebenfalls eine Premiere, der Eröffnungsfilm des Festivals, *La Tête haute,* von einer Regisseurin stammte.

In einem Artikel in der Zeitschrift *Variety,* in dem über die Rede berichtet wurde, heißt es, dass Fithins Prognose klar von der herrschenden Meinung abwich. »Die meisten Beobachter setzen darauf, dass der Umsatz an der Kinokasse erstmals die Marke von 11 Milliarden Dollar übersteigen wird, doch ihre Zuversicht stützt sich überwiegend auf Fanboy-Filme wie *Avengers: Age of Ultron* oder *Star Wars: Das Erwachen der Macht.*« Der Trubel um *La Tête haute,* den Eröffnungsfilm in Cannes, war unterdessen einem gezielten PR-Schachzug zu verdanken: Festivalleiter Thierry Frémaux wollte die grauenhafte Bilanz vertuschen, die das Festival – unbestritten einer der Trendsetter für den anspruchsvollen Film – in puncto Filmemacherinnen aufzuweisen hatte. (Insgesamt wurden neunzehn Filme gezeigt; *La Tête haute* war einer von zwei Filmen weiblicher Regisseurinnen. In den drei Jahren zuvor belief sich die Statistik auf zwei, einen und null Filme.)

Indem die Medien für Hollywood in den letzten zehn Jahren in der einen oder anderen Variation das »Jahr der Frau« ausrufen, schaffen sie es, die Latte der Erwartungen immer niedriger zu legen.

Wenn zum Beispiel 12 Prozent der Hauptrollen in den hundert erfolgreichsten Hollywood-Filmen weiblich sind – wie es 2014 der Fall war –, dann löst schon ein kleiner prozentualer Anstieg im darauffolgenden Jahr überschwenglichen Jubel über die fantastische Entwicklung aus.

Ich fragte Martha Lauzen, Autorin des jährlich erscheinenden Celluloid Ceiling Report, nach dem fast schon pathologisch anmutenden Optimismus, der sich unter Missachtung der tatsächlichen Zahlen zum Beispiel in der gebetsmühlenartig wiederholten Behauptung äußert, Frauen hätten in Hollywood mehr Macht als je zuvor. Auch Lauzen hält das für völlig haltlos und nennt zwei Ursachen für diesen Irrtum. »Zum einen sehen die Leute den Erfolg prominenter Frauen – Kathryn Bigelow zum Beispiel –, und nehmen daher an, dass *die* Frauen es geschafft haben. Schon wenige Fälle können die Wahrnehmung der Realität dramatisch verändern, und deshalb ist es auch so wichtig, wirklich jedes Jahr die Frauen zu zählen, die auf einflussreichen Positionen hinter den Kulissen oder vor der Kamera arbeiten.«

Es sei, so Lauzen, *unglaublich deprimierend,* wie wenig sich über die letzten Jahrzehnte verändert habe; Hollywood verteidige sein kommerzielles Wohlfühlklima mit Zähnen und Klauen. »Die Leute wollen unbedingt daran glauben, dass es mit jedem Jahr besser wird«, schrieb Lauzen in einer E-Mail und fügte hinzu, »Vertreter von Institutionen, die in den Status quo investiert haben, tun alles, um diesen Glauben zu befördern.« Sie zitierte einen Satz, den Cheryl Boone Isaacs (die Präsidentin der Academy of Motion Picture Arts and Sciences, auf dieser Position die erste afroamerikanische Vertreterin und erst die dritte Frau) gesagt hatte, als 2015 bekannt geworden war, dass in den Kategorien für die Schauspieler*innen ausschließlich Weiße und in den Kategorien Drehbuch und Regie keine Frauen für den Oscar nominiert worden waren. Die Academy, betonte Boone, wolle »eine Vielfalt der Stimmen und Meinungen« abbilden, doch Lauzen war überzeugt, dass sie lediglich versucht hatte, dem öffentlichen Hohn vorzubauen, der sich dann mit *#OscarsSoWhite* prompt auf Twitter Bahn brach.

Es hat immer wunderbare, vielschichtige, inspirierende, komische weibliche Filmfiguren gegeben (obwohl zugegebenermaßen die meisten von ihnen weiß waren). Und es hat immer ein stabiles weibliches Publikum gegeben, ganz zu schweigen von Menschen aller Geschlechter, die sich mit ihren Dollars gern für Regisseurinnen, Produzentinnen und weibliche Themen entschieden. Doch das ändert nichts an der generellen Haltung gegenüber weiblichen Stars und dem weiblichen Publikum. Im Gegenteil gilt es in den Chefetagen der Studios als verrückter und noch nie dagewesener Zufall, wenn so ein Film die Kinokassen klingeln lässt. Dasselbe gilt für Filme, in denen die Hauptrollen nicht mit Weißen besetzt sind, und nicht-weiße Filmemacher*innen sprechen das auch immer wieder an – offenbar ohne erhört zu werden –, wenn sich Studiobosse wegen eines »zu erfolgreichen« Films wie jüngst *City of McFarland* oder *The Best Man Holiday* ungläubig am Kopf kratzen. (Lee Daniels, Regisseur von *Der Butler* und *Precious – Das Leben ist kostbar*, hat das Problem besonders pointiert beschrieben: »Was muss denn eigentlich noch passieren, damit die Leute in Hollywood einsehen, dass Schwarze wirklich ins Kino gehen, um sich einen Film anzusehen?«)

Als im Jahr 2011 *Brautalarm* herauskam, großes Lob einheimste und die Kinokassen klingeln ließ, überschlugen sich die Hollywood-Kritiker und Filmjournalisten, als wäre in der Branche noch nie jemand auf den Gedanken gekommen, dass a) eine Komödie mit einem weiblichen Ensemble komisch sein könnte und b) Frauen ins Kino rennen, um sich so etwas anzusehen, und das nicht nur an ihrem kinderfreien Abend. Die Schlagzeilen der Zeitungen, Zeitschriften und Spielfilm-Blogs stellten in diversen Varianten immer dieselbe Frage: *War das Hexerei?* Der vulgäre Ton – Analwitze, Kraftausdrücke und natürlich der katastrophale Magen-Darm-Infekt im Brautstudio – war für einen Film mit weiblichem Ensemble etwas Neues. Aber war das Konzept eines weiblichen Ensembles neu? Eigentlich nicht, vorausgesetzt, man hatte vielleicht schon mal von Filmen gehört wie *Sex and the City* (153 Millionen Dollar), *Mamma Mia!* (144 Millionen Dollar), *Der Teufel trägt Prada* (125 Millionen Dollar), ganz zu schweigen von *Warum eigentlich bringen wir den Chef nicht um?*, *Warten auf Mr. Right*, *Magnolien aus Stahl*, *Drei Engel für Charlie* und *Die Waffen der Frauen*.

Dass *Brautalarm* mit seinem unerwarteten Erfolg (der Film spielte weltweit 288 Millionen Dollar ein) in den Filmstudios und bei den Medien auf ein so gigantisches Interesse stieß, belegt die wahre Rückständigkeit der Branche. Im *Business Insider* hieß es, dass »die Studios sehr genau darauf achteten [...], wie sich der Film schlug, ehe sie grünes Licht für weitere weibliche Projekte gaben«.[18] Produzent David T. Friendly schrieb über das Phänomen sogar einen eigenen Artikel im *Hollywood Reporter*, in dem er sich selbst dafür beglückwünschte, doch tatsächlich eine Drehbuchautorin angerufen zu haben, mit der er ein Projekt besprechen wollte. Wie bei den schon erwähnten Filmhits mit weiblichem Schwerpunkt löste *Brautalarm* eine Flut von Kommentaren aus, in denen Journalist*innen (überwiegend, aber nicht ausschließlich männliche) aufzuzeigen versuchten, wo dieser verrückte neue Trend »Frauen gehen ins Kino« eigentlich herkam. Und gleichzeitig meldete sich eine beunruhigend große Anzahl von Menschen zu Wort, die sich auf die Schulter klopften, weil sie den Trend unterstützt hatten.

Dass Frauen, ebenso wie nicht-weiße Menschen, kein Publikum sind, gehört zu den lästigen Fiktionen Hollywoods, die sich besonders hartnäckig halten. Nia Vardalos, die mit *My Big Fat Greek Wedding – Hochzeit auf Griechisch* einen der erfolgreichsten Indie-Filme aller Zeiten drehte, verriet 2009 in einem Artikel der *Huffington Post*, dass ein Studioboss sie gebeten habe, in ihrem nächsten Film das Geschlecht der Hauptfigur von weiblich nach männlich zu ändern, weil »Frauen nicht ins Kino gehen«.

Dass ein männliches Publikum womöglich dieselbe Aufmerksamkeit für Frauen auf der Leinwand aufbrächte, wie sie Frauen seit jeher den Gaunereien, Schießereien, Weltraumreisen, Liebesaffären, Existenzkämpfen, Verfolgungsjagden und Schwanzwitzen der Männer schenken, ist in Hollywood eine geradezu lachhafte Vorstellung. »Die Studiobosse glauben, männliche Kinogänger würden eher eine Darmspiegelung über sich ergehen lassen, als eine weibliche Perspektive einzunehmen, zumal, wenn die Frau auf der Leinwand trinkt oder flucht oder einen tollen Job oder einen Orgasmus hat«, schrieb Tad Friend kurz nach dem Kinostart von *Brautalarm* in einem Artikel für den *New Yorker,* in dem er schonungslos die schlechten Aussichten für Komödiendarstellerinnen aufzeigte.

Aber gehen wir noch einmal einen Schritt zurück: Öffnete *Brautalarm* anderen Filmen mit weiblicher Perspektive Tür und Tor? Ja und nein: Einige Filmemacherinnen sagen, der gigantische Erfolg habe mit Sicherheit dazu beigetragen, dass auch sie ihre Filme machten konnten.[19] Doch die Kehrseite der Medaille ist, dass jeder dieser Filme zwangsläufig mit dem Vorläufer verglichen und für mangelhaft befunden wurde. Die Angst, die *Brautalarm*-Regisseur Paul Feig geäußert hatte (»Als wir uns auf diesen Film vorbereiteten, hatte ich ständig Angst: Wenn ich das vermassle, sagen die in Hollywood sofort: ›Siehst du, man kann keinen Film mit so vielen Frauen machen.‹«), setzte sich bei seinen Kolleg*innen fort, die nun fürchten mussten, dass ihr frauenfreundliches Projekt mit Negativvergleichen in Grund und Boden gestampft würde.

Noch größer sind in Hollywood die Scheuklappen, wenn im Action-Genre Regisseurin oder Hauptfigur Frauen sind. Haben diese Filme Erfolg, wie das nervenzerfetzende Kriegsdrama *Tödliches Kommando – The Hurt Locker* (Regie Kathryn Bigelow) oder das Boxerdrama *Million Dollar Baby* (Hauptdarstellerin Hilary Swank), werden sie als Zufallstreffer abgetan, als erfreuliche Ausnahmen zu der Regel, dass Frauen und Mumm nicht gut zusammenpassen. Floppt aber ein solcher Film, bestärkt das die Überzeugung, dass »Frauen keine Actionfilme gucken«, dass »Regisseurinnen keine Kriegsfilme drehen können« oder was in der Branche eben sonst noch so an Maximen herumspukt. Um in diesem Umfeld – in dem 51 Prozent der Bevölkerung noch immer als lästiges Nischenpublikum abgetan werden, auf das Geld und Energie zu verschwenden sich nicht lohnt – den feministischsten Film des Sommers, des Jahres oder des Jahrzehnts zu machen, reicht es eigentlich schon völlig aus, Frauen einfach nur zur Kenntnis zu nehmen.

Der Bechdel-Test

»Ich habe das so *satt*«, sagte Melissa Silverstein, Gründerin von Women in Hollywood. Silverstein ist eine von mehreren Frauen, die aus Frustration über den Status quo in Hollywood ein jährliches Filmfestival auf die Beine gestellt haben. Ihres, das Athena Film Festival, präsentiert eine Sparte von Filmen, die ein Schlaglicht auf »die Führungsqualitäten von Frauen« werfen (der Regisseur muss aber nicht unbedingt weiblich sein). Wir telefonieren kurz nach ihrer Rückkehr vom Festival in Cannes 2015, und »satt« hat sie die Ovationen für das »Jahr der Frau«, das Jahr für Jahr aufs Neue ausgerufen wird. Dieser Jubel mag gut gemeint sein, erklärt sie, verschleiert jedoch, wie wenig sich verändert hat; angeblich progressive Kritiker können sich schon einbilden, eine Lanze für den Feminismus zu brechen, wenn sie sich Filme wie *Spy – Susan Cooper Undercover* oder *Dating Queen* bloß ansehen. Die *New York Times* hatte zufällig ein paar Tage zuvor das Gespräch zwischen zwei männlichen Kolumnisten gebracht, Frank Bruni und Ross Douthat. Die beiden gingen das Thema weiblicher Filmrollen mit der Blasiertheit verwöhnter Snobs an, die sich mit einer geschliffenen Debatte über die Gleichberechtigung der Frau die Zeit vertreiben. »Ich habe es so satt, Leute dafür zu loben, dass sie einfach nur das Richtige tun, nämlich die Vielfalt in Filmen unterstützen«, sagte Silverstein.

Der Marktfeminismus lebt von dieser kunstvollen Übertreibung, und ehrlich gesagt gerät man leicht in seinen Sog – besonders wenn man sich zumindest den Optimismus bewahren will, das sich noch etwas ändern könnte. Nehmen wir mal die Geschichte von der 37 Jahre alten Maggie Gyllenhaal, der mitgeteilt wird, sie sei zu alt, um die Angebetete eines zwanzig Jahre älteren Mannes zu spielen. Wir lesen das, und kurz darauf lesen wir, dass der *Brautalarm*-Regisseur Paul Feig künftig als Regisseur und Produzent Komödien mit Frauenfiguren machen will. Letztere Nachricht teilen wir auf den sozialen Netzwerken vermutlich mit einem Tänzerin-Emoji und einem Haufen Ausrufezeichen. Schließlich sind wir es doch alle leid, dass man uns nicht nur dauernd schlechte Nachrichten auftischt, sondern uns auch noch suggeriert, wir konzentrierten uns ständig nur auf das Negative und ignorierten positive Neuigkeiten wie die von der rein weiblichen Neuverfilmung von *Ghostbusters*. (Ich für meinen Teil werde mich daran dumm und dämlich glucken.) Ehrlich gesagt, habe ich mich schon oft gefragt, ob sich die Branche auch deshalb so furchtbar langsam verändert, weil wir immer wieder auf diese Blendgranaten hereinfallen.

Silverstein sieht das nicht so und verweist stattdessen darauf, dass nicht genügend Filme von und/oder über Frauen herauskämen; es fehle eine Art Mädchen-Gang, die die Branche aus vereinter Kehle anbrüllt. »Ava DuVernay [die Regisseurin des Geschichtsdramas *Selma*] sagte einmal: ›Die Mathematik ist gegen uns.‹ Ein Film einer Regisseurin oder ein Film über Frauen lässt sich leicht abqualifizieren. Bei sechs auf einmal geht das nicht. Die kritische Masse gilt in Politik und Wirtschaft als entscheidend. Es muss genügend Filme gleichzeitig geben, die erfolgreich genug sind, dass man sie nicht einfach als Zufallstreffer abtun kann.«

Wenn es hier einen Silberstreif am Horizont gibt, dann den, dass immer mehr Menschen das Problem, das Hollywood mit Frauen hat, nicht als das Defizit einzelner Filme interpretieren, sondern als typisches Verhaltensmuster. Die feministische Filmanalyse fristete lange ein Nischendasein, und Kritikerinnen wie Laura Mulvey, Molly Haskell, B. Ruby Rich, bell hooks und andere schrieben abseits der Mainstream-Medien für ein akademisches oder anderweitig exklusives Publikum. Doch in den vergangenen zwanzig Jahren ist dank verschiedener Blogs wie Silversteins Women in Hollywood und auch dank Webzines, Fanseiten und anderen partizipativen Medien eine Fülle von Plattformen für feministische Filmkritik entstanden. Die allererste Ausgabe unserer Zeitschrift *Bitch* brachte die Analyse zweier damals aktueller Filme, *Kids* und *Sleep with Me*, weil wir davon ausgingen, dass die Rezensenten der Mainstream-Medien deren Darstellung von Frauen und Sexualität unter den Teppich kehren würden. Heute, zwanzig Jahre später, ist die Betrachtung feministischer Themen oft schon im Mainstream angesiedelt.

Das Kinopublikum, zumal, wenn es nicht weiß und nicht männlich ist, spricht demnach häufig eine völlig andere Sprache als die Filmemacher. Beim Konsum der Hollywood-Version »feministischer« Inhalte kommt man sich häufig vor wie eine Absolventin der Literaturwissenschaft, der jemand ein Tigerenten-Buch in die Hand drückt mit den Worten: »Ich habe gehört, du liest gern!« Der Marktfeminismus in Form von Mainstream-Filmen, in denen Frauen anderen in den Arsch treten und sie zur Hölle schicken, kann diese Kluft in zunehmendem Maße überbrücken. Doch in einer Zeit, in der angeblich »feministische« Inhalte im Kino zu einem Trend geworden sind, ist die Brücke womöglich weniger stabil, als man in Hollywood meint.

Eine faszinierende, wenn auch bisweilen frustrierende Dimension des Marktfeminismus offenbart sich, wenn man sich ansieht, wie der Bechdel-Test Eingang in die Filmkritik gefunden hat. Für alle, die noch nicht davon gehört haben: Der Test ist nach der Zeichnerin Alison Bechdel benannt, die ihre Laufbahn mit dem Comicstrip *Dykes to Watch out for* (»Bemerkenswerte Lesben«) begann. Er begleitet das Leben einer Gruppe von Multikulti-Lesben-Aktivistinnen. In dem Comicstrip von 1985 »The Rule« überlegen sich die maskuline bissige Ginger und ihre Freundin, welchen Film sie sich ansehen wollen, und Ginger erklärt, für sie müsse ein Spielfilm drei grundlegende Tests bestehen: »Erstens müssen mindestens zwei Frauen mitspielen, die, zweitens, miteinander sprechen, und zwar, drittens, über etwas anderes als einen Mann.« Die Pointe (»Der letzte Film, den ich mir ansehen konnte, war *Alien«)* unterstreicht, wie selten man einen Film findet, der auch nur diese drei Minimalanforderungen erfüllt. Der Test tauchte Ende der 2000er Jahre in Blogs und Online-Filmkritiken auf und entwickelte sich bis zum Jahr 2010 im Internet zu einem eigenständigen Phänomen, seit auf der Website Bechdeltest.com Filme gesammelt werden, die ihn bestehen.

Als der Bechdel-Test auch in der Mainstream-Filmkritik ankam, war es erstaunlich, wie überrascht einige männliche Kritiker zur Kenntnis nehmen mussten, dass ihre Lieblingsfilme mit Pauken und Trompeten durchfielen: *Einer flog über das Kuckucksnest, Good Fellas – Drei Jahrzehnte in der Mafia, Die Braut des Prinzen, Clerks – Die Ladenhüter,* die erste *Star Wars*-Trilogie, die gesamte *Herr der Ringe*-Trilogie und bei genauerem Hinsehen sogar *Tootsie.* Viele Frauen reagierten eher mit einem Schulterzucken oder waren einfach nur erleichtert darüber, dass Drehbuchautor*innen und Regisseur*innen endlich eine – wenn auch peinlich niedrige – Messlatte zur Verfügung stand, die es zu nehmen galt. Um es klar zu sagen: Die Anwendung dieser Regel bedeutet nicht, dass man Filmen wie *Der Pate, Wie ein wilder Stier* oder gar *Die Jungs von Spinal Tap* ihren wohlverdienten Status aberkennt. Wie Anita Sarkeesian, Schöpferin der Website Feminist Frequency, 2009 in einem Video über den Bechdel-Tests sagte: »Wenn ein Film ihn besteht, ist das mitnichten ein Zeichen dafür, dass er feministisch ist oder dass er gut ist, sondern es bedeutet lediglich, dass Frauen darin präsent sind.«

Diesen letzten Punkt verkennen viele, wenn sie zu erklären versuchen, warum ihr Lieblingsfilm den Test nicht besteht (»Aber Batman ist doch der Held des Films! Natürlich reden die anderen Figuren alle über ihn!«): Der Bechdel-Test ist kein Urteil über Qualität oder feine Nuancen. Immerhin fällt auch der wunderschöne, bewegende Film *Gravity* durch, während eine formelhafte romantische Komödie wie *27 Dresses* problemlos besteht. Doch mit dem Test lässt sich einfach und sachlich überprüfen, ob weibliche Figuren für eine Geschichte als wichtig erachtet werden – und meist gelangt man zu dem Schluss, dass dem eben nicht so ist.

Feministische und antirassistische Filmkritiker*innen und Fans weisen immer wieder auf die Grenzen des Bechdel-Tests hin und schlagen weitere vergleichbare Kriterien vor: Kurz nach dem Kinostart des Roboterkriegsfilms *Pacific Rim* brachte auf Tumblr jemand den nach einer der wenigen beliebten Figuren des Films benannten Mako-Mori-Test ins Spiel. Er ändert die Bechdel-Kriterien geringfügig, aber gezielt ab, denn der Test gilt als bestanden, wenn ein Film »a) mindestens eine weibliche Figur hat, die b) einen eigenen Erzählbogen erhält, der c) nicht die Geschichte eines Mannes unterstützt«.[20] Ein anderer, nach dem Fernsehkritiker Eric Deggans benannter Test fordert, dass in einem Film oder in einer Sendung, in der es nicht um die Hautfarbe geht, mindestens zwei nichtweiße Figuren besetzt werden. Und die ehemalige *Bitch*-Chefredakteurin Kjerstin Johnson fand, nachdem sie 2015 den Film *Ex Machina* gesehen hatte, auch die Bemessung der weiblichen Nacktheit in Filmen sei ein nützlicher Maßstab. (»Wie lange ist sie nackt? Wem sollen die Bilder gefallen? Ist sie eine Leiche?«)

Das Problem mit dem Bechdel-Test ist unter anderem, dass er viel breiter angewandt wird als ursprünglich beabsichtigt. Während Bechdel und Wallace damit lediglich die formalhafte Normativität der Handlungen im Mainstream-Film sichtbar machen wollten, gilt es heute schon als »feministisch«, wenn ein Film den Test besteht. Er war jedoch nie als Maßstab für den Feminismus gedacht, sondern eher als Kulturbarometer. Immerhin kommen die *Twilight*-Filme – im einen gleicht das Verhältnis zwischen der jungen Frau und dem Vampir schon fast systematischem Missbrauch, im anderen wirkt die Frau, diesmal mit Werwolf, schon autonomer – mit Ach und Krach über die angelegte Latte. *Bride Wars – Beste*

Feindinnen aus dem Jahr 2009, in dem Kate Hudson und Anne Hathaway als beste Freundinnen zu Brauzillas mutieren, weil ihre Hochzeit auf denselben Tag gelegt wird, schafft die Hürde ebenso wie *Sin City*, ein Film, in dem so gut wie jede weibliche Figur entweder als Stripperin oder Prostituierte sexualisiert wird oder grauenhafter männlicher Gewalt zum Opfer fällt. Wunderbare Filme wie *Mein Essen mit André* (in dem zwei Männer einfach nur miteinander reden) oder *Lola rennt* (in dem die Titelheldin so gut wie jede Filmsekunde zu sehen ist, aber überwiegend schweigt) scheitern unterdessen grandios. Und die Filme eines Regisseurs, der eine erklärtermaßen beunruhigende Einstellung zu Frauen hat (Gruß an Woody Allen, für mich ein rotes Tuch), lassen sich auch mit viel Fantasie nicht als feministisch einordnen, sind aber zweifellos Bechdel-konform.

In einem Bereich, den Silverstein als Film Equality Movement bezeichnet, ist der Test jedoch zweifellos nützlich: nicht als Endpunkt, sondern als Ausganspunkt für Produzent*innen, Drehbuchschreiber*innen und Regisseur*innen. Er gibt ihnen eine Sprache an die Hand, mit der sie die schablonenhafte Eintönigkeit der Hollywood-Ware anprangern können; Story Editors und Produzent*innen, die ihren Bossen vergeblich zu erklären versuchen, was in einem Skript und einer Handlung fehlt, bietet er einen Bezugsrahmen und einen Kontext. Der Bechdel-Test hat sich mittlerweile zu einer Art Standard für Menschen entwickelt, die über Filme schreiben, wenn auch noch nicht für solche, die Filme machen.

Was uns zumindest kurz wieder zu *Mad Max: Fury Road*, zum feministischen Trugschluss und zu der Frage zurückführt, was aus einem kulturellen Werk eigentlich ein feministisches Werk macht. Es ist nicht die Drehbuchautorin oder die Regisseurin, wie wir aus den Filmen von Nancy Meyers oder Nora Ephron wissen, obwohl *Wenn Liebe so einfach wäre* und *Julie & Julia* entzückend sind wie leichte Küchenpornokost. Es könnte eine starke weibliche Hauptfigur sein, die Sachen macht, die sonst nur die Jungs dürfen, aber das muss auch nicht immer zutreffen. Es ist Aufgabe der Hollywood-Studios, dass sie sich ernsthaft darum bemühen, verschiedenartigen Kinogänger*innen gerecht zu werden – und wenn dafür eine Studie der American Civil Liberties Union notwendig ist, dann ist es eben so –, aber es ist auch Aufgabe des Publikums, an einer Veränderung der Diskussion und der Maßstäbe mitzuwirken. Wenn wir den Marktfeminismus hinter uns lassen wollen, müssen wir die Frage »Ist *Mad Max* (oder *Dating Queen* oder welcher Film auch immer) feministisch?« umformulieren, damit wir nicht so tun, als wäre das Wichtigste an einem Film, dass selbst erklärte Feminist*innen ihn guten Gewissens konsumieren können.

Wenn man den Feminismus als metrisches System behandelt, so schmälert das die narrativen Möglichkeiten, die Leute dazu veranlassen, sich einen Film überhaupt ansehen zu wollen. Einen Film, der nicht feministisch ist, kann man sich trotzdem durch eine feministische Linse anschauen. Unabhängig davon, ob *Fury Road* nun den Bechdel-Test besteht, ist der Film jedenfalls gute, laute und rasante Unterhaltung, und zwar vor allem deshalb, weil er bei näherer Betrachtung (wie andere dystopische Filme vor ihm) anprangert, welches Leid das Patriarchat über die Menschen bringt. Wenn der Film schon allein deshalb gelobt wird, weil er dem Publikum in den wichtigen Sommermonaten nicht den üblichen Einheitsbrei auftischt, in dem Frauen überwiegend die Ersatzbank drücken, dann drängt sich uns doch der Schluss auf, dass wir auch nicht auf mehr hoffen können.

KAPITEL DREI
MACHEN OMAS SCHLÜPFER EINE FEMINISTIN AUS MIR?

Omas Schlüpfer sind der neue Feminismus. Dieser Ausspruch stammt nicht von mir. Er stand in der *New York Times,* die Anfang Juni 2015 auf der Titelseite ihrer »Styles«-Rubrik einen Artikel über das wohl wichtigste Accessoire der vermeintlich Alten und Geschlechtslosen brachte – die weiße Baumwollunterhose. Selbige stand dank der Initiative einiger Jungunternehmerinnen offenbar vor einem großen Comeback. Die Mädels entwerfen Unterhosen im Indie-Style, darunter eine Produktlinie, auf deren Hinterteil das Wort »Feministin« prangt. Der Beitrag mit der Überschrift »Junge Frauen sagen Nein zum Tanga« präsentierte Daten aus einem Report über rückläufige Verkaufszahlen für Tangas und ansteigende Verkaufszahlen für Varianten mit mehr Stoff als Beleg für die Behauptung, wir befänden uns mitten in einem feministischen Unterwäsche-Aufstand. Um eine der Protagonistinnen zu zitieren: »Unterwäsche soll ja meist Männern gefallen. [...] Daran verschwenden wir nicht einen einzigen Gedanken. Das hier ist Unterwäsche, die ihr ausschließlich für euch selbst tragt.« (Es sei denn, wie der Artikel hervorhob, ihr postet eure Höschen als »Belfies« – tut mir echt leid, dass ich euch an dieser Stelle ein solches Wort zumuten muss – auf Instagram.) Erinnert ihr euch noch an die Zeiten, als wir dachten, das nächste Ziel des Feminismus sei die Lohngleichheit oder eine umfassende Gesundheitsvorsorge für alle? Nun, wie sich herausstellt, sind es Unterhosen.

Der *New-York-Times*-Artikel wurde umgehend von etlichen Online-Plattformen aufgenommen, die seine Behauptung genüsslich nachplapperten: »Warum Omas Schlüpfer wieder cool ist« *(Refinery 29);* »Aufgepasst, Victoria's Secret: Immer mehr Frauen verzichten auf sexy Unterwäsche« *(Business Insider);* »Es könnte sein, dass die wachsende Beliebtheit von ›Omas Schlüpfer‹ mit einer gesünderen Wahrnehmung von Schönheit zusammenhängt« *(Huffington Post);* und der seltsam bierernste Titel »Report belegt: Junge Frauen entscheiden sich immer öfter für Großmutters Unterhose statt für Tangas« auf Women in the World, dem hauseigenen Blog der *New York Times* – so einige der Überschriften, die lauthals eine Revolution des Oma-Schlüpfers ausriefen.

Zu dieser Geschichte gibt es einiges zu sagen. Das erste ist, dass es sich nicht um einen »Report« handelte, sondern eher um eine Trendstudie. Das zweite ist, dass diese Trendstudie perfekt zum Markenkern der *NYT*-Styles-Section passte: Erzeuge Aufmerksamkeit für etwas, das eine sehr kleine Gruppe von privilegierten Leuten tut (Entscheidung, dass etwas bisher Uncooles jetzt cool ist, Aufbau eines entsprechenden Vertriebssystems rund um dieses Ding), und schreibe so darüber, als würde sich darin eine grundlegende, landesweit stattfindende Verschiebung ästhetischer Maßstäbe widerspiegeln. Spiele die Exklusivität des Produktes herunter (die vorgestellten Unterhosen werden für 25, 34 und 45 US-Dollar das Stück verkauft). Spiele die Fakten hoch (ist ein Rückgang der Verkaufszahlen für Tangas um 7 Prozent wirklich so erheblich?). Stelle sicher, dass die Leute, die das Produkt entwerfen und herstellen, jung und hübsch genug sind, um selbst darin fotografiert zu werden (in diesem Fall in Unterhosen mit dem Wort »Feministin«

in Pink über dem Hintern). Und schließlich: Rücke das Ganze vorsichtig in die Nähe etablierter Körper- oder Schönheitsideale, und erzeuge so einen Hype für das, was auch immer da verkauft werden soll.

Aber lasst uns doch mal annehmen, die Nummer mit den Oma-Schlüpfern wäre kein opportunistischer Sprung in die Brandung gewesen, um auf der aktuellen Feminismus-ist-hip-Medienwelle mitzusurfen und gleichzeitig potenzielle Leser*innen mit Bildern von halbnackten jungen Frauen zu ködern. Selbst, wenn dem so wäre, kämen wir trotzdem noch immer nicht um Folgendes herum: *Feminismus hat rein gar nichts mit Unterwäsche zu tun,* und wenn jemand so etwas behauptet, will er oder sie uns vermutlich irgendwas verkaufen (höchstwahrscheinlich Unterhosen für 45 Dollar das Stück). Dafür haben zwei andere Dinge sehr viel miteinander zu tun: Dass die Geschichte mit dem Oma-Schlüpfer durch die gesamte Medienlandschaft fegte wie ein Wirbelsturm und so der Eindruck entstand, es handele sich hier um einen echten feministischen Durchbruch, lässt sich voll und ganz auf die Verführungskünste des Marktfeminismus zurückführen, der die Welt der Mode infiltriert hat.

Natürlich hat es im Lauf der Geschichte Zeiten gegeben, in denen Emanzipation und Unterwäsche eine quasi stoffliche Verbindung eingingen. Die Reformerinnen der Rational-Dress-Bewegung des ausgehenden 19. Jahrhunderts machten es sich zur Aufgabe, Frauen aus den zahlreichen Lagen wollener Petticoats, steifer Krinolinen und Fischbein-Korsette herauszuschälen, die ihre Bewegungsfreiheit und Mobilität einschränkten; der Londoner Rational Dress Society zufolge sollten etwa Frauen vernünftigerweise nicht mehr als sieben Pfund Unterwäsche zugemutet werden. Jene radikalen, freiheitlich gesinnten »Weiber« begeisterten sich ebenso wie zahlreiche ihrer Geschlechtsgenossinnen für die Unterwäsche, die in den 1850er Jahren durch Amelia Bloomer populär wurde. Diese Feministin der viktorianischen Epoche war passionierte Radfahrerin, und ihre »Bloomers« sind eine adaptierte Version der bequemen Pluderhosen türkischer Frauen.

Jahrzehnte später wanderte unter anderem der Hüftgürtel in die Mülltonne der Frauenbefreiung (die berühmte Freedom Trash Can) – Referenzpunkt der legendären, zum Mythos gewordenen »BH-Verbrennung« auf einem Protestmarsch gegen den Schönheitswettbewerb zur Wahl der Miss America in Atlantic City 1968. Germaine Greer nannte den Büstenhalter in ihrem fulminanten Debüt *Der weibliche Eunuch: Aufruf zur Befreiung der Frau* (1970) bekanntermaßen »eine irrwitzige Erfindung«. Und vergessen wir auch nicht, dass selbst Tangas einst als Türöffner zu weiblicher Freiheit beworben wurden, wenn auch nur zur Freiheit von sichtbaren Nähten und unvorteilhaften Falten im Hosenboden.

Im Gegensatz dazu konnten sich die Medien in ihren Berichten über die feministischen Oma-Schlüpfer, die angeblich das ganze Land überschwemmten, noch nicht mal darauf einigen, wofür genau diese Unterhosen eigentlich standen. Waren sie Verneigung vor dem wachsenden Trend zur Body Positivity? Gegenreaktion zu Pomp und Ausbeuterei bei Victoria's Secret und Konsorten? Korrektiv zu den Bildern der Mainstream-Medien, die uns permanent weismachen, dass nur die Jungen und die Dünnen es verdienen, hübsche Höschen zu tragen? Die in der *New York Times* porträtierten Drunternehmerinnen waren sich lediglich in zwei Dingen einig: Große Schlüpfer sind bequem, und sie haben nichts mit dem zu tun, was Männer denken. (Was eine ganze Reihe weiterer Fragen aufwirft, unter anderem: Meinen diese Frauen, nur Heteros und Cisgendermenschen trügen Unterhosen? Und haben sie noch nie von den 3er-Packs von Jockey gehört?)

Jetzt, wo der Marktfeminismus in vollster Blüte steht, ist es wohl keine große Überraschung, dass feministische Unterhosen zum Renner geworden sind. Unterhosen sind ein Konsumgut, das sich ganz problemlos als feministisch vermarkten lässt: Alle brauchen sie, sie werden meistens darunter getragen, und sie lösen beruhigend normative Assoziationen aus. Der Siegeszug der feministischen Unterhose ist eine seltsame Variante der Marxschen Theorie vom Warenfetischismus. Dieser zufolge kann jedes beliebige Konsumprodukt, nachdem es von dem ihm ursprünglich innewohnenden Nutzwert abgekoppelt ist, mit allen möglichen Bedeutungen belegt werden. Um einem Produkt den Markenstempel »feministisch« aufzudrücken, braucht es weder Ideologie noch Arbeit noch Politik und auch keine speziellen Handlungen oder Verfahren. Man muss nur verkünden: »Das ist feministisch, *weil wir sagen, dass es feministisch ist.*«

So sieht eine Feministin aus

Feminismus und Mode waren in der öffentlichen Wahrnehmung lange Zeit zwei meilenweit auseinander liegende Ufer. Zwar gab es zwischen beiden eine Brücke, doch kaum jemand traute sich so richtig auf die andere Seite. Wer Stilbewusstsein als feministische Eigenschaft akzeptierte, hatte natürlich stets ein Auge für den persönlichen Stil bekannter Aktivistinnen – Andrea Dworkins sackförmige Overalls, Bella Abzugs gigantische Hüte, Gloria Steinems Fliegerbrillen und Concho-Gürtel. Doch die Annahme, Feministinnen würden sich ernsthaft für Mode interessieren oder selbst in diesem Geschäft mitmischen wollen, und sei es nur aus Neugier oder als Nebenbeschäftigung, fand sich selten. Historisch gesehen waren schließlich die Konzepte der verschiedenen feministischen Bewegungen in ihrem Kern stets antikapitalistisch – sie stellten Werbebotschaften, Konsumvorschriften und kommerzialisierte, an weißen Idealen ausgerichtete Standards für Sexappeal in Frage. Und abgesehen davon hatten Feministinnen ja auch Wichtigeres zu tun. Gaben wir zu, uns für Mode zu interessieren oder erweckten auch nur den Eindruck, dass wir es täten, kompromittierten wir damit unsere politischen Ziele. Gloria Steinem handelte sich mit den Miniröcken und hohen Stiefeln, in denen sie während der 1970er

Jahre in der Öffentlichkeit auftrat, nicht nur jede Menge Aufmerksamkeit, sondern auch scheele Blicke von Seiten ihrer Mitstreiterinnen ein. Und als die feministische Literaturkritikerin Elaine Showalter Jahre später einen Artikel für die *Vogue* verfasste, in dem sie sich als wahre Modefanatikerin »outete« und anmerkte, dieses Interesse komme ihr manchmal vor wie »eine peinliche geheime Zweitexistenz«, rümpften viele ihrer Kolleginnen und Mitfeministinnen wie zur Bestätigung prompt die Nase. In den 1990er Jahren kam die Bezeichnung »Lippenstift-Feministin« auf. In ihr schien stets der giftige Stachel der Ungläubigkeit zu sitzen – als sei jede Frau, die in eine so typisch weibliche »Falle« tappte und sich die Lippen anmalte, eine schamlose Heuchlerin. Und bemerkenswert ist auch, dass die paar Modedesignerinnen, auf deren Entwürfe das Schlagwort »feministisch« passt – darunter Miuccia Prada, Rei Kawakubo und Maria Cornejo – zugleich auch als »intellektuell« bezeichnet werden. Diesen Begriff benutzen die Leute meiner Erfahrung nach oft, um entweder sehr dunkle oder sehr helle Kleidungsstücke zu beschreiben, die seltsam drapiert oder schräg geschnitten sind und absichtlich nur ein Minimum an Haut zeigen.

In den letzten paar Jahrzehnten ist die Beziehung zwischen Feminismus und Mode allerdings pluralistischer und nuancenreicher geworden. Es gibt inzwischen freie Designer*innen und engagierte Einzelhändler, die Anhänger der Body-Positivity-Bewegung sind. Ihr Engagement in der Herstellung und beim Verkauf hochwertiger Bekleidung in großen Konfektionsgrößen ist ein wahrer Segen für Frauen, deren Maße oder Körperform von den meisten Modedesigner*innen und Einzelhändlern ignoriert werden. Es gibt feministische Modemagazine und Blogs, die eine große Bandbreite von Themen beleuchten, von Geschlechteridentität und sexuellen Codes bis hin zur Geschichte und Zusammensetzung von Textilien und Stoffen. Andere geben Tipps für »Upcycling« und erläutern, wie frau Kleidungsstücke geschickt aufhübschen kann, damit sie sie nicht in den Müll werfen muss. Und aus dem wachsenden Bewusstsein für das inzwischen größtenteils aus Frauen bestehende Heer von Billigarbeitskräften, das Mode überhaupt erst verfügbar macht – unter oftmals unregulierten, unethischen und gefährlichen Bedingungen – sind öffentliche Diskussionen erwachsen, die sich genauso um Ethik wie um äußere Erscheinung drehen. Einen solchen Moment der Erkenntnis löste zum Beispiel der Einsturz einer Näherei in Bangladesch 2013 aus, in der Bekleidung für Walmart, Joe Fresh und Konsorten produziert wurde. Plötzlich wurde den Menschen im Westen klar, wie abhängig sie inzwischen von der »Fast Fashion« waren, wie es sie bei H&M oder Primark gab – Billigimitate hochwertiger Laufstegprodukte, allesamt dafür gedacht, nur eine Saison getragen zu werden, bevor sie für etwas Neues in den Müll wandern. Die meisten der 1300 Arbeiter*innen, die bei dem Einsturz ums Leben kamen, waren Frauen, für die die Arbeit in den Fabriken oftmals die einzige verfügbare Einkommensquelle ist. Es war ein ernüchternder Fingerzeig, und er deutete auf den von allen Fesseln befreiten Konsumenten: Am Ende liegt eine widerliche Anmaßung darin, die Mode als Reich der feministischen Selbstverwirklichung in den Himmel zu heben, während all die Frauen, die diese Kleidung herstellen, sich einen solchen Luxus nicht leisten können.

Als Tavi Gevinson im Alter von elf Jahren ihren Fashionblog *Style Rookie* startete, wurde sie prompt zu einem Wunderkind der Medien. Sie bekam haufenweise Einladungen zu Fashion Weeks und war ein gefragter Interviewgast. Zu ihren Followern gehörten mindestens so viele Erwachsene wie Gleichaltrige. Ihr Blog (aus dem sich später das Online-Magazin *Rookie* entwickelte), war in seinem Ansatz, Haute Couture als Kunstform zu diskutieren, ziemlich frühreif, doch was vor allem auffiel, war Gevinsons Herangehensweise an den Feminismus: In einem Alter, in dem sich die meisten heranwachsenden Mädchen für Geschlechterpolitik ungefähr so brennend interessieren wie für Rentensparpläne, sprach sie weitaus offener als viele Erwachsene darüber, wie Mode als Schauplatz für Emanzipation verachtet wird. Als ich Tavi 2013 interviewte, war sie in der zwölften Klasse der High School, gab *Rookie* als gedrucktes Jahrbuch heraus und interessierte sich nach eigener Aussage kaum noch für die Welt der Mode. (»Ich will mich wohlfühlen.«) Dann aber wandte sich unser Gespräch dem alten Antagonismus zwischen Mode und Feminismus zu. Sofort fuhr sie wieder zornig die Krallen aus, als sie sich daran erinnerte, bei wie vielen Leuten sie auf absolutes Unverständnis gestoßen war, weil sie sich für beides interessierte. »Die kamen immer so rüber wie ›Kann die nicht endlich mal diesen Mode-Scheiß sein lassen und sich benehmen wie eine kluge Frau?‹ Ich weiß nur noch, dass ich dachte: ›Wie jetzt, heißt das etwa, Leute, die über Mode schreiben dürfen, müssen alle dumm sein?‹«

Tavi Gevinson weiß ganz genau, dass die krankhafte Verehrung für Jugendlichkeit und Dünnsein wie auch der Rassismus, von dem die Modeindustrie seit jeher durchdrungen ist, ein »gigantischer Makel« sind. Trotzdem missfällt ihr, dass das Interesse einer Frau an Mode mit der Begründung abgetan wird, es widerspreche ihrem Intellekt und hindere sie an der Entfaltung ihres feministischen Potenzials. »Da gab es diesen echt bekloppten Artikel im *Guardian*«, erinnert sie sich. »Ich war in der achten Klasse, als er rauskam. Er trug die Überschrift ›Warum ich Mode hasse‹. Und da stand dann so was wie: ›Ich hasse Werbung, die mir einreden will, dass Shoppen toll ist. Ich hasse es, dass Models dünn sein müssen‹, und all so ein Quatsch. Und ich so: Ja, klar, aber … das ist ja dasselbe, wie wenn jemand sagt, er hasse Essen, weil es McDonalds gibt. Das ist doch viel zu *pauschal*.«

Seit einigen Jahren scheint es jedoch zunehmend möglich, Kleidung als Ausdruck der eigenen Persönlichkeit vielleicht doch abzukoppeln von einer elitären Modeindustrie, die keine Zwischentöne kennt. (Dies könnte erklären, warum die als feministische Demo angelegte Laufsteg-Show von Chanel 2014 so dermaßen unverschämt als Versuch rüberkam, dem Trend hinterherzujagen.) Daher ist es vielleicht gar keine so große Überraschung, dass die sichtbarsten feministischen Statements zur Mode dieser Tage ganz wörtlich gemeint sind. Kleidungsstücke mit Slogans wie »Feministische Miesmacherin«, »Tod dem Patriarchat« oder selbst das simple »FEMINISTIN« gehören inzwischen zur massenhaften Grundausstattung von Online-Händlern und unabhängigen T-Shirt-Labels. Ich selbst war noch nie ein Fan von T-Shirts mit aufgedruckten Sprüchen. Aber als ich in den Nachrichten die Story von einem Mädchen in Ohio mitbekam (sie hatte einen gepfefferten Brief an ihre Mittelschule geschickt, nachdem jemand dort es für angezeigt gehalten hatte, mithilfe von Photoshop auf einem Klassenfoto die Aufschrift »*Feminist*« von ihrem T-Shirt wegzuretuschieren), gingen meine Daumen im Stillen nach oben. Angesichts der Flut an Informationen, die Menschen über ihre Kleidung kommunizieren – bevorzugte Marken und Designer, ehemalige Schule oder Universität, Lieblingsmannschaft, Religionszugehörigkeit –, erscheint es einfach nur komplett vernagelt, sich ausgerechnet an dem Wort »Feministin« zu stören. (Vor allem dann, wenn man alt genug ist, sich an die Zeit in den 1990ern zu erinnern, als gefühlt die Hälfte der jungen Erwachsenen in der Öffentlichkeit T-Shirts in Kleinkindgröße trugen, auf deren Vorderseite die Aufschriften »Pornostar« oder »Sexxxy« prangten.)

T-Shirts mit Slogans gehören offenbar seit jeher zum öffentlichen Gesicht fast aller sozialen Bewegungen. Aber der Ursprung dieser neusten Welle von Bekleidung als Werbeträger liegt in dem einfachen weißen T-Shirt, das seit 2003 über die Website der Stiftung Feminist Majority verkauft wird und die Aufschrift trägt »This is What a Feminist Looks Like«. Als Ashley Judd ihr Exemplar bei einem Shooting für die Modezeitschrift *Glamour* trug, bekamen sie in den Büros von *Ms.* ganz leuchtende Augen. Und bald darauf erschien die Schauspielerin zusammen mit Margaret Cho, Whoopi Goldberg und Camryn Manheim auf dem Titelblatt des feministischen Magazins – stolze Mitglieder im Team Feminismus. Zwischen 2005 und 2006 avancierten die besagten T-Shirts bei Feminist Majority zum absoluten Bestseller: Die Website vertrieb mehr als 650 verschiedene Varianten und erzielte einen Großteil ihres Umsatzes aus Sammelbestellungen von Universitäten und Colleges. Was den Slogan so anziehend macht, ist leicht erklärt: Für viel zu viele Menschen liegt das größte Hindernis, sich dem Feminismus anzuschließen, immer noch in dessen wenig schmeichelhaftem optischen Vermächtnis. Hexen, Lesben, hässliche, unrasierte, wütende Frauen, Furien, die mit dem Finger stets auf andere zeigen – solche Adjektive und Bilder haben über so lange Zeit als Kodifizierung der angeblichen Wahrheiten über den »Feminismus« gedient, dass sie sich – leider – beinahe schon normal anfühlen. Die Frauen und Männer, die diese T-Shirts so begeistert annahmen, machten sich damit auch noch etwas anderes zu eigen: die Idee nämlich, dass überholte Erwartungshaltungen gegenüber Menschen, die sich stolz in aller Öffentlichkeit als Feminist*innen darstellen, aufgeweicht werden können.

Feminist*innen, die nicht zu den Fans dieser T-Shirts gehörten, argumentierten, der Slogan sei zu konziliant und solle offenbar der Umwelt suggerieren, Frauen könnten Feministinnen sein und trotzdem Wert darauf legen, in die üblichen Standards dessen zu passen, »was gut aussieht« und für andere Menschen attraktiv ist. Dass die T-Shirts, super eng und bewusst zu klein geschnitten, ausdrücklich an die Zielgruppe der jüngeren Frauen vermarktet wurden, lege die Vermutung nahe, ihr eigentlicher Ansatz bestehe nicht so sehr darin, feministische Stereotype als sinnlos darzustellen, sondern sei vielmehr eine Kapitulation vor eben jenen Schönheitsidealen, die der Feminismus doch eigentlich abschaffen wolle. Doch insbesondere jüngere Frauen scherten sich darum herzlich wenig: Allein die Anzahl derer, die bei uns in der Redaktion von *Bitch* anriefen und wissen wollten, ob wir diese T-Shirts auch verkaufen, machte klar, dass eine ganze Menge von ihnen bereit war, eine einfache, deklaratorische Aussage in einen kleinen Akt des Widerstands zu verwandeln.[21]

Die Macht dieses »This is What a Feminist Looks Like« verdankte sich zu einem Großteil dem politischen Kontext, in dem es entstand. Die Regierung Bush fuhr von der ersten Stunde an einen Generalangriff auf alles und jedes, was mit Reproduktionsfreiheit und dem Zugang zu entsprechenden Mitteln und Methoden zu tun hatte. Zu den Vorhaben, die Margaret Atwoods Roman *Der Report der Magd* entsprungen zu sein schienen und die George W. Bush in den Jahren 2001 bis 2004 unterstützte oder unterzeichnete, gehörten unter anderem: die Kürzung der Zuschüsse für Beratungsstellen zur Familienplanung und die Aufstockung der Mittel für Programme zur Sexualerziehung, die ausschließlich Enthaltsamkeit predigten; Gesetzesentwürfe, die eine Krankenversicherung für den Fötus im Mutterleib vorsahen, aber nicht für die Schwangere selbst; Einrichtung eines National Sanctity of Human Life Day, eines nationalen Tages zum Schutz des menschlichen Lebens (der, falls ihr nicht schon selber drauf gekommen seid, selbstverständlich nicht für Menschen gedacht war, die bereits auf der Welt sind); Kürzung der staatlichen Zuschüsse für die Stammzellenforschung; und – mein ganz persönlicher Favorit – die Berufung eines gewissen Dr. David Hager (eines Gynäkologen und paternalistischen evangelikalen Eiferers, der sich strikt weigerte, seinen Patientinnen die Pille zu verschreiben, geschweige denn, sich dafür einzusetzen, die Zustimmung der nationalen Arzneimittelbehörde FDA für Plan B, also Abtreibung, zu bekommen) in den Beraterausschuss der Abteilung Fortpflanzungsgesundheit eben dieser Behörde.

Und auch wenn diese Politik der verbrannten Erde in Bezug auf Frauen und deren Selbstbestimmung über ihren Körper vielen Menschen absolut bewusst war, galt es als Tabu, darüber zu sprechen, insbesondere in einer Zeit, in der die Erinnerungen an die Terroranschläge vom 11. September 2001 noch frisch waren und alles beherrschten. Als ich Gloria Feldt, die ehemalige Präsidentin der Planned Parenthood Federation of America und Verfasserin des 2004 erschienenen Buches *The War on Choice* nach ihren Erinnerungen an diese Zeit befragte, schien sie immer noch ein wenig fassungslos darüber zu sein, wie der umgehend verordnete Pflichtpatriotismus die allseits stattfindende Beschneidung der reproduktiven Rechte überdeckte. »Ich schrieb *The War on Choice*, weil es innerhalb des normalen politischen Alltagsgeschäfts keinerlei Möglichkeit gab, offen aufzudecken, was hier vor sich ging, was mit den Rechten der Frauen geschah«, erläuterte sie mir, die helle klare Stimme immer noch voller Zorn. »Weil sie sofort über mich hergefallen wären. Sie hätten mich als unglaubwürdig dargestellt. Als *Verräterin*. Ich wollte einfach ganz leidenschaftslos alles im Detail dokumentieren, was die [Bush]-Regierung und ihre Kumpane da gerade anrichteten. Und wenn frau alles zusammenzählte, stellte sich heraus, dass es sich nicht um zufällige, einzelne Angriffe handelte. Das folgte einem Muster.«[22]

Das T-Shirt mit dem Aufdruck »This is What a Feminist Looks Like« wurde 2014 erneut populär, diesmal jedoch als eines von tausenden Angeboten. Denn inzwischen gab es eine riesige Konsumlandschaft. Und sie bot allen, die wussten, wo sie suchen mussten, eine junge, von den Riot Grrrls inspirierte feministische Ästhetik. *Ms.* hatte auf dem Cover einer Ausgabe bereits ein Bild von Barack Obama abgedruckt. Es zeigte den Präsidenten, wie er die oberen Knöpfe seines Hemds im Clark-Kent-Stil öffnet. Darunter kommt ein per Photoshop eingefügtes »This is What a Feminist Looks Like«-T-Shirt zum Vorschein. Die Vorkämpfer der Ära Bush taten natürlich weiterhin alles, was in ihrer Macht stand, um die Selbstbestimmung der Frau über ihren Körper zurückzudrehen. Doch standen mittlerweile erheblich mehr Menschen über die Sozialen Medien miteinander in Kontakt und nutzten diese als Plattform zur Meinungsbildung. Und diese Menschen schienen willens zu sein, sich offen zu äußern und die regressive Angst davor, dass Frauen autonome Wesen mit sexuellem Selbstvertrauen werden könnten, als das zu brandmarken, was sie war: ein Haufen Scheiße.

Nach Jahrzehnten hämischer Spottgesänge über ungekämmte Tussen in Birkenstock-Latschen und unförmigen Latzhosen war der Feminismus nun endlich in Mode. Sicher, er kam jetzt in Gestalt trendiger Konsumobjekte für Frauen daher und nicht mehr als ethische Einstellung, die sich mit Menschenrechten verband, doch zumindest sprach man wieder über ihn. Oder etwa nicht?

»Sei Feministin oder zieh dich einfach an wie eine«

Die Schriftstellerin und Bürgerrechtlerin Angela Davis trug nicht als erste schwarze Frau einen Afro. Die radikale Chefin der Kommunistischen Partei, Mitglied der Bürgerrechtsbewegung Black Panther und Kämpferin für die Gefängnisreform, war 1970 in aller Munde, als sie, wegen ihrer Beteiligung an der Ermordung eines Richters auf der Flucht, vom FBI auf die Liste der meistgesuchten Verbrecher*innen gesetzt wurde. Ihre Frisur war zwar (wie die zahlreicher Kamerad*innen und Kolleg*innen) ein grundsätzliches politisches Statement – Ausdruck der Black-Pride-Bewegung, die natürliche Haarpracht im Sinne der Ästhetik des Black is Beautiful als Teil eines größeren Gesamtkonzeptes sah –, doch bei weitem nicht das Bemerkenswerteste an ihr. Wie sie sich in einem Essay von 1994 erinnert, war sie daher fassungslos, als eine Frau »mich ihrem Bruder vorstellte, dem mein Name rein gar nichts zu sagen schien. Die Frau meinte tadelnd: ›Du weißt nicht, wer Angela Davis ist? Du solltest dich schämen.‹ Da schien es ihm plötzlich zu dämmern. ›Na klar‹, sagte er, ›Angela Davis – das ist doch die mit dem Afro.‹ Die Feststellung, dass mich die Leute nur eine Generation nach den Ereignissen, die mich zu einer öffentlichen Persönlichkeit gemacht hatten, bloß noch als Trägerin einer bestimmten Frisur in Erinnerung hatten, ist ebenso demütigend wie beschämend«, schrieb sie.[23]

Zwölf Jahre später gehörte Davis zu den von *BUST* gefeierten Ikonen. Eine Ausgabe des Magazins verkündete auf dem Titelblatt: »Sei Feministin oder zieh dich einfach an wie eine«. Die darin enthaltene Modestrecke mit der Überschrift »Our Outfit, Ourselves« – eine augenzwinkernde Anspielung auf einen Klassiker der Gesundheitsliteratur für Frauen, das Handbuch *Our Bodies, Ourselves* –

zeigte Models, die gestylt waren wie moderne Versionen von Gloria Steinem, Bella Abzug, Elizabeth Cady Stanton, Kathleen Hanna, Camille Paglia und Angela Davis, dazu kleine Fotos der dazugehörigen »modebewussten Feministinnen«. *BUST* ist ein Magazin mit sehr viel Empathie für den Feminismus, und das Feature wurde in bester Absicht gestaltet; Leser*innen, denen der kesse, anspielungsreiche Ton der Zeitschrift vertraut war, wussten, dass diese Ausgabe nicht im Ernst gedankenloser Vereinnahmung das Wort redete. Es war auch nicht das erste Mal, dass *BUST* Feministinnen mit Sinn für Mode huldigte; eine frühere Ausgabe hatte eine Doppelseite mit Aufnahmen echter und fiktiver »Feminists Fatales« enthalten, darunter Frieda Kahlo, Natalie Barney, Josephine Baker und – ja, richtig geraten – Angela Davis.

Dennoch irritierte mich die Modestrecke auf eine Weise, die ich zu dieser Zeit nicht festmachen konnte. Womöglich ist es doch so einfach: Bewunderung für das Stilbewusstsein von Feministinnen zu bekunden, die vor uns kamen, ist das eine. In diesem Zusammenhang auf die verwendeten Modelabels und auf die entsprechenden Läden hinzuweisen, in denen diese erhältlich sind, ist etwas anderes. So werden die Frauen kommerzialisiert: als wäre die Kleidung ihr hervorstechendes Merkmal und sonst gäbe es nicht viel über sie zu wissen; als wäre das Nachahmen ihres Stils gleichbedeutend mit politischer Aktivität. Diese Skepsis überkam mich unlängst noch viel stärker beim Betrachten der Modestrecke in der Frühjahrsausgabe 2015 von *PORTER,* dem dicken Hochglanzmagazin des Luxus-Onlinehändlers Net-a-Porter. »*PORTER* feiert die US-amerikanische Feministin und Stilikone Gloria Steinem, ihren Weckruf an die Frauen, ihre Emanzipationsagenda und ihren Stil in den 1970ern, der noch heute inspiriert und nachhallt«, so der Aufmacher zu einer 14-seitigen Fotostrecke, die eine junge Möchtegern-Steinem in vage an politische Aktivitäten erinnernden Posen zeigte: telefonierend; lässig und entspannt in einem Vortragssaal sitzend, mit offenem Mund an einer Wand lehnend, dahinter Flugblätter mit der Aufschrift »MANIFESTO«, während ein langhaariger männlicher Jünger sie anschmachtet. Alle gezeigten Kleidungsstücke und Accessoires, vom 2815-Dollar-Ledermantel von Salvatore Ferragamo bis hin zum 10 610-Dollar-Anzug von Tom Ford – und, nicht zu vergessen, die 1300-Dollar-Pilotenbrille von Cartier für das maximale Steinem-Gefühl – waren auf Net-a-Porter zu haben.

Es gibt einige grundlegende Unterschiede zwischen dieser Modestrecke und der von *BUST* sowie der, sagen wir mal, Einbeziehung von Angela Davis in eine Online-Fotostrecke mit dem Titel »18 Momente der Frisurenmode, die die Welt veränderten«; dort wird Davis mit dem berühmtesten Afro der Welt zwar geführt, doch stellt der Aufmacher von vornherein klar, dass es um Frisuren geht. Der Titel der *PORTER*-Modestrecke lautet unterdessen »The Way We Were«. Ihr Text geht nach der oben erwähnten Darstellung von Steinem weiter, ohne auch nur ein einziges weiteres Wort über sie zu verlieren.

Es ist der Subtext von »The Way We Were«, der das eigentliche marktfeministische Ziel des Ganzen enthüllt: Hier ist ein Modemagazin, das eine Sache wieder einfordert, mit der die Modeindustrie nie in Verbindung gebracht werden wollte, bis sie dann Mainstream genug war, um akzeptabel, und Vintage genug, um cool zu sein. Die Fotostrecke nimmt eine Bewegung auf, der es in erster Linie darum ging, die Frau aus einengenden gesellschaftlichen Rollenbildern zu befreien, und münzt sie um in eine magische Stunde des Retro-Chic mit langen, glänzenden Haaren und scharfen Hosenanzügen. So irritierend die Modestrecken in *BUST* auch sein mochten, nahmen sie doch zumindest den Feminismus als anhaltende, kollektive Bewegung wahr, in der sich eine Vielzahl von Figuren, Stimmen und Themen wiederfand. Für *PORTER* wird der Kampf für die Befreiung der Frau als Werk einer einzigen Person inszeniert. Letzteres ist besonders relevant. Zum einen, weil Steinem selbst so heftige Kritik für ihre Vereinnahmung als Sprecherin des Feminismus durch die Massenmedien einstecken musste. Zum anderen, weil sie seither nach eigener Aussage unglaublich frustriert darüber ist, wie stark der zeitgenössische Feminismus tendenziell die Form leichtverdaulicher Symbole annimmt. (Als sie 2012 von der *New York Times* gefragt wurde, ob es »eine zweite Gloria Steinem« geben könne, erwiderte sie: »Ich denke nicht, dass es eine erste hätte geben dürfen.«)

Ich mag Modemagazine. Ich kaufe und abonniere sie. Wenn ich sehr früh morgens mit dem Flieger irgendwo hin muss, bin ich die, die so aussieht, als sei sie gerade noch ihrem brennenden Haus entkommen und den ganzen Weg zum Flughafen gerannt, und die dann doch die Nase sofort ganz tief in die *Marie Claire* steckt und über den neuen Silhouetten für Mäntel brütet. Was ich damit sagen will, ist Folgendes: Ich gebe mich keinerlei Illusionen darüber hin, welche Themen es in Modemagazine schaffen. Mir ist klar, dass deren Macher im Geschäftsfeld der Aufstiegsfantasien unterwegs sind, nicht in dem der sozialen Gerechtigkeit. Und ich würde niemals erwarten, dass ein Magazin wie *PORTER* (und übrigens auch *BUST*) etwas schreiben würde wie: »Wenn Sie sich wie Gloria Steinem kleiden möchten, versuchen Sie es einfach mit der Jeans und dem schwarzen Rollkragenpullover, den Sie schon im Schrank haben.« Dies vorausgeschickt, brachte mich bei *PORTERs* »The Way We Were« am meisten aus der Fassung, was dort zur Schau gestellt wurde: nicht Intelligenz, nicht Frauen in Führungsrollen, sondern etwas, das derzeit weit mächtiger ist als all das – feministisches Branding.

Branding – die Gesamtheit der Storys, Bilder und Begrifflichkeiten, die mit einem Unternehmen und dessen Produkten assoziiert sind – ist ein Konzept, dessen Bedeutung mit dem sich ausbreitenden Neoliberalismus stetig gewachsen ist und das mittlerweile wohl als globale Erfolgsreligion bezeichnet werden kann. Wir sind inzwischen so weit, dass wir nicht mehr über die Erfolge von Menschen und der von ihnen geführten Unternehmen sprechen oder schreiben, sondern über deren Erfolge als Marken. Alles ist zur Marke geworden: Oprah Winfrey (selbstverständlich) und die Kardashians (zwangsläufig); Apple und Microsoft; Hillary Clinton und Carly Fiorina; und selbst Ihr, ganz normale Leute, an die sich der Artikel mit dem Titel »Die Marke Ich« richtete, der 1997 im Business-Magazin *Fast Company* erschien. »Es ist an der Zeit, dass ihr euch einmal ernsthaft damit beschäftigt und noch ernsthafter darum bemüht, eine Vorstellung von euch selbst als Marke zu bekommen und euch als Marke zu entwickeln«, schrieb der Markenbildungsexperte Tom Peters zu dieser Zeit. Und genau das taten wir.

Bis vor gar nicht allzu langer Zeit hätte die Idee, soziale Bewegungen als Marken zu etablieren, widerlich und zynisch gewirkt. Sicher, alle politischen und sozialen Kämpfe einschließlich der Bürgerrechts- und der Schwulen- und Lesbenbewegung hatten ihre Storys, Bilder und Begrifflichkeiten, aber sie galten nicht als Produkte. Damit hätte es nämlich so ausgesehen, als würden sie von reiner Profitgier getrieben und nicht von Motiven, die etwas mit Humanität und Gerechtigkeit zu tun haben. Aber die Sprache der Markenbildung ist nicht länger an Unternehmen gebunden: Unsere eigene Marke schaffen, ein persönliches Branding kreieren, das Arbeitgeber und potenzielle Liebespartner*innen anspricht, diese Marke über die Sozialen Medien vertreiben – all dies wird Tag für Tag von Menschen ernsthaft diskutiert. Und von Barack Obamas Präsidentschaftswahlkampf über One-for-One TOMS-Schuhe bis hin zu *#BlackLivesMatter* wirkt die Vorstellung von sozialen Bewegungen als Marke inzwischen schon sehr viel weniger zynisch als damals.

Während also früher ein Backlash auf den Feminismus meist als das bezeichnet wurde, was er war – angstvolle Abwehr einer Ideologie, die als Bedrohung eines Status quo wahrgenommen wurde, welcher großartig funktionierte für jene, die davon profitierten – so hat sich in den letzten paar Jahren dieses Narrativ verändert. Aus dem Backlash wurde ein »Markenproblem«. Die britische Zeitschrift *Elle* tat sich 2013 mit drei Werbeagenturen und drei feministischen Organisationen zusammen, um den Feminismus zu »rebranden«: Sie wollten Feminismus zu einer neuen Marke machen, die cooler rüberkommen und junge Frauen besser ansprechen sollte, als es vorher der Fall war; eine Art Generalüberholung für »einen Begriff, der für viele mit Komplikationen und Negativität belastet ist«, wie *Elle* es ausdrückte. Aus der Zusammenarbeit gingen drei grafisch schwungvoll gestaltete Plakate hervor: Zwei davon beschäftigten sich speziell mit dem Akt der Identifikation als Feministin, das dritte forderte Frauen dazu auf, Lohnunterschiede deutlich zu machen, indem sie ihre männlichen Kollegen nach deren Verdienst fragten. Und ... das war's. Darin erschöpften sich die Anstrengungen auch schon. Menschen, die bereits vorher von den Rebranding-Initiativen gewusst hatten, wurden ermutigt, die entstandenen Grafiken in den Sozialen Netzwerken zu teilen, doch ansonsten schien es keinen größeren Plan zu geben, wie die frohe Botschaft von einem neuen, verbesserten, bügelfreien Feminismus mit Zitronenduft verbreitet werden sollte.

Branding als neue Lingua franca mal beiseite – dass eine einzelne Gruppe oder Initiative eine vielgestaltige gesellschaftspolitische Bewegung, die keinem gehört, hernehmen und im Alleingang »rebranden« kann, war ziemlich beunruhigend. Statt den Feminismus von innen heraus zu stärken (durch Bekräftigung seiner Kernwerte und Verstärkung der Stimmen aus Vergangenheit und Gegenwart, die feministische Bewegungen bereichert haben), ist Rebranding immer nach außen gerichtet. Es ist ein Versuch, Menschen dafür zu gewinnen mitzuhelfen, den Feminismus für ein möglichst breites Publikum attraktiv zu machen, indem man ihn auf ein Bild und ein paar Begriffe eindampft.

Das jedoch ist unmöglich in einer Zeit des pluralistischen Feminismus – einer Zeit, in der von einem einzigen Feminismus eigentlich gar keine Rede mehr sein kann. Doch eine Marke ist kraft ihres Designs so etwas wie ein Club, der durch das Herausstellen eines spezifischen Nutzens eine gewünschte Zielgruppe zum Beitritt animiert. Im Fall des Rebranding-Projekts von *Elle* visualisierten die Plakate den Feminismus als Betätigungsfeld weißer Mittelschichtfrauen in Mainstream-Branchen, die alle in *ihrem* Team haben wollen – was, wie sogar weißen Mittelschichtfrauen wie mir klar ist, eine jämmerlich unzureichende Beschreibung gelebter feministischer Realitäten darstellt. Die Marke Feminismus ist bereits hinreichend repräsentiert. Das vorgebliche Rebranding hat lediglich die im Mainstream bereits seit Jahrzehnten kursierenden Themen und Bilder konkretisiert und ihn damit verlockender gemacht – aber nur durch Tilgung der als unsexy empfundenen, unbequemen Komplexität der Bewegung.

Die Akzeptanzlücke

In der Ästhetik gibt es ein Phänomen, das als »Akzeptanzlücke« [engl. *uncanny valley,* wörtlich: unheimliches Tal] bezeichnet wird. Der Begriff beschreibt das Unbehagen, den Widerwillen, ja, sogar die Furcht, die wir empfinden, wenn wir es mit der künstlichen Darstellung menschlicher Körper, Merkmale oder Bewegungen zu tun bekommen, die beinahe – aber eben nur beinahe – echt wirken. Mit nichtmenschlichen Figuren, denen menschliche Eigenschaften zugeschrieben werden (etwa R2-D2 oder C-3PO) haben wir kein Problem, die lieben wir sogar. Der computergenerierte Tom Hanks im Film *Der Polarexpress* dagegen jagt uns einen kalten Schauer über den Rücken. In diesem Sinne könnte man sagen, dass auch die Gloria Steinem aus der Fotostrecke von *PORTER* ein Phänomen aus unheimlichen Tal des Feminismus ist. Und das Problem liegt nicht nur darin, dass diese Ersatzversion nicht die echte Steinem ist, sondern dass das Magazin sie uns als Repräsentantin der gesamten Geschichte des Feminismus verkaufen will.

Beim Marktfeminismus geht es in vieler Hinsicht einfach nur darum, dem Feminismus einen Markenstempel aufzudrücken und ihn als Identität zu präsentieren, die jede*r konsumieren kann und sollte. Theoretisch ist das gar nicht so schlecht, aber in der Praxis besteht die Tendenz, nur die attraktivsten Eigenschaften dieser so vielschichtigen Bewegung herauszustellen. Alle Themen, die weniger spektakulär oder zu komplex ist, werden unter den Teppich gekehrt, und es wird suggeriert, wir kämen garantiert auf sie zurück, wenn erst mal alle im Boot sind. Am Ende findet so eine Anpassung an den Geschmack jener Menschen statt, die *vielleicht* irgendwann einmal an Bord kommen *könnten* – eventuell dann, wenn der Feminismus seinen ganzen Zauber entfaltet hat –, und die vielen bisher unvollendeten Projekte werden gar nicht angesprochen.

Im unheimlichen Tal des Feminismus wimmelt es nur so von Abziehbildern allseits vertrauter Ideen, Objekte und Narrative. Bei genauerem Hinsehen stellt sich allerdings heraus, dass sie beinahe ausschließlich um persönliche Identität und Konsum kreisen. Sheryl Sandbergs *Lean In*-Ansatz ist zum Teil deshalb so erfolgreich, weil er Frauen reibungslos in etwas hineinführt, das in jeder Hinsicht wie Feminismus auszusehen scheint – abgesehen von der Stelle, wo er von Frauen verlangt, ihr individuelles Selbst an eine bereits existierende Unternehmenskultur der Ungleichheit einzupassen, statt gemeinsam auf eine Veränderung dieser Unternehmenskultur hinzuwirken. In diese Falle sind unterdessen auch etliche Nachrichtenmedien gestolpert, als sie 2015 ungefiltert darüber berichteten, das Magazin *Maxime* sei nach seinem Rebranding jetzt »feministisch«. Anlass für die Berichte war, dass die neue Herausgeberin eine selbsternannte Feministin (Taylor Swift) auf das Cover genommen und ihr dafür statt des üblichen Bikinis einen Hauch aus Netz angezogen hatte. Im unheimlichen Tal des Feminismus sind Oma-Schlüpfer feministisch, weil's so auf ihrem Hintern steht.

Die feministische Akzeptanzlücke ist das Ergebnis eines größeren neoliberalen Projektes, das in den letzten fünfzig Jahren in Politik, Wirtschaft und Kultur ein Geflecht aus Individualismus, Privatisierung, schwindendem Gemeinschaftsgefühl und mangelndem Mitleid geschaffen hat. Seinem theoretischen Ansatz nach privilegiert der Neoliberalismus den freien Handel, die Deregulierung von Unternehmen und die Privatisierung; in der Praxis etablierte er sich in den 1980er Jahren, als Ronald Reagan und Margaret Thatcher mit vereinten Kräften eine Politik umzusetzen begannen, die ökonomische Macht vom Staat auf den privaten Sektor verlagerte. Dem Mantra des Neoliberalismus zufolge brauchen wir keinen Staat, weil wir ja den freien Markt haben, in dem wir theoretisch alle gleich sind, und der schon aussortieren wird, was wertvoll ist und was nicht. Die soziale Botschaft ist allerdings folgende: Die unteren Schichten – die Armen und die wirtschaftlich Entmächtigten – werden nicht unterdrückt. Sie sind bloß nicht ausreichend motiviert oder, weniger freundlich ausgedrückt, nicht willens, ausreichend hart ranzuklotzen, um erfolgreich zu sein. Die amerikanische Kultur preist, vermutlich mehr als jede andere weltweit, den Individualismus. Unsere Narrative von Kunst, Politik und Geschäft erheben die Einzelperson, die gegen alle Widerstände triumphiert und nur sich selbst gegenüber verantwortlich ist, zum Idol. Den einsamen Wolf. Den Fremden in der Stadt. Den Rebellen. Das mutige Kind. Die einsame Heldin. Am Ende hast du nur dich selbst. *Alles hängt von dir ab.*

Der Neoliberalismus ist in so mancher Hinsicht für den zeitgenössischen Feminismus relevant, in einer jedoch ganz besonders: Beide betonen die Konsumentscheidung und die Macht des Individuums auf eine Weise, die sich ab und an zu einem wahren Tunnelblick verengt. Wie die »Trickle-down-Ökonomie« der Dreh- und Angelpunkt der Reagan-Ära war, so ist der »Trickle-down-Feminismus« – den Begriff prägte die Soziologin Tressie McMillan Cottom – ins Zentrum des Mainstream-Feminismus gerückt. Beide gehen von der Voraussetzung aus, dass Anrechte und Gewinne von jenen Menschen, die am reichsten damit gesegnet sind, nach unten durchsickern, sodass am Ende alle profitieren. Die Trickle-down-Ökonomie war ein spektakulärer Fehlschlag für praktisch alle außer für die, die bereits zu den Reichen zählten; die Aussichten für den Trickle-down-Feminismus stehen nicht viel besser. »Mächtige Leute«, schreibt McMillan Cottom, »handeln stets im Interesse der

Macht, nicht im Interesse ihres eigenen Geschlechts (oder ihrer ethnischen Gruppe).«[24]

Die Schnittstelle, an der sich der Neoliberalismus und die Akzeptanzlücke des Feminismus treffen, ist der bedingungslose Jubel über Frauen in mächtigen Positionen – selbst dann, wenn diese ihre Stellung auf eine Weise nutzen, die den meisten anderen Frauen nur wenig Gutes bringt. Die frühere Außenministerin Condoleezza Rice war zum Beispiel so eine mächtige Frau, die ihre Macht mitnichten im Interesse ihrer Geschlechtsgenossinnen einsetzte. Dasselbe gilt für all die Republikanerinnen, die in trauter Einigkeit mit ihren männlichen Senatskollegen zweimal (!) gegen den Equal Pay Act stimmten. Marissa Mayer übernahm die Führungsposition beim Technologiegiganten Yahoo, und was tat sie? Sie beschnitt prompt die Möglichkeiten zur Arbeit im Homeoffice, eine Entscheidung, die vor allem Familien zu spüren bekamen. Und je seltener man Sarah Palin erwähnt, desto besser. Auf dem Weg hinunter in das unheimliche Tal der Akzeptanzlücke haben wir uns darauf geeinigt, dass abstrakte Bilder mächtiger Frauen genauso wichtig sind wie Bilder von echten Menschen beliebigen Geschlechts, die wirklich daran arbeiten, Gleichberechtigung zu einer Realität für alle werden zu lassen.

Eine sehr verbreitete Reaktion auf die Vereinnahmung des Feminismus durch den Mainstream ist die Frage: Moment mal, ist das denn nicht eine *gute* Sache? Sollten wir uns nicht wie die Schneeköniginnen über alles Feministische freuen, was in der Massenkultur ankommt? »Wenn Feminismus zu einer Marke werden muss, um Wandel zu bewirken, dann bin ich absolut dafür«, räumte Lena Dunham in einem im November 2014 geführten Interview mit der britischen Zeitung *Guardian* ein. Aber noch mal: Der Zweck von Marken steht zutiefst in Widerspruch zu der notwendigen Evolution von Bewegungen, die es geben muss, wenn Probleme angesprochen werden , die weit umfassender sind als die Frage, was und wie viel von beren Gesellschaftsschichten nach unten durchsickert. Und fft auch auf die Marke des neoliberalen Feminismus zu. Damit der Feminismus als inklusive soziale Bewegung funktionieren kann, braucht es eine Vielfalt von Stimmen, Themen, Ansätzen und Prozessen – und diese verzwickte, renitente Auflehnung lässt sich nun mal nicht zu einer hübschen Marke glätten.

Mächtige Frauen tragen mächtige Unterhosen

Das bringt uns deprimierenderweise wieder zurück zur Unterhose. Im Reich der Mode und des Produktmarketings wird deutlich, wie unverhohlen feministisches Branding mittlerweile praktiziert wird. Am besten illustriert das wohl der ungeheure Erfolg von Spanx. Diese glänzenden Verpackungen für den Frauenkörper aus einschnürendem Spandex wurden beinahe über Nacht zu einem popkulturellen Phänomen. Gründerin Sara Blakely begann 2000 von ihrer Wohnung in Georgia aus mit dem Verkauf der dehnbaren »Shapewear« (»Miederwaren« sind sooo 1950er). Doch schon wenige Jahre später stand sie einem boomenden Hinternverschlankungsunternehmen vor. Zementiert wurde dieser Erfolg durch Oprah Winfrey (deren Jo-Jo-Diäten bereits ein distinktives Merkmal ihrer eigenen Marke waren) mit der Verkündigung des Spanx-Evangeliums im Rahmen ihrer jährlichen Liste von Lieblingsdingen. Und 2012 war Sara Blakeley mit einem Jahreseinkommen von geschätzten 250 Millionen US-Dollar in die weltweit sehr überschaubare Liga der Milliardärinnen aufgestiegen. Die Produkte für »Bauch weg«, »Oberschenkelformung« und »Po-Straffung« sind freundliche Cousinen der entsetzlich einengenden Miederwaren vergangener Jahrzehnte. Ich habe diese Dinger selbst getragen und kann daher meine eigenen Erfahrungen beisteuern. Sie reichen von leichtem Kneifen bis hin zu Höllenqualen und Schweißausbrüchen wegen eines eingezwängten Unterleibs.

In einem Kurzporträt von Blakeley, das 2012 im *Guardian* erschien, wird zwar erwähnt, dass sie sich irgendwann gezwungen sah, Spanx in XXL-Größen anzubieten, als ihr klar wurde, dass auch Männer die Dinger trugen, vor allem in Hollywood. Dennoch sind die bevorzugte Zielgruppe der Marke nach wie vor Frauen. (Soweit ich weiß, hat Blakeley bisher nirgendwo Transgender-Frauen oder Drag-Queens als Drittmarkt erwähnt, trotzdem hat sich Spanx auch bei diesen Verbrauchergruppen zu einem Massenprodukt entwickelt.) Das Unternehmensmotto der Marke lautet »Verändere die Welt, Hintern um Hintern«. Und ihre Marktführerschaft verdankt Blakeley unter anderem der Tatsache, dass weibliche Prominente sich offiziell dazu bekennen, die Teile zu tragen. In einer Episode der Serie *30 Rock* beklagt sich Liz Lemon, dass sie an einem Tag zu drei Hochzeiten eingeladen ist: »Ich werde 12 Stunden lang eingespanxt sein.« Ungeachtet dessen erzählte Lemons Erfinderin Tina Fey einem Journalisten am roten Teppich, die Shapewear sei ihr »wahr gewordener Traum«. Und obwohl es gut sein kann, dass sie das sarkastisch gemeint hatte, griffen die Medien den Spruch begeistert auf. Der britische Superstar Adele kam ungelogen in vier übereinander getragenen Spanx zur Verleihung der Grammy Awards 2012. Von dort nahm sie sechs Auszeichnungen für ihr Album *21* mit nach Hause, aber die Überschriften der folgenden Tage widmeten sich diesen Spanxschichten genauso ausführlich wie ihrem musikalischen Triumph.

Dass sich Fey, Adele, Tyra Banks und viele andere unerschrockene Frauen mit großen Namen, deren Körper ständig den prüfenden Blicken der Öffentlichkeit ausgesetzt ist, so offen über ihre Formwäsche äußern, ist erfrischend anders als in den miefigen Jahrzehnten davor. Damals war die Atmosphäre viel repressiver, und Miederwaren stellten eine unausgesprochene Notwendigkeit dar, die erst zum Vorschein kam, als die Feministinnen der zweiten Welle dazu übergingen, sich ihrer zu entledigen (und, in jüngerer Zeit, als sie Berühmtheit als Fetischmode erlangten). Was die Frauen von heute zur Transparenz in Sachen Unterwäsche motiviert, ist zum Teil dem feministischen Dreh von Spanx zu verdanken: Spanx *ermächtigen,* statt einzuschnüren. Mit Namen wie »In-

Power-Panties« und einem Slogan wie »Mächtige Frauen tragen mächtige Unterhosen«, prägte die Marke den alten Subtext von »Miederwaren« (der Körper der Frau und seine Bewegungsfreiheit sind mit allen nötigen Mitteln einzuschränken) um und machte daraus ein sichtbares Zeichen für Autonomie und Fortschritt (du kannst dein Leben verbessern, indem du dich mit deinem ansonsten renitenten Körper besser *fühlst*). 2015 machte Spanx diese Verkaufsstrategie in einem Artikel explizit, der in der *New York Times* erschien. Thema des Beitrags war der Versuch des Unternehmens, nun auch jene Verbraucher*innen zu erreichen, die sich den Produkten bisher verweigert hatten, weil sie nicht von ihrer eigenen Unterwäsche malträtiert werden wollten. Als Aufhänger diente die Beschwerde eines New Yorker Modestylisten (»Kompression ist ja so was von out«). Dann stellte der Artikel fest, der Trend zur Shapewear sei vom Aufstieg der »Athleisure«-Looks beeinflusst – Bekleidung (vornehmlich Yoga-Hosen) aus Stoffen, die zwar einen verschlankenden und straffenden Effekt haben, den Träger*innen aber trotzdem gestatten, sich die Schuhe zu binden, ohne einen Nervenzusammenbruch zu riskieren.

Bittet man die neue Geschäftsführerin von Spanx – was die *Times* tat – um eine Erläuterung der Anstrengungen zum Rebranding der Marke, ist viel die Rede von einer schönen neuen, feministischen Welt, in der jede Körperform akzeptiert ist und es mehr öffentlichen Widerstand gegen negative Äußerungen über den Körper einer Person gibt. Daher promotet die neue Verpackung der Firma »feministische Inspiration« in Form gegenseitiger weiblicher Bestätigung nach dem Motto »Nimm die Regeln nicht allzu ernst«. Das wäre großartig, wenn es bei Spanx tatsächlich um eine Veränderung der Regeln ginge. Aber Spanx ist ein Business. Es macht sich den Feminismus zwar zu eigen, doch geht es ihm dabei nicht im Entferntesten um die Gleichstellung der Frau. Es geht um eine Steigerung der Gewinne, die in letzter Zeit hinter denen der Konkurrenz zurückgeblieben sind, die bequemere Unterwäsche und Workout-Bekleidung anbietet. Wenn sich mit Annehmlichkeiten wie »saumlos« und »soft touch« Geld verdienen lässt, dann schwenkt Spanx eben auf diese Schiene ein. Am Ende hüllt ein »feministischer« Slogan wie »Verändere die Form deiner Kleidung, dann formst du die Welt!« nur eine uralte Norm in ein etwas bequemeres Stretch-Gewand – als wären das Einzige, was Frauen bisher davon abgehalten hat, die Wände und Decken ihres pinkfarbenen Glaskäfigs zu durchbrechen, nicht gesellschaftliche Erwartungen oder institutionalisierte Ungleichheit gewesen, sondern oberschenkelstraffende Höschen, die nicht halten, was sie versprechen.

Dieser althergebrachte Marketingansatz ist eigentlich keiner Erwähnung wert, wenn er Diät-Shakes oder Autos oder technische Geräte anpreist, indem er mit der Selbstwahrnehmung potenzieller Kund*innen spielt. Und natürlich bietet ein Spanx auch die Möglichkeit, sich mächtig zu fühlen, genau wie ein Push-up-BH oder ein Killer Dress oder ein Fußball-Shirt oder jedes andere Kleidungsstück, das gut zur Geltung bringt, was wir an unserem Körper mögen. Wird dadurch aber das Produkt selbst zu einem feministischen? Oder, genauer gefragt: Wenn das so ist, welches Kleidungsstück ist dann *nicht* feministisch?

Also, Frauen: Kauft ruhig feministische Unterwäsche. Wie sich herausstellt, ist dieser Markt ziemlich robust. Da gibt es nicht bloß Oma-Schlüpfer, sondern auch Unterhosen mit eingenähten Monatsbinden und BHs, die ganz ohne kneifende Bügel heben und stützen. Sucht euch einfach was aus. Denn die Wahrheit ist die: Feministische Bekleidung liegt gerade voll im Trend, aber es existieren keinerlei verbindliche Regelungen dazu, wie eine Feministin auszusehen hat. Doch Achtung: Eine Neudefinition des Feminismus als etwas, das frau anzieht oder konsumiert und nicht als etwas, das frau *tut*, führt zu gar nichts – nicht für euch als Individuen und auch nicht dafür, wie Frauen insgesamt in unserer Kultur wahrgenommen, geschätzt und bewertet werden. Und darauf kommt es schließlich an – ganz egal, was auf eurem Hintern steht.

KAPITEL VIER
DAS GOLDENE ZEITALTER DES (FEMINISTISCHEN) FERNSEHENS

Bei der American Civil Liberties Union war man clever genug, die Gelegenheit beim Schopf zu packen: An einem Montagmorgen im Frühjahr 2015 verschmolz die Bürgerrechtsorganisation Vergangenheit und Gegenwart, Fiktion und Realität zu einem Tweet an die beliebte Joan Holloway-Harris aus der Serie *Mad Men*, die am Abend zuvor ihrem übergriffigen neuen Firmenchef mit stoischer Entschlossenheit entgegengetreten war. Ehemals ein großer Fisch im kleinen Teich von Sterling Cooper und Partner, schwamm Joan nun mit chauvinistischen Haien im riesigen brutalen Ozean des Firmensexismus. Prompt wandte sich die ACLU am nächsten Tag via Twitter an die Chefschlampe vom Dienst: »Joan, sexuelle Belästigung hat am Arbeitsplatz nichts zu suchen! Wenden Sie sich an uns.« Zwar meldeten zahlreiche *Mad-Men*-Zuschauer, die meisten junge Männer, auf Twitter sofort ihre Zweifel an, dass es in den 1960er Jahren für Frauen am Arbeitsplatz wirklich so schlimm gewesen sei, doch die ACLU hatte recht deutlich gemacht, dass es nicht nur tatsächlich so schlimm war, sondern dass es seither oft nicht viel besser geworden ist.

Gesendet wurde diese spezielle Episode von *Mad Men* weniger als zwei Monate, nachdem Ellen Pao, Spezialistin für Risikokapital im Silicon Valley, einen bahnbrechenden Prozess wegen Diskriminierung gegen ihren ehemaligen Arbeitgeber Kleiner Perkins Caulfield & Byers verloren hatte. Der Fall hatte eine anhaltende Debatte darüber angefacht, wie stark der Sexismus im Silicon Valley, wo es doch angeblich nur um Leistung geht, in Wahrheit ausgeprägt ist: Wie viele andere weibliche, transgender und nicht-weiße Tech-Mitarbeiter*innen fand Pao, dass sie in der überwiegend weiß und männlich geprägten Firmenkultur ausgeschlossen wurde. Skiwochenenden, private Abendessen und andere Veranstaltungen im Kollegenkreis, so Pao, standen den Minderheiten im Büro einfach nicht offen. Sie wurde gefeuert, klagte und beschuldigte einen leitenden Kollegen der sexuellen Belästigung. Obwohl zahllose Statistiken aus dem größeren Umfeld der Risikokapital-Firmen und der Tech-Konzerne mit ausgesprochen homogener Belegschaft, wie Twitter, Google und Apple, dafür sprechen, dass an Paos Klage etwas dran gewesen könnte, fand eine Jury aus sechs Männern und sechs Frauen keine Belege für Diskriminierung und für die Behauptung, dass Pao entlassen worden war, weil sie die sexuelle Belästigung zur Anklage gebracht hatte.

Gesendet wurde die *Mad-Men*-Episode auch ein gutes Jahr nach Erscheinen eines Artikels in der *New York Times,* der Frauen Tipps für Gehaltsverhandlungen gab und auf die Gefahren hinwies, die solche Verhandlungen mit sich bringen. Der Titel »Wie frau bei Gehaltsverhandlungen die Geschlechterrollen hinter sich lässt« war irreführend, denn in dem Artikel ging es nur darum, was Frauen am Arbeitsplatz *anders* machen sollten als Männer, wenn sie eine bessere Bezahlung anstreben. So wurde Frauen geraten, für Männer verfasste Empfehlungen »abzuschwächen«, weil viele Arbeitgeber es, »wenn auch unterbewusst, für ungehörig« hielten, wenn Frauen ihre

Verdienste anpriesen. An anderer Stelle wurde weiblichen Beschäftigten geraten, Gehaltsgespräche nicht als Verhandlung, sondern als »Dialog« zu gestalten, weil es ihren Chef verschrecken würde, wenn sie – wie es von Männern erwartet wird – forderten, was ihnen zustünde. So gut wie alle Experten, die in dem Artikel zitiert wurden, räumten ein, dass Diskriminierung in der Unternehmenskultur wie auch am individuellen Arbeitsplatz fest verankert ist. Trotzdem wurde so getan, als hätten die Frauen keine andere Möglichkeit, als sich den zählebigen geschlechtsspezifischen Erwartungen zu unterwerfen und sie für künftige Frauen an künftigen Arbeitsplätzen zu zementieren.

Gesendet wurde die Episode auch weniger als ein Jahr nach der Veröffentlichung von »The Glass Floor«, einem Bericht über sexuelle Belästigung in der Gastronomie; der US-Antidiskriminierungsbehörde Equal Employment Opportunity Commission zufolge werden in dieser Branche besonders häufig sexuelle Belästigungen angezeigt. Die Ergebnisse des Berichts sind zutiefst erschütternd, wenn auch nicht allzu überraschend: Zwar erleben Gastronomieangestellte jeden Geschlechts, dass ihre sexuelle Ausrichtung hinterfragt wird, sie sexuell berührt, schikaniert und unter Druck gesetzt werden, doch sind Frauen und Transgender-Personen von Belästigungen durch Management, Kollegen und Kundschaft besonders betroffen. Beschäftigte in Bundesstaaten ohne Mindestlohn, die auf zusätzliches Trinkgeld angewiesen sind, erleben überproportional oft unerwünschte sexuelle Avancen.[25] Den Daten lässt sich entnehmen, dass die sexuelle Belästigung in der Gastronomie tief verwurzelt ist und eine Mehrheit der Beschäftigten sie als Teil ihres Jobs betrachtet.

Also ja, ihr Skeptiker auf Twitter, es war wirklich so schlimm, und in vielen Fällen ist es noch immer so schlimm. Aber in einer Hinsicht ist es besser geworden: Heute haben wir eine Parallelsphäre, in der es für jede deprimierende Ungerechtigkeit im echten Leben eine Geschichte gibt, die anders ausgeht, und viele von uns haben freien Zugang zu dieser Sphäre. Im Fernsehen bekommen wir ständig Frauen zu sehen und zu hören. Wir beobachten sie und hören ihnen zu. Sie beeinflussen und ermutigen uns, es ihnen gleichzutun. Die Devise »Du kannst nicht sein, was du nicht sehen kannst« trifft auf eine ermutigende Anzahl von Frauen im öffentlichen Leben nicht mehr zu, denn für so gut wie alles, was wir gerne wären, gibt es im Fernsehen oder im Internet irgendwo eine Frau als leuchtendes Vorbild. Da ist sie, die taffe politische Strippenzieherin, die aufbrausende Spitzenchirurgin. Sie ist Staatsanwältin, stellvertretende Staatsanwältin, vorsitzende Richterin. Sie ist Präsidentin der gottverdammten Vereinigten Staaten. Sie ist Spezialagentin, verzweifelte Witwe, oberste Hexe eines rotzfrechen Hexensabbats. Sie ist ein Klon, ein Cyborg, ein Alien. Sie ist ein tollpatschiges schwarzes Mädchen, ein naives weißes Mädchen, eine schwangere Jungfrau, eine Sexsüchtige. Sie ist eine Trans-Frau, eine Mann-Frau, eine Frau, die noch nicht weiß, was sie ist. Sie findet Liebe an unwahrscheinlichen Orten, beendet aussichtslose Beziehungen, um sich endlich selbst zu finden. Sie zieht ihre Gegner über den Tisch, nimmt zu viel Drogen, leitet ein Verbrechersyndikat. Sie trainiert Kampfsport, um sich gegen einen Arsch voll Zombies zu wehren. Sie ist so stoned, dass sie nicht von der Couch hochkommt.

Wer hätte gedacht, dass mit dem jahrelangen Geschwafel, wir könnten alles haben, in Wahrheit das Fernsehen gemeint war?

Frauen in Schubladen

Als eine Branche, die in erster Linie vom guten Willen der Werbekunden abhängt, sprang das Fernsehen nicht gerade als Erstes auf den Zug der Emanzipation auf. Mit Frauen als einer breiten und undifferenzierten Kategorie von Menschen, die Babys betreuen, Waschmittel kaufen und Tiefkühlkost aufwärmen, konnten die Fernsehbosse etwas anfangen. Daher sorgte es bei diesen überwiegend weißen Männern eher für Ratlosigkeit, als sich die echten weiblichen Menschen auf dem Bildschirm in ihrem Wohnzimmer nicht repräsentiert fühlten. Dass sich das weibliche Publikum für Feminismus interessierte, stellte die TV-Verantwortlichen plötzlich vor die Aufgabe, zumindest ein paar feministische Kerninhalte zu senden, ohne ihre Werbekunden zu verschrecken.

Als sich das Fernsehen in den 1970er Jahren mit feministischen Themen abmühte, zeigte das auch deshalb Wirkung, weil sich die gesellschaftliche Landschaft damals rasant und in Echtzeit veränderte: Scheidung, Alleinerziehende, Arbeitslosigkeit, Coming out, institutioneller Sexismus und Rassismus, Armut, männlicher Chauvinismus und andere Themen mehr fanden Eingang in die Filme, Sitcoms und Talkshows des Jahrzehnts. Darüber hinaus hatte das Fernsehen mindestens einen Produzenten – Norman Lear, von dem unter anderem die Serien *Maude, Good Times, Die Jeffersons* und *Eine schrecklich nette Familie* stammen –, der den sozialen Fragen seiner Zeit eine Stimme verlieh; seine Serien lullten die Zuschauer*innen weder ein, noch beendeten sie jede Halbstundeneinheit mit einer gefälligen, belanglosen Auflösung. Lear, ein selbsterklärter »emotionaler« Liberaler, behandelte das bahnbrechende Material, das er fürs Fernsehen aufarbeitete, mit großer Sachlichkeit, brachte mit seinen Inhalten aber die Sender oft völlig aus der Fassung. Die Abtreibungsdiskussion in *Maude* etwa habe er »hundertmal in Familien gehört – in meinem Land und in meiner Kultur«, so Lear 2014 in einem Radiointerview. »Ich sah daher keinen Grund, sie nicht auch von einer Fernsehfamilie führen zu lassen.« (Gemeinsam mit der Abgeordneten Barbara Jordan gründete Lear später die Aktivistengruppe People for the American Way, die sich gegen den kulturellen Einfluss der religiösen Rechten wendete.)

Doch im Jahr 1980 hatte sich bereits die Auffassung durchgesetzt, die Emanzipation sei erledigt, und niemand wollte mehr etwas davon hören, besonders nicht die Fernsehsender. Vergleichen wir zum Beispiel Maudes Abtreibungsdilemma mit dem von Christine Cagney in der Polizistinnen-Serie *Cagney & Lacey*. Die Macher der Serie hatten sich mit den CBS-Verantwortlichen von Anfang an über die Ausgestaltung der Frauenrollen gezankt: Sie seien zu taff, zu alt, nicht »weiblich« und nicht verletzlich genug, hieß es in der Chefetage. Cagneys überraschende Schwangerschaft mit einer Fehlgeburt aufzulösen, passte den Verantwortlichen nicht. So wurde das Skript umgeschrieben: Die Schwangerschaft ist nur noch eine Drohung, und Lacey hält ihrer Kollegin eine Gardinenpredigt, in der das Thema Abtreibung auffallend umschifft wird.[26]

Mitte des Jahrzehnts war der Feminismus im Fernsehen bereits ein Tabu, und Frauenthemen umging man unter anderem dadurch, dass man einfach keine Rollen für erwachsene Frauen mehr einplante. So entstand ein beliebtes Untergenre von Sitcoms, in denen die Mutter entweder tot ist oder die Familie verlassen hat: *Diff'rent Strokes, Gimme a Break!, Punky Brewster, Silver Spoons, My Two Dads, Full House, Die Nanny* und *Raising Miranda*. Nachdem geklärt war, dass die Mutter gestorben oder abgehauen war, wurde sie mit keinem Wort mehr erwähnt und immer durch einen bekloppten Elternersatz substituiert, entweder den Dad selber oder jemanden, den der verunsicherte Dad in diese Rolle drängte. Erklären lässt sich das Verschwinden der Mama aus der Sitcom möglicherweise dadurch, dass nach der Reform des Scheidungsrechts – 1983 hatten alle bis auf zwei US-Bundesstaaten das Schuldprinzip abgeschafft – diese Serien auf beruhigende Weise den Gedanken widerlegten, eine Familie ohne Mutter sei keine Familie. Alles, was ein Dad brauchte, war eine Haushälterin, eine Freundin oder zumindest einen oder zwei Kumpel. (Vergleiche auch den Erfolgsfilm aus dem Jahr 1987 *Drei Männer und ein Baby*.)

Zur Ausblendung des Feminismus im Fernsehen der 1980er Jahre gab es jedoch zwei bemerkenswerte Ausnahmen: Die eine war *Roseanne*, die Sitcom um eine Arbeiterfamilie, deren an Norman Lear erinnernder Mix aus Humor und sozialen Themen von der Stand-up-Comedian Roseanne Barr mit nassforscher Schnoddrigkeit präsentiert wurde, das andere war *Murphy Brown* um eine ehemals alkoholkranke TV-Journalistin mit Kontrollwahn, die man mit Fug und Recht als Sitcom-Antiheldin bezeichnen kann. Beide Serien entwickelten sich zu Archetypen der TV-Comedy, die später immer wieder reproduziert wurden und sich im folgenden Jahrzehnt in Serien mit vorlauten Frauen aus dem Arbeitermilieu (z. B. *Grace*) ebenso fortsetzten wie in Sitcoms um privilegierte Singles mit ihren Lovern, Alterserscheinungen und Kindern (z. B. *Cybill*).

Eher ein Ausreißer war die Sitcom *Living Single*, die das Format des originellen Frauenquartetts (z. B. *Golden Girls*) mit vier schwarzen berufstätigen Frauen füllte, die sich im Vor-Hipster-Brooklyn mit ihrem Beruf, Schönheitsidealen, Sex und Geschlechterrollen herumschlugen. *Living Single* bot eine der wenigen Alternativen zum üblichen TV-Feminismus, der, ähnlich wie der öffentliche Feminismus, immer homogener geworden war. Doch ein Schlüsselmerkmal, das die Heldinnen mit ihren blasseren Fernsehschwestern teilten, war, dass Lebensentscheidungen konsequent individuell interpretiert wurden. All diese Frauen führten ein emanzipiertes Leben: Sie trafen ihre eigenen Entscheidungen, verdienten ihr eigenes Geld, machten ihre eigenen Fehler. Und sie ließen sich ihre Unabhängigkeit, ihr Sexleben oder ihre Ansichten nicht zum Vorwurf machen. Das war ein dezentralisierter, dekontextualisierter, gefahrloser Feminismus. Und vor allem verkaufte er sich.

Das mächtige TV-Business

Dass sich ausgerechnet das Fernsehen zu einem Medium entwickelt hat, das sich regelmäßig mit dem Feminismus befasst, ihn hinterfragt und neu denkt, ist vor dem Hintergrund seiner Geschichte, aber auch seiner wirtschaftlichen Entwicklung der letzten Jahrzehnte durchaus erstaunlich.

In den 1990er Jahren erlebte Amerika einen demokratischen Präsidenten, einen Haushaltsüberschuss, eine beginnende Tech-Revolution, Multikulturalismus, ein Wiedererstarken des Jugendaktivismus und eine feministische Strahlkraft, die den ranzigen lash vertrieb und wieder Eingang fand in den sozialen n Diskurs, häufig mittels Musik, Indie-Filmen und en der Popkultur. Anti-Mode war in Mode; Unternehmen schickten eine neue Sorte »cool hunters« auf die Jagd nach Indie- und alternativer Jugendkultur, und die *New York Times* war so scharf darauf, mit den Kids Schritt zu halten, dass sie unwissentlich ein Glossar mit frei erfundenem Grunge-Slang abdruckte.

Als der Underground nach und nach in den Mainstream überging, wurde auch die Fernsehwerbung immer zielgruppenorientierter. Jahrzehntelang war das Hauptgeschäft der Branche die Familie gewesen: Ganze Haushalte versammelten sich abends vor dem Fernseher und sahen sich an, was die Familien Walton, Cosby und Keaton so trieben. Doch nach der Entstehung von Kabelkanälen wie HBO und unabhängigen Sendern wie Nickelodeon Anfang der 1980er Jahre konnten Serien, wenn auch zunächst nur minimal, gegen das althergebrachte Prinzip des »am wenigsten unangenehmen Inhalts« verstoßen, dem die drei großen US-Sender ihren stabilen Erfolg verdankt hatten. (Die Theorie des am wenigsten unangenehmen Inhalts besagt, dass die Zuschauer*innen nicht unbedingt alles mögen, was sie sich anschauen, dass sie sich aber zuverlässig das ansehen, was ihnen am wenigsten unangenehm ist.) Unterdessen löste das Nischenmarketing – die Einteilung potenzieller Zuschauer*innen nach Alter, Hautfarbe, Geschlecht, Haushaltseinkommen und mehr – das Massenmarketing als wichtigste Strategie für die Erschließung neuer Publikumsschichten ab.

Auf der Jagd nach der begehrten Altersgruppe der 18- bis 49-Jährigen entstanden in den Entertainment-Konzernen kleine Fernseh-Netlets; Vorbild war der von Rupert Murdochs News Corp. 1986 gegründete Sender Fox, der unter anderem mit der *Bill Cosby Show* und dem Spinoff *College Fieber* sowie *Beverly Hills 90210* und *Melrose Place* Erfolge feierte. Die Definition von Zielgruppen wurde für die Werbekunden immer wichtiger – Hauptsache, die kleinen Zuschauergruppen hatten genug Geld in der Tasche. Netlets, die ihr

Programm auf Frauen ausrichteten, vermieden allerdings im Umgang mit ihren Werbekunden peinlich das Wort »feministisch«, um nicht das Bild eines Publikums heraufzubeschwören, das mit Schönheitsprodukten, Haushaltsreinigern und Babybedarf nichts anfangen konnte.

Doch die größte Verschiebung auf dem TV-Markt trat 1996 ein, als Bill Clinton den Telecommunications Act unterzeichnete. Mit diesem großen Gesetzesvorhaben sollten durch die Deregulierung der Kommunikationsbranche – unter anderem Radio, Fernsehen und das junge Internet – das Wirtschaftswachstum und der Wettbewerb zwischen Medienunternehmen gefördert werden. Der Telecom Act hatte durchaus auch positive Seiten, etwa die Vorschrift, dass neue Fernsehgeräte mit einem V-Chip ausgestattet werden mussten, mit dem die Eltern den Fernsehkonsum ihrer Kinder kontrollieren konnten, oder auch die Vorgabe, dass sämtliche Schulen, Bibliotheken und andere Lerninstitutionen in den USA einen Internetzugang erhalten sollten. Doch der Schwerpunkt des Gesetzes lag auf der Deregulierung, die die größte und verheerendste Fusionswelle der Mediengeschichte auslöste. Beispielsweise stieg die Zahl der Radio- und Fernsehsender, die ein Unternehmen maximal besitzen durfte, eine Maßnahme, die Kolossen wie Clear Channel und Comcast ein Monopol über den Zugriff auf die Verbraucher*innen ebnete. Unabhängige, regionale und kleine Sender wurden geschluckt; die gigantischen Konzerne, denen sie fortan gehörten, erhielten verlängerte Sendelizenzen, was ihre Rechenschaftspflicht gegenüber der Öffentlichkeit deutlich einschränkte.

Sollte je ein Film über die Folgen des Telecom Act gedreht werden, so wäre es wohl ein *Godzilla*-Remake, in dem multinationale Konzerne in der Rolle des Monsters durch die Vereinigten Staaten stampfen und Tausende regionaler Medienfirmen packen und zerquetschen. Hinter den Fusionen hatte die Erwartung gestanden, dass ehemals unabhängige Sender nach wie vor »Fernsehen fürs Gemeinwohl« machen würden – eine recht dehnbare Formulierung, die sich auf die »Informations- und Bildungsbedürfnisse« insbesondere von Kindern bezog.[27] Doch in Wahrheit ging es den globalen Unterhaltungskonzernen, die nun im Besitz der Sender waren – Mitte der 2000er Jahre kamen mehr als 75 Prozent der Fernsehsendungen zur Hauptsendezeit von fünf multinationalen Unternehmen –, ausschließlich ums Geld. Mehr Fernsehen brachte mehr Werbung, was wiederum höhere Gewinne nach sich zog; mehr Fernsehen zu machen hieß, es billiger zu machen; billiger wurde es durch die Beschneidung des Einflusses von Gewerkschaften, durch weniger originelle Skripte und mehr Produktplatzierung. Und so entstand das heutige Überangebot von Reality Shows wie *Bachelors, Bachelorettes, Survivors, Top Models, Basketball Wives, Dance Moms* und anderen mehr. Dazu kommen etwa 5 Millionen Sendungen über Haustausch, Geisterjagd, die Suche nach Bigfoot, den Betrieb eines Sonnenstudios und die späte Erkenntnis, dass Brustimplantate in der Pobacke nichts zu suchen haben.

Reality-TV gab es natürlich auch schon vor dem Telecom Act. Als auf MTV 1992 erstmals *The Real World* ausgestrahlt wurde, handelte es sich ein soziales Experiment, das die bahnbrechende Miniserie *An American Familiy* aus dem Jahr 1973 imitierte – überall Kameras, keine Geschichte, mal abwarten, was geschieht. In *The Real World* sollte gezeigt werden, wie sieben einander fremde Personen ihre Differenzen beilegen und voneinander lernen. Für jede Staffel wurden sympathische junge Erwachsene mit durchschnittlichem Aussehen und unterschiedlichem Charakter besetzt, mit denen sich die Zuschauer*innen identifizieren konnten. Die Versuche, ein ausgewogenes Ökosystem aus Lernthemen (Aids, Obdachlosigkeit) und unausweichlichen Konflikten (Rassismus, unhygienisches Herumpanschen mit Erdnussbutter) zu schaffen, waren gut gemeint oder zynisch, je nachdem, wen man fragte. Doch außer Frage steht, in welchem Moment die Show umkippte: Das war in der Episode der siebten Staffel, in der Stephen und seine Mitbewohnerin Irene in Seattle in Streit geraten und Stephen Irene eine klebt.

Die Ohrfeige wurde für den Rest der Saison zum zentralen Thema und veränderte für alle folgenden Episoden den Ton. Aktuelle Ereignisse und soziale Themen wurden auf Eis gelegt und stattdessen Whirlpools und hektoliterweise Alkohol herangekarrt. Fortan bestand gutes Fernsehen nicht mehr aus lehrreichen Momenten, sondern aus Pöbeleien. In diesem kontextfreien Vakuum verwandelte sich das Reality-TV mit seinen Geschichten und Klischees für die Sender in reines Gold.

Unterdessen veränderte der Telecom Act auch die Nachrichtensender nachhaltig. Im Jahr 1980 sendete nur CNN rund um die Uhr Nachrichten. Gab es für eine Berichterstattung rund um die Uhr nicht ausreichend Material, brachte der Sender Unterhaltung und Human-Interest-Storys, ein Genre, das als Vorläufer des viralen Videos gelten kann. (Schaut nur, wie die Ziege ihrem Besitzer die Zeitung wegfrisst!) Ende der 1990er Jahre gab es bereits mehr als fünf landesweite und eine Vielzahl regionaler Nachrichtensender, von denen keiner Material für vierundzwanzig Stunden hatte. Anfang der 2000er Jahre entwickelte sich das Internet zur wichtigsten Nachrichtenquelle, und die Nachrichtensender mussten neue Wege zu ihren Zuschauern finden. »Infotainment« – Horrorinformationen zum Thema Gesundheit, wichtigtuerisches Polit-Gefasel, Star-Klatsch – nahm auf den Nachrichtensendern immer mehr Platz ein, und da die harten Nachrichten mit der Zeit zunehmend mit warmer Luft aufgeplustert wurden, ging der »Info-«Teil vollends flöten. Als Anna Nicole Smith starb, erfuhr ich davon auf CNN.

Reality über alles

Die Medienkritikerin Jennifer L. Pozner hat Tausende von Stunden und unendlich viel Geduld dafür aufgewendet, sich Nachrichtensendungen und Reality-Shows anzusehen. Sie weiß besser als andere, wie ähnlich sich die Formate geworden sind. »Storys, die wir vor zwanzig Jahren niemals journalistisch aufbereitet hätten, behandeln wir wie Nachrichten«, erklärt sie. Und dasselbe gilt für das Reality-TV. Für den Feminismus noch wichtiger ist allerdings, wie sich das Reality-Genre das Konzept einer postfeministischen Welt zunutze macht und eine rückschrittliche Geschlechterdynamik als Ausdruck von Freiheit und Ermächtigung umwertet. Kein Backlash hätte vermuten lassen, in welchem Ausmaß ausgerechnet die Konsumentenmedien, die aus alles andere als hehren Motiven Frauen unverblümt als bereitwillig sexualisierte, hyperfeminine Chiffren vorführen, feministische Begriffe wie Individualität, Chancengleichheit, Autonomie und Entscheidungsfreiheit für sich vereinnahmen.

In ihrem Buch *Reality Bites Back: The Troubling Truth About Guilty-Pleasure Television* untersucht Pozner das Reality-TV. Eines seiner schauerlichsten Merkmale sei, dass es seinen weiblichen Kandidatinnen – und häufig auch den Frauen und Mädchen, die ihnen zuschauen – eine immer schmalere Definition von Schönheit, Selbstwert und Erfolg und eine verkürzte Sicht eines möglichen und erstrebenswerten Lebens aufzwängt und sie gleichzeitig dazu anhält, andere Frauen ausschließlich als Konkurrenz und Vergleichsinstanz zu sehen. Doch der Begriff »Reality« wirkt dabei wie ein magischer Schutzschild gegen alle Vorwürfe der Verbreitung rassistischer und sexistischer Klischees und rückständiger Geschichten: Wie Produzent*innen und Kandidat*innen einhellig erklären, muss, wenn man fünfundzwanzig Frauen mit einem ihnen praktisch unbekannten Mann in einen Raum sperrt, der Abend ja damit enden, dass die Frauen heulen, kreischen, einander die Haarverlängerungen ausreißen, sich als Schlampe beschimpfen und gegenüber der Stehlampe lallend beteuern: »Wir sind füreinander bestimmt.« Reality-TV gehört zu einem fortlaufenden Narrativ des Postfeminismus, das den Frauen wie einst die Wonderbra-Werbung versichert, der Feminismus habe ihnen die Macht und die Freiheit geschenkt, zu sein, wer sie sein wollen. Und wenn das, was sie sein wollen, zufällig einer bunten Mixtur aus unsicheren, stutenbissigen, geistlosen und niederträchtigen Stereotypen entspricht, die selbst

Walt Disneys tiefgefrorener Schädel als zu holzschnittartig ablehnen würde – wer wollte darin keine Ermächtigung sehen?

Nehmen wir beispielsweise *The Bachelor* – uns bleibt auch gar nichts anderes übrig, da die Show seit mehr als einem Jahrzehnt mit die höchsten Einschaltquoten erreicht. Seit dem Start im Jahr 2002 hat das Reality-Flaggschiff von ABC Millionen von Frauen zwischen 18 und 34 – der Werbekunden liebster Goldesel – an sich gebunden und ist damit so etwas wie ein Barometer dafür, wie weit junge, heterosexuelle, überwiegend weiße Frauen ihre Ziele, ihre Persönlichkeit und ihr Verhalten zu ändern bereit sind, um auf dem Partnermarkt wettbewerbsfähig zu sein. Die Fernsehshow, so Medienkritikerin Susan J. Douglas nach der Premiere, »zeigt höchst normative weibliche ›Typen‹, denen die meisten Frauen angeblich angehören [...]. Sie sollen sich auf einer postfeministischen Skala der Weiblichkeit verorten und ausloten, wie weit sie gehen müssen, um einem Mann zu gefallen, ohne auch das letzte Bisschen ihrer Identität und Würde einzubüßen. Dabei erkunden die jungen Frauen wohl oder übel, welche weiblichen Eigenschaften sie in einer männerdominierten Welt am ehesten zum Erfolg führen.«[28] Seit mittlerweile zwanzig Staffeln zementiert die Serie jahrhundertealte, tief verwurzelte Auffassungen darüber, was Frauen wollen (Ehe, Geld, das Wissen, im Kampf um einen Mann, den sie kaum kennen, eine Unmenge anderer Frauen besiegt zu haben) und was Männer suchen (eine dünne, ehrerbietige Frau, die gerade so viel Ehrgeiz hat, dass sie sich einen Ehemann angeln kann).

Staffel für Staffel bleibt die Serie dieser Formel treu, mit einem Heer austauschbarer, mit Sprühbräune und Glitzer-Kleidchen aufgemotzter Schönheiten, die einer gleichermaßen homogenen Männermasse mit kantigem Kinn und Bizeps ihre Liebe schwören und bis ins Detail inszenierte Rollen spielen: die durchgeknallte Zicke, das Party-Girl, die versoffene Chaotin und viele andere mehr. Doch während sich die Serie durch zum Scheitern verurteilte Verlobungen kämpfte (und mit *The Bachelorette* und *The Bachelor in Paradise*

Ableger gebar), geschah etwas Merkwürdiges: Frauen – die meisten von ihnen jung und, auch in diesem Fall, weiß – verknüpften die Fernsehshow immer häufiger mit dem Feminismus und gaben sich der ultimativen feministischen Wonne hin, Woche für Woche *The Bachelor* zu schauen.

Ein Blog aus dem Jahr 2014 präsentierte unter der Überschrift »Die Kandidatinnen der 19. *Bachelor*-Staffel sind stolze Feministinnen« Schnipsel aus den Biografien der Kandidatinnen, die beweisen sollten, dass sich die Fernsehshow der Emanzipation verschrieben habe: »Alisa sagte, sie wolle ein wilder Mustang sein, weil die ›frei alles erkunden können und unberechenbar und wunderschön sind‹. Dann mal los, Mädel. Genau wie Miley Cyrus lässt du dich nicht zähmen.« Dass der Junggeselle in dieser Staffel ein Landwirt war, der von seiner künftigen Frau erwartete, dass sie ihren Beruf aufgab und zu ihm nach Iowa zog – Schwamm drüber. Ein Text unter dem Titel »Die feministische Junggesellin« lobte das Reality-TV, weil es Frauen dieselbe sexuelle Freizügigkeit zugestehe wie Männern, ein Urteil, das offensichtlich die Augen verschloss vor der himmelschreienden Doppelmoral der Schwestershow des *Bachelor*: Wenn Junggesellen mit einem Dutzend ihnen völlig fremder Frauen ihre Frühlingsgefühle austoben, gehört das zum Märchen dazu; wenn Junggesellinnen dasselbe tun, ist es eine schlamperte Flittchenorgie. (2015 ging in *The Bachelorette* die Jungesellin Kaitlyn »zu früh« mit einem Kandidaten ins Bett; der Rest der Staffel kreiste um die Folgen ihres schuldhaften Verhaltens und die widerlichen Hass-E-Mails, in denen Kaitlyn von Zuschauer*innen als »Hure« beschimpft wurde.) Listicles wie »9 Gründe, warum sich starke, intelligente feministische Frauen *The Bachelor* anschauen« und »7 Gründe, warum es okay ist, als Feministin *The Bachelor* anzusehen« vollführten ansehnliche Verrenkungen, um die wiederkehrenden Konventionen – die Fernsehshow-Kandidatinnen fühlen sich »wie Cinderella« oder beteuern unter Tränen, sie hätten dem Kerl, der noch mit vierundzwanzig anderen Frauen ausgeht, »so viel zu geben« – in eine ehrliche und erfrischende Darstellung starker Frauen umzumünzen.

The Bachelor und seine Ableger setzen explizit auf das von den Kandidatinnen ersehnte Prinzessinnen-Narrativ, und die Motive anderer Fernsehshows, von *America's Next Top Model* über *Real Housewives, What Not to Wear* und *How do I Look?* bis hin (schon die bloße Erwähnung lässt mich schaudern) zur Kinder-Schönheitsshow *Toddlers and Tiaras*, unterscheiden sich davon nicht allzu stark. Jede dieser Serien vertritt die Vorstellung, die äußere Erscheinung sei das Wichtigste, was eine Frau besitzt, der Mann das Wichtigste, was sie kriegen kann, und andere Frauen seien lediglich ein Hindernis, das es aus dem Weg zu schaffen gelte. Und wenn frau immer noch unglücklich oder einsam ist, dann muss sie sich eben an allen Fronten mehr anstrengen.

Vom Reality-TV erwartet schon lange niemand mehr Wohlfühl-Authentizität, aber wir dürfen auch nicht übersehen, dass Reality-Shows nicht nur aus wirtschaftlichen Gründen so beliebt sind, sondern eben auch, weil sie die Einstellung zu Frauen merkwürdig in der Schwebe halten. Wie in der Werbung wird der Feminismus einkalkuliert, als gegeben hingenommen und weder ausdrücklich abgelehnt noch offen übernommen. Jede Entscheidung einer Frau im Reality-TV – sei es, dass sie sich überhaupt als Kandidatin bewirbt, dass sie andere Frauen aussticht oder dass sie ihre Sexualität clever und zielgerichtet einsetzt – ist eine individuelle Entscheidung, die nicht als feministisch gelten mag, jedoch in einem kulturellen Diskurs, in dem die »freie Entscheidung« oberste Priorität hat, auch nicht als offenkundig *un*feministisch abgetan werden kann.

Nachdem wir uns mehr als ein Jahrzehnt lang an das kulturelle Phänomen Reality-TV gewöhnt haben, entstand in jüngster Zeit ein noch weitaus faszinierenderer, wenn auch gleichermaßen normativer Raum für satirische und geradezu bösartige Spielarten des Genres. Die Serie *Burning Love*, die im Internet begann und dann Kabel-TV wechselte, verspottet die Gleichförmigkeit der *Bach* nnen und der männlichen »Preise«, indem sie Stereotype ck auf Geschlecht, Hautfarbe und Persönlichkeit ins Aberwitzige überdreht: Die »verrückte Schlampe« ist in Wahrheit eine Mörderin, die »Silberlöwin« eine achtzigjährige Großmutter und so weiter. Moralisch noch provozierender ist das Metadrama *UnREAL* auf dem Sender Lifetime, das 2015 begann: Es schiebt den Perlenvorhang, der das Geschäft mit der Reality-TV-Romantik verdeckt, beiseite und entlarvt die Machtkämpfe und Psychospielchen, die eine »erfolgreiche« Produktion ausmachen. Wir erleben, wie der Hahn im Korb angeleitet wird, bestimmten Frauen Honig ums Maul zu schmieren. Wir erleben, wie die Kandidatinnen, jeglichen Kontakts zur Außenwelt beraubt und abgefüllt mit alkoholischen Getränken, immer leichter von den Producer*innen zu beeinflussen sind. Und wir erleben, dass diese Producer*innen Zulagen erhalten, je nachdem, wie gut sie die »Figuren« gestalten (die Oberzicke, die Ghetto-Prinzessin, das Nervenbündel, die MILF) und ob sie es schaffen, bei ihren Schützlingen quotenfreundliche Gefühlsausbrüche zu provozieren. Am besten beherrscht diese Manipulation die Producerin Rachel Goldberg, eine hohläugige dunkle Hexe mit einer toten Seele, die im Requisiten-Lastwagen übernachtet; wir sehen sie im schmuddeligen grauen T-Shirt mit der Aufschrift »This is What a Feminist Looks Like«. Der Witz ist, dass sich Frauen wie Rachel und ihre Kolleginnen wirklich für Feministinnen halten, obwohl sie ihr Geld damit verdienen, dass sie andere Frauen durch ein zerstörerisches schwarzes Loch der Prinzessinnenfantasie, des Horrorfilms und des Softpornos führen. Sie sind nicht nur die Botschafterinnen dieser rückwärtsgerichteten Realitätsversion, sondern auch ihre Architektinnen.

UnREAL wurde von Sarah Gertrude Shapiro geschrieben, die ihrerseits neun Staffeln lang Producerin von *The Bachelor* war und sich dabei, wie sie sagt, vorgekommen sei wie »eine Veganerin im Schlachthaus«.[29] Und das Bemerkenswerte an *UnREAL* ist in der Tat die Kritik an der Illusion von Gleichheit und Entscheidungsfreiheit, die den Marktfeminismus auszeichnet. Rachels Leben ist ein Mikrokosmos, eine Show in der Show, und sie ist in dem Spiel der Entmachtung ebenso gefangen wie ihre Schützlinge. Die Serie illustriert in Perfektion, wie der Marktplatz des Reality-TV »Freiheit« – und damit auch feministische Autonomie – definiert, nämlich als Freiheit innerhalb eines fest umrissenen Reichs der Fantasie, in dem Frauen nur sehr wenige Fäden in der Hand halten.

Die Radikalisierung der Antiheldin

Mitte der 2000er Jahre, als Skript-Dokus für die großen Fernsehsender an Bedeutung verloren, nahm auf den Premium Cables, also den Bezahl-Kabelsendern, ein neues Gemeinwohl-TV-Paradigma Gestalt an: hochaktuelle Fernsehserien mit hervorragenden Drehbüchern und komplexen, nicht immer liebenswerten, häufig sogar offen unmoralischen Figuren. Heute ist diese Zeit als Beginn des »neuen goldenen TV-Zeitalters« in Erinnerung, und die Drehbuchschreiber*innen, Produzent*innen und Schauspieler*innen der Serien, die es einläuteten – *Die Sopranos, The Wire, Six Feet Under – Gestorben wird immer* – gelten als Königsmacher*innen der Popkultur. Ausgenommen ist allerdings eine HBO-Serie, die gleichzeitig mit den anderen lief, mittlerweile aber zu einer kitschigen Fußnote verkommen ist: *Sex and the City*.

Als die Serie im Jahr 1999 in Gestalt einer sexualsoziologischen Comedy herauskam (basierend auf Candace Bushnells Sachbuch aus dem Jahr 1997 unter demselben Titel), war sie der große Wurf. Zwar hatte HBO bereits mehrere laszive Doku-Reihen wie *Real Sex* und *G-String Divas* im Programm, doch die wenigsten Zuschauer bekannten sich offen dazu. *Sex and the City* dagegen bot Frauen zuverlässig Gesprächsstoff. Die in New York City angesiedelte Serie segelte zwar in mehrfacher Hinsicht an der Realität vorbei – die Vielfalt der Figuren, die vielen Highheels, der Umstand, dass ihre Kolumne für eine Wochenzeitung Carrie Bradshaws prächtigen Lebensstil finanzierte –, war jedoch ein echtes kulturelles Novum, das den Zuschauerinnen neue Einsichten über Frauen und Sex bescherte und Gespräche auf die Mattscheibe brachte, die alle möglichen Frauen bereits führten. Doch mit der Zeit verkamen die Figuren zu Karikaturen, und der anfangs ernsthafte Dialog über die Funktion des Feminismus in Hinblick auf sexuelle Beziehungen und die entsprechenden Konventionen verkürzte sich zu schnoddrigen Einzeilern. Wie die Fernsehkritikerin Emily Nussbaum 2013 anlässlich des 15. Geburtstags von *SATC* im *New Yorker* beklagte, reduzierte die Umstellung der Fernsehsender auf ein Prestige-Programm die bahnbrechende Serie auf »leere, statische Schablonen, peinlich für Frauen«; frühere Zuschauerinnen seien erleichtert, dass ihnen die Serie nicht mehr ständig als Popkultur-Prüfstein vor die Nase gesetzt werde.

Ich stimme Nussbaum zu, dass der Aufstieg und Fall von *Sex and the City* in der Wertschätzung der Popkultur teilweise auch dadurch zu erklären ist, dass »alles Stilisierte (oder Schablonenhafte oder Vergnügliche oder Komische oder Weibliche oder kollaborativ Geschaffene, alles, was explizit Sex behandelt statt Gewalt), minderwertig sein muss«. Vor der Kulisse von Manhattan war es unentschuldbar, dass *SATC* nicht die Formung und Beeinflussung der Sexualmoral durch ethnische Zugehörigkeit thematisierte, zumal vor dem Hintergrund der oft pointierten Anspielungen auf das Thema der sozialen Schicht. Und gewiss werteten die beiden grotesk schlechten Filmableger das kulturelle Erbe der Serie nicht gerade auf. Doch als Zuschauerin der ersten Stunde fiel mir auf, dass der implizit angelegte Feminismus immer unglaubwürdiger wurde, je weiter sich der Schwerpunkt von dem vordergründig kollektiven Wunsch der Frauen, authentische sexuelle Akteurinnen zu sein, zu einem egoistischen Tunnelblick und individuellen Marotten verschob.

Sehen wir uns die erste Staffel an, die aus heutiger Sicht in ihrer Ästhetik spartanisch anmutet wie ein Indie-Film. Das einheitliche Motiv war ein Menschenbild, das mit wiederkehrenden Fragen

(»...I couldn't help but wonder«) thematisierte, wie sich Feminismus (und Kapitalismus, Aids, die Gentrifizierung der Städte) auf Dating und Sex ausgewirkt hatten. So können Frauen Sex haben »wie Männer« – ohne Bindung oder Erwartungen –, aber was ist, wenn ihr Partner das nicht weiß? Kann man in Zeiten, in denen zwangloser Sex üblich geworden ist, noch ernsthaft Treue erwarten? Was gilt als bizarr, was ist noch ein Fetisch, wenn so ziemlich alles möglich ist? Die vier Frauen repräsentierten vier unterschiedliche Antworten auf einen »einkalkulierten« Feminismus; er wird als etwas Vergangenes begriffen, aus dessen »verbrauchter Kraft« laut Angela McRobbie eine Vielzahl beliebiger, von jeder politischen Aussagekraft befreiten Bedeutungen hervorgegangen ist.[30]

Charlotte, die Traditionellste der Vier, stand für eine Ablehnung feministischer Politik und vertrat die Vorstellung, dass sich Frauen ungeachtet des ganzen Gleichberechtigungsgeschwafels in Wahrheit nach der Stabilität einer heterosexuellen Ehe sehnen. Miranda verkörperte den frustrierten Feminismus der zweiten Generation: Sie war karrierebewusst, lehnte Schönheitsideale ab, bisweilen entmannte sie die Kerle geradezu (»Manchmal ist es, als wärst *du* der Mann«, schimpfte ihr Gelegenheitslover Steve in einer Episode); die Wut, die sie stets packte, wenn es um die Frau als Kategorie ging, fanden alle komisch außer ihr. Samantha war eine Vertreterin des Postfeminismus. Sie setzte ihre Sexualität bisweilen aggressiv gegen Männer ein, weil sie so am ehesten bekam, was sie sich vom Leben wünschte, und wenn sie erkannte, dass sich so keine Gleichheit herstellen ließ, verwirrte sie das. Carrie schließlich vertrat den Marktfeminismus; sie pickte sich aus einem Buffet diverser ideologischer und materieller Haltungen unbekümmert heraus, was ihr passte, und ließ links liegen, was sie nicht brauchte.

Doch obwohl *Sex and the City* in der Rückschau und mit Blick auf die gigantischen Blumenbroschen mittlerweile doch etwas angestaubt ist, ist und bleibt es ein Wendepunkt im feministischen Fernsehen, weil die Figuren so polarisierten, weil sie Fehler hatten, ja, sogar unsympathisch waren. Die Serie setzte um, was Bella Abzug 1977 als Maß wahrer Gleichheit definiert hatte: »Ziel unseres Kampfes ist es heute nicht, dass ein weiblicher Einstein zur Juniorprofessorin ernannt wird. Ziel ist es vielmehr, dass ein weiblicher Tollpatsch ebenso schnell befördert wird wie ein männlicher Tollpatsch.« Gleichheit bedeutet nicht einfach nur, dass Frauen aufsteigen dürfen, sondern auch, dass sie ebenso spektakulär und oft scheitern dürfen wie jeder andere auch. Und diese vier Frauen repräsentierten die weiblichen Tollpatsche, die das Fernsehen bis dahin vermieden hatte, weil es fürchtete, das Publikum würde Reißaus nehmen vor Frauen, die so anstrengend und unsympathisch sind wie alle anderen Menschen.

Man kann wahrlich nicht behaupten, dass es heute im Fernsehen vor weiblichen Tollpatschen wimmelt, aber wir leben definitiv in einem Zeitalter der Antiheldinnen. Das liegt nicht nur daran, dass uns mehr TV-Kanäle, mehr Webserien und mehr Streaming-Dienste insgesamt mehr Fernsehen in die Bude bringen, sondern es liegt auch an einem kulturellen Umbau des Fernsehens zu einem Autor*innen-Medium, in dem sich mehr und unterschiedlichere Drehbuchautor*innen tummeln als je zuvor; und sie haben begriffen, dass das Publikum nicht alles sauber verpackt und am Ende jeder Episode mit einer hübschen Schleife präsentiert haben will.

Ein nüchterner Blick auf die Zahlen

Vor zwanzig Jahren verlief die Front des, wie Beobachter es nannten, »Kulturkriegs« mitten durch die Wohnzimmer der USA. Pat Buchanan malte, als er sich 1992 auf dem Parteitag der Republikaner um die Nominierung für die Präsidentschaftswahl bewarb, nicht nur allgemeine Lieblingsthemen der Rechten wie Abtreibung, Homosexualität und Frauen in der Armee als Schreckbilder an die Wand, sondern verwies auch auf die Popkultur im Besonderen. Vizepräsident Dan Quayle beschwor in einer heute berühmten Rede die »Familienwerte« als Grundpfeiler der USA. Die Fernsehheldin Murphy Brown, erklärte er, trage dazu bei, dass Alleinerziehende in der Gesellschaft zunehmend akzeptiert würden, und verschärfe eine landesweite Armutskrise; Brown verhöhne »den Stellenwert von Vätern, indem sie ein Kind allein austrägt und so tut, als wäre das eben ihr Lebensstil«.[31] Gruppen wie die American Family Association und Christian Leaders for Responsible Television bearbeiteten in ihren Kreuzzügen gegen TV-Sendungen wie *Roseanne*, *Saturday Night Live* und *Ellen* Werbekunden wie Clorox und Burger King so lange, bis diese ihr Geld aus den sittenwidrigen Sendungen abzogen.

Manchmal stelle ich mir vor, dass Buchanan an einem beliebigen Abend des Jahres 2015 den Fernseher einschaltet und Gift und Galle spuckt, wenn er all die Homosexuellen, Transgender-Eltern, Soldatinnen, Alleinerziehenden und sogar die eine oder andere Abtreibung sieht – ganz zu schweigen von den Drogendealern, obszön korrupten Staatsbediensteten, unmoralischen Geistlichen, prügelnden Schlapphüten und herzlosen Gangsterbossen. Oh, und das waren jetzt nur die Frauen. Buchanan und seine Kreuzritter versuchen natürlich auch weiter, die moralischen Maßstäbe für die Mattscheibe zu beeinflussen, aber eine neue Generation von Drehbuchschreiber*innen, Regisseur*innen und Showrunner*innen hat, unterstützt durch die wirtschaftliche Weiterentwicklung des Fernsehens, ihrem empörten Gekeife den Ton abgedreht. Das Fernsehen hat sich gehalten, und viele seiner Fiktionen haben im politischen Denken, in Hinblick auf soziale und juristische Gerechtigkeit, in der Gleichberechtigung und in anderen Bereichen das wirkliche Leben schon lange überholt. In Krimiserien wie *Law and Order* und *CSI* können Mörder*innen, Vergewaltiger*innen, Kidnapper*innen oder kriminelle Superhirne ebenso gut Ärzt*innen, Rechtsanwält*innen, Aktienhändler*innen oder Geistliche sein wie Geisteskranke, Drogenabhängige oder jugendliche Punks. Oft sind die Letztgenannten sogar die Sympathieträger einer Serie. In den vergangenen zehn Jahren waren vier TV-Präsidenten Frauen. Im Verständnis der

Kulturkrieger hat das »Unmoralische« gesiegt – und sorgt für tollen Fernsehgenuss.

Die wachsende Zahl von Arbeiten weiblicher Kreativer, die das, wie TV-Kritikerin Zeba Blay es nennt, »goldene Zeitalter des feministischen Fernsehens« einläuteten – Mara Brock Akil, Tina Fey, Jenji Kohan, Liz Meriwether, Shonda Rhimes und Jill Soloway und andere mehr –, wurde durch feministische Beiträge in Blogs, Zeitschriften und sozialen Medien bekannt gemacht. Und die Bewertung von Sendungen unter dem Gesichtspunkt des Feminismus, des Antirassismus und der Darstellung von LGBTQ ist in der Mainstream-Fernsehkritik absolut üblich geworden, sei es in *Entertainment Weekly*, im *Rolling Stone* oder im *Wall Street Journal*. Doch obwohl das Fernsehen derzeit wohl das Popkultur-Medium ist, das das echte Leben am besten spiegelt – fast 42 Prozent der Figuren sind Frauen, darunter auch Transgender-Frauen –, zeigt ein Blick hinter die Kulissen, dass das Fernsehen weder eine feministische Branche ist, noch auch nur eine besonders weibliche.

Der Diversitätsbericht der Director's Guild of America [die gewerkschaftliche Vereinigung der US-amerikanischen Regisseur*innen] für die Fernsehsaison 2014/15 ergab, dass in 16 Prozent aller Episoden in jenem Jahr Frauen Regie führten, dagegen aber 84 Prozent der Regieneulinge Männer waren – was darauf hindeutet, dass Männer ähnlich wie in den Filmstudios einen unverhältnismäßig großen Vertrauensvorschuss aus der Chefetage erhalten. Aus den Zahlen des Center for the Study of Film and Television für denselben Zeitraum geht hervor, dass weibliche Kreative für 20 Prozent aller Sendungen verantwortlich waren und 23 Prozent aller Produktionsleiter stellten; 13 Prozent der Regisseure und 17 Prozent der Redakteure waren Frauen, und nur 2 Prozent arbeiteten als Kameraleute.

Das heißt, das goldene Zeitalter des feministischen Fernsehens ist spannend anzusehen, und es ist erfreulich, den Kreativen beim Diskutieren zuzuhören, doch wie im richtigen Leben sieht auch auf der Mattscheibe eben alles viel hübscher aus, als es in Wirklichkeit ist. Damit sich Leute – vor allem junge Leute – trauen, ihre eigenen Geschichten und Welten fürs Fernsehen zu erschaffen, müssen sie zunächst einmal sehen, dass die Macher*innen der Sendungen, die sie so lieben, wie ihre Eltern, ihre Lehrer*innen und Freund*innen sind. Doch wenn wir uns auf die guten Sendungen konzentrieren, verschleiern wir, wie viele Hürden sich noch hartnäckig halten. »Es gibt *immer* noch nicht genug weibliche Kreative, nicht genug Drehbuchautorinnen«, betont Melissa Silverstein in ihrem Blog Women in Hollywood. Und, so fügt sie hinzu, der Diskurs um diese Zahlen beweise hinreichend, dass die Grundhaltung gegenüber Frauen in der Branche noch tief verwurzelt sei. »Man hört doch nie, dass jemand einem Showrunner sagt: ›Hör mal, du hast jetzt genug männliche Autoren in der Sendung.‹ Mir erzählen aber Showrunner*innen regelmäßig, dass es heißt: ›Jetzt hast du aber genug weibliche Autorinnen.‹« Wenn Männer im Konferenzraum mehr als eine Frauenstimme hören und meinen, es seien Dutzende, dann ist das eine Wahrnehmungsstörung, die man vielerorts antrifft. In der Film- und Fernsehproduktion ist sie allerdings so weit verbreitet, dass sie sogar schon erforscht wurde.

Geena Davis blickt auf eine großartige Karriere als Filmschauspielerin zurück, mit Rollen wie in *Thelma und Luise* aus dem Jahr 1991, die für Frauen in Hollywood eigentlich alles hätten verändern müssen. Das geschah natürlich nicht, und so gründete sie im Jahr 2004 das Geena Davis Institute for Media Studies mit dem Ziel, das Geschlechterungleichgewicht zu untersuchen und Handlungsvorschläge zu machen. Häufig, so stellte sie fest, waren männliche Produzenten und Studiobosse, schockiert – schockiert! –, als sie von ihr erfuhren, wie wenig Frauen in ihren Filmen auftraten. Sie kratzen sich ungläubig den Kopf angesichts der Befunde, denen zufolge Frauen und Mädchen in Familienfilmen durchschnittlich nur 17 Prozent der Figuren stellen. »Wenn 17 Prozent Frauen sind, glauben die Männer in der Gruppe, das Verhältnis sei 50:50«, sagte Davis in einer Radiosendung. Und wenn es mehr sind, dann kommt es ihnen schon vor wie ein ausgewachsenes Matriarchat; Davis stellte fest, dass sich die Männer in einer Gruppe, die zu 33 Prozent aus Frauen bestand, in der Minderheit wähnten.[32]

Vor diesem Hintergrund ist offenbar in den Fernsehstudios mehr Geld zu verdienen als in den Filmstudios, vielleicht, weil die Budgets nicht so aufgeblasen sind. So erklärt sich, warum das Fernsehen dem Film in Sachen Frauen offenbar Lichtjahre voraus ist, wenn nicht hinter, so doch wenigstens vor der Kamera. Als ich im Juli 2015 Zeba Blay interviewte, kam sie gerade von den »Upfronts«, Veranstaltungen, auf denen die Fernsehsender den Werbekunden und Branchenmedien eine Vorschau auf die nächste Saison zeigen. Bei ABC, berichtete sie, »bekommen wir plötzlich viele Sendungen mit schwarzen und weiblichen Hauptfiguren zu sehen, und wir sind alle begeistert. Und ich finde, das sollten wir tatsächlich sein.« Doch sie fügt auch hinzu, diese Entwicklung widerspiegle nicht so sehr einen institutionellen Wandel als vielmehr den Einfluss des Big Money. »Für Vielfalt entscheidet sich ein Chef nicht, weil er sagt« – ihre Stimme klingt nun künstlich begeistert –, »›Oh, Vielfalt ist so wichtig, wir brauchen mehr mächtige Frauen im Fernsehen.‹ Nein! Die machen das, weil sie erkennen, dass das alles den Leuten im Moment wichtig ist. Sie machen das nicht aus einer moralischen oder ethischen Verpflichtung heraus, sondern um Geld zu verdienen. Und das ist das Heimtückische daran.«

Das soziale (TV-)Netzwerk

Das Fernsehen ist ein wichtiges Vehikel für den Marktfeminismus, weil es primär subjektiv wahrgenommen wird: Fragt man fünfzig Leute, was sie im Fernsehen unter feministisch verstehen, erhält man wahrscheinlich fünfzig verschiedene Antworten. Zeba Blay betrachtet *Orange Is the New Black* als neuen Maßstab, als »Blaupause für die richtige Darstellung von Frauen im Fernsehen«.[33] Für manche Zuschauer*innen ist eine feministische Fernsehsendung oder Serie eine, die – unabhängig vom Thema – von einem in Sachen Hautfarbe, Geschlecht und Gender vielfältigen Team produziert wird; andere erwarten eine noch nie erzählte Geschichte, die aus dem Nichts eine völlig neue Welt erschafft. Und das Aufregende an diesem neuen goldenen Zeitalter ist, dass die Fans, die einst auf Gedeih und Verderb auf den am wenigsten unangenehmen Inhalt angewiesen waren, heute das Gefühl haben können, mit ihrer eigenen Stimme die Entwicklung im Fernsehen entscheidend mitzuprägen, gerade in Bereichen, die seit Beginn des Mediums ausgespart, umgangen und marginalisiert wurden.

Als die Fansites aus dem Boden schossen und die Sozialen Medien noch schnellere Reaktionen ermöglichten, änderte sich notwendigerweise auch das Verhältnis zwischen Zuschauer*innen und Kreativen. Jede*r – buchstäblich jede*r – war plötzlich Kritiker*in. Doch während in der bezahlten professionellen Kritik eine objektive Distanz zu den rezensierten Sendungen einzuhalten war, wetterten Fan-Kritiker*innen lautstark gegen Handlungsstränge, die ihnen missfielen, gegen Figuren, die sie unausgegoren, Beweggründe, die sie unglaubhaft fanden. Aus Sicht der Zuschauer*innen, so Zeba Blay, »sind wir an einem Punkt angelangt, an dem wir die Popkultur nicht mehr konsumieren können, ohne sie, noch während wir uns davon unterhalten lassen, aufzuschlüsseln; wenn wir *Orange is the New Black* anschauen, dann schauen wir uns nicht nur eine tolle, witzige Serie an, sondern wir überlegen uns: ›Was sagt diese Szene über Vergewaltigung aus?‹ oder ›Was bedeutet jene Szene für das Verhältnis zwischen weißen und schwarzen Frauen?‹. Ich frage mich, was das für uns heißt, wenn wir die Sendungen nicht mehr nur verschlingen, sondern sie ständig analysieren. Kommt bei der Analyse etwas heraus? Oder machen wir das nur, weil Unterhaltung heute für uns eben so läuft?« Das konstante Summen der sozialen Medien erschwert es den Macher*innen, Kritik, sei sie feministischer oder anderer Art, herauszufiltern, und das kann anregend, aber auch irritierend sein.

Insbesondere feministische Kritiker*innen wehren sich lautstark gegen frauenfeindliche Motive und Tropen, die frustrierend verbreitet und unglaublich beliebt sind. Im Frühjahr 2015 zum Beispiel kündigte *The Mary Sue*, eine für weibliche Leser konzipierte Website zur großen weiten Welt der Geek-Kultur, der HBO-Serie *Game of Thrones* ihre Unterstützung auf. Das geschah aus nachvollziehbaren Gründen: Fünf Staffeln lang hatte das Fantasy-Epos nach George R. R. Martins Bestsellerreihe *Das Lied von Eis und Feuer* nicht mit grausigen Taten grausamer Menschen gespart, doch besonders beunruhigend war, dass regelmäßig Vergewaltigungen die Handlung vorantrieben. (Maris Kreizman erklärte in einer Besprechung, *Game of Thrones* sei »eine Serie für *Star Wars*-Fans, die finden, Prinzessin Leia hätte vergewaltigt werden müssen«.[34]) *Mary Sue* verbannte *GoT* nicht etwa von der Website, um die Macher zur Einsicht zu drängen und eine Änderung der Drehbücher herbeizuführen. Nein, es war eine klare geschäftliche Ansage: Der Ertrag unserer Investition in diese Serie sinkt.

Unter dem Dauersurren der sozialen Medien können Fernsehmacher*innen auf dem Käufermarkt die Klagen, die Beschwerden oder die fundierten Argumente der Zuschauer*innen nicht mehr einfach ignorieren. Gleichzeitig sollten wir mit unserem Kampf um eine ehrliche und authentische Popkultur die kreative Freiheit nicht beschneiden. Doch wenn das Publikum beispielsweise fragt: »Wie viele sinnlose Vergewaltigungen sind zu viele sinnlose Vergewaltigungen?« (darauf wüsste hoffentlich Ryan Murphy eine Antwort, dessen Anthologieserie *American Horror Stories* in fünf Staffeln die brutale Vergewaltigung von Männern wie Frauen zeigt), so ist das kein Ultimatum, sondern ein Hinweis auf den Mangel an Fantasie, der sich in dem nach wie vor gendergeprägten Medium offenbart.

Die Kritik an Werken von Frauen, etwa Mindy Kalings *The Mindy Project* oder Lena Dunhams *Girls*, spiegelt derweil die hohen Erwartungen wider, die mit einer feministischen Rezeption der Popkultur einhergehen. Die Kritik an beiden Serien – *Girls* als jüngste Vertreterin einer langen Tradition von Sitcoms um vier recht unterschiedliche Freundinnen, *Mindy* als klassische Serie um Beruf und Privatleben einer Frau – war harsch angesichts der Ziele, die die Serien verfolgten. Dunham wie auch Mindy wurden unmittelbar nach dem Start ihrer Serien ins Scheinwerferlicht der feministischen Medienkritik gezerrt und mussten Rechenschaft ablegen über ethnische Vielfalt, die Haltung zu und Darstellung von Sexualität und Liebe und die Ausgestaltung weiblicher Freundschaften. Statt als junge Kreative in einer Branche anerkannt zu werden, in der noch keine fairen Bedingungen herrschen, mussten sie ihre Ziele und Absichten verteidigen wie kaum einer ihrer männlichen Kollegen. Dunham beispielsweise wurde mit Kritik überschüttet, weil in ihrer im modernen Brooklyn angesiedelten Serie weder in Haupt- noch in Nebenrollen schwarze Figuren vorkommen. Das war bei einer Serie, die mit Wirklichkeitsnähe punkten will, sicher ein wichtiger Kritikpunkt, warf aber auch die Frage auf, warum sich junge weibliche Kreative für etwas rechtfertigen müssen, was ihren männlichen Kollegen von *How I Met Your Mother*, *Bored to Death*, *True Detective* oder anderen aktuellen Serien mit einer ähnlich weißen Besetzung nie vorgeworfen wird.

Seit dem Aufstieg des Marktfeminismus wird über das Fernsehen – oder über Filme, Mode, Stars – oft frustrierend schwarz-weiß diskutiert. Bei gesellschaftlichen Anlässen ist mir in jüngster Zeit oft untergekommen, dass die Leute anderen ihre Begeisterung für eine Fernsehserie beichten, die eigentlich nicht ihrem Geschmack entsprechen dürfte. In einer Ära, in der der Feminismus »einkalkuliert« wird, hält frau besser den Mund, wenn sie ihre Programmwahl – und sei es die Lieblingsserie zum Abhängen auf der Couch – nicht hinreichend erklären kann. Wie bei den feministischsten Filmen und den feministischsten Höschen spielt die Vorstellung mit, der Feminismus sei eine unveränderliche Instanz, ein Freigabestempel, eine Medaille und nicht die lebendige ethische Grundlage eines größeren Systems. Feminismus wäre mithin nicht etwa eine

Linse, durch die Kreative und Zuschauer*innen Geschichten, Figuren und Gespräche betrachten können, sondern etwas, das man konsumieren kann oder auch nicht. Es geht aber nicht darum, dass wir auf der Grundlage statischer Werte den Feminismus ablehnen oder ihn uns aneignen, sondern darum, dass wir die Fantasie und Perspektive einer wachsenden Gruppe von Kreativen, Autor*innen, Regisseur*innen, Redakteur*innen und Kameraleuten genauso wertschätzen, wie wir den Branchen-Status-quo der weißen Wunderknaben schließlich auch immer wertgeschätzt haben.

Ich bezweifle, dass es beim Fernsehen so etwas wie heimliche Laster überhaupt gibt. Trotzdem kann ich den Impuls, andere in unsere peinlichen Sehgewohnheiten einzuweihen, durchaus nachvollziehen. Für Feminist*innen steht viel auf dem Spiel, denn das Fernsehen ist ein Bereich der Popkultur, in dem wir in relativ kurzer Zeit große Veränderungen erlebt haben. Hier stellt sich die Frage nach der Henne und dem Ei: Ist das Fernsehen potenziell progressiver geworden, weil sich die Zuschauer*innen stärker als je zuvor engagieren, oder engagieren wir uns stärker, weil wir neue Gesichter und faszinierende und inkludierende Geschichten zu sehen bekommen? Egal wie: Dieser Wandel ist Grund genug, weiter fernzusehen; mittlerweile wissen wir ja, dass schon wenige weiblich geprägte Inhalte den Bossen das Gefühl vermitteln, es wimmle auf der Mattscheibe geradezu von Frauen. Wenn wir vom goldenen Zeitalter des feministischen Fernsehens sprechen, schwingt mit, dass es eines Tages nur noch eine schöne Erinnerung sein wird. Doch wenn es dem Feminismus gelingt, die Fernsehbranche nachhaltig zu verändern, dann weinen wir ihm eines Tages vielleicht keine Träne nach.

TEIL ZWEI

DAS ALTE LIED

KAPITEL FÜNF
UNSERE BEYONCÉS UND WIR

Ich habe in den vergangenen acht Jahren viel Zeit auf dem Campus diverser Colleges und Universitäten im ganzen Land verbracht. Dort habe ich den Aufstieg eines Phänomens beobachtet, für das ich mir inzwischen den Ausdruck »Yoncés Gesetz« ausgedacht habe. Es geht im Grunde so: Nimm eine Gruppe mehrheitlich weißer Frauen im Alter von achtzehn bis fünfzig Jahren. Veranstalte mit ihnen eine Podiumsdiskussion oder ein Seminar oder eine Diskussionsrunde über junge Frauen, Feminismus und US-amerikanische Kultur im weitesten Sinn. Innerhalb einer Stunde und egal, wie das Ausgangsthema genau lautete, wirst du dich inmitten einer hitzig geführten Debatte über Beyoncé wiederfinden. Dabei werden Fragen über Fragen diskutiert, und viele von ihnen hörst du immer und immer wieder: Ist sie gut für den Feminismus? Ist sie schlecht für den Feminismus? Glaubst *du,* dass sie eine Feministin ist? Aber wenn sie Feministin ist, wieso hat sie dann ihre Welttour »The Mrs. Carter Show« genannt? Wenn sie so feministisch ist dann mit all den irre knappen Bühnenkostümen? Was dazu, dass sie mit dieser blonden Mähne ein offenkundig weißes Schönheitsideal für sich annimmt? Was ist mit dieser Zeile in »Drunk in Love«, die da lautet: »Eat the cake, Anna Mae«, mit der sie gezielt auf die Gewaltausbrüche von Ike Turner gegen Tina Turner anspielt? Was ist mit den frauenverachtenden Liedtexten von Jay Z? Ist Beyoncé *wirklich* eine Feministin? Und wenn sie es nicht ist, ist es trotzdem okay, dass ich sie toll finde?

Und so weiter, und so fort. In den Fragen hallen die Schlagzeilen eines ganzen Jahrzehnts nach, unter denen Beyoncés Liedtexte, Beyoncés Ehe, Beyoncés Kleidung und Beyoncés Frisuren bis ins Kleinste diskutiert wurden, wobei stets ein unterschwelliges Unbehagen von (wiederum meist weißen) Feministinnen darüber mitschwang, dass eine weltberühmte schwarze Frau als Ikone der modernen Emanzipation gilt. »Beyoncé: Dass du dich in deiner Unterwäsche fotografieren lässt, nützt dem Feminismus überhaupt nichts«, meckerte 2013 eine Schlagzeile im *Guardian*. »Nennen Sie Beyoncés sexuelle Ermächtigung bloß nicht Feminismus«, warnte eine andere. Störfeuer kam auch von Musikerkollegin und Mit-Stilikone Annie Lennox, als diese 2014 in einem Interview für den Sender National Public Radio verkündete: »Twerking hat nichts mit Feminismus zu tun«, und dabei explizit Beyoncés Namen nannte. Selbst bell hooks, die tatsächlich ein Buch mit dem Titel *Feminism is for Everybody* geschrieben hat, dachte unlängst noch einmal darüber nach, ob sie mit »everybody« wirklich *everybody* gemeint hatte. Als sie 2014 an einer Podiumsdiskussion zum Thema »Die Darstellung des Körpers schwarzer Frauen in den Medien« teilnahm, fand sie vernichtende Worte für Mrs. Carter: »Ich sehe da einen Teil in Beyoncé, der in der Tat antifeministisch ist – der ein Terrorist ist –, besonders in seinem Einfluss auf junge Mädchen.« Indem der Megastar zustimme, sich etwa für die Titelseiten von Magazinen und Zeitschriften in Unterwäsche ablichten zu lassen, konspiriere sie »mit jenen, die sie als Sklavin konstruieren«. Dieses vernichtende Urteil über Beyoncés Glaubwürdigkeit kam, obwohl eine solche Haltung zu dieser Zeit in den Medien geradezu vorprogrammiert zu sein schien, hier noch besonders hart rüber, eben weil es eine Frau fällte, die eigentlich an das popkulturelle Potenzial des Feminismus glaubt.

Doch das tut Beys Popularität keinen Abbruch. Die Zahl der selbsternannten Feministinnen, die sich inoffiziell zur schnellen Eingreiftruppe für die Verteidigung von Beyoncés Feminismus erklärt haben, wird mit Leichtigkeit aufgewogen von der Zahl derjenigen, die in Liedtexten, Interviews und der Person der Sängerin selbst schon seit langem feministische Positionen erkannt haben und nur darauf warten, diese von ihr bestätigt zu bekommen: die Destiny's Child-Fans, die begeistert ihre Fäuste in die Luft stießen, während sie voller Inbrunst »Independent Woman Part 1« mitsangen, die Schlüsselpassagen ihres Beitrags zum *Shriver Report* 2014 auf ihren Tumblr-Accounts zitierten, die ihr Soloalbum von 2013 insgesamt als Verkörperung des Sounds einer erwachsenen, sexuell selbstbewussten Frau apostrophierten. (Es gibt auch noch eine dritte Gruppe. Das sind diejenigen, die Beyoncé auch dann wie eine Göttin verehren würden, sollte sie sich als Juggalette outen – was ja vielleicht noch passieren kann.)

Die Faszination für Beyoncés Feminismus, das Bedürfnis, sie entweder als Schwester im Geiste zu reklamieren oder ihr die Eignung dafür komplett abzusprechen, sind Ausdruck dafür, wie eine Fokussierung auf Individuen und deren Entscheidungen im Handumdrehen verdeckt, welche enorme Rolle die Systeme des institutionalisierten Sexismus, Rassismus und Kapitalismus bei der Definition und Beschränkung dieser Entscheidungen spielen. Die Kolumnist*innen, die angesichts von Beyoncés Kostümierung bei ihren Auftritten zum Super Bowl oder auf dem Cover des Lifestyle-Männermagazins *GQ* verbal die Hände über dem Kopf zusammenschlugen, versäumten allerdings, sich bei dieser Gelegenheit auch diese Institutionen selbst gehörig vorzuknöpfen – wegen der von diesen tradierten Ästhetik nämlich, der zufolge Frauen nicht viel mehr sind als optische Schmankerl. Die Leute, die mit Beyoncé schmollten, weil sie bei der Heirat den Namen ihres Ehemannes annahm, hatten wohl vergessen, dabei auch den größeren Kontext mitzudenken, in dem schwarze Familien – und insbesondere alleinerziehende schwarze Mütter – seit langer Zeit für einen ganzen Haufen sozialer Probleme verantwortlich gemacht werden, deren Wurzeln in einem systembedingten Rassismus liegen. Und sollten diese Umstände doch ein Rolle gespielt haben, so wurde das in Artikeln wie dem unter der Schlagzeile »Beyoncés neues Album ist nicht so feministisch, wie es von den Medien wahrgenommen wird« auf jeden Fall nicht deutlich.

Tamara Winfrey Harris, Autorin von *The Sisters are Alright: Changing the Broken Narrative of Black Women in America* (2015), stellte einmal fest, dass viele selbsternannte Feminist*innen, die ansonsten sehr sorgfältig unter die Oberfläche von Systemen und Kontexten blicken, offenbar bewusst schlampig vorgehen, wenn die Rede auf Beyoncé kommt, und warf ihnen vor: »Sie hassen die Spielerin und ignorieren das Spiel.«[35] Was immer Beyoncé ist oder nicht ist, sie agiert (oder singt oder tanzt) nicht in einem Vakuum. Sie ist zugleich Produkt und Symptom anhaltender Ungleichheiten, an deren Entstehung sie nicht beteiligt war.

Bei den MTV Music Awards 2014 machte sie die Schriften von Chimamanda Ngozi Adichie und das Wort *FEMINIST* zur Schlussbotschaft ihres Auftritts und brachte damit jungen Mädchen auf der ganzen Welt das Konzept des Feminismus nahe, und zwar ohne den Ballast, den es seit mehr als hundert Jahren mit sich herumträgt. Wie wichtig das war, ist kaum zu überschätzen, wenn wir bedenken, dass Medien und Popkultur uns den Feminismus über weite Strecken in Gestalt des Stereotyps von der wütenden, geschlechtslosen Harpyie vermittelt haben. Wie sieht die Wörterbuchdefinition von Feminismus aus, ist sie erst einmal befreit von der bitteren Geschichte der Bewegung und den negativen Assoziationen? Nun, sie sieht aus wie Beyoncé: selbstbewusst, bezwingend, mächtig, schön, laut. Sie sieht aus wie etwas, das du sein willst. Bey meldete an diesem Abend auf

Gedeih oder Verderb einen Anspruch an – einen Anspruch auf den Feminismus als Teil einer ganzen Reihe richtungsweisender Produkte, die bereits mit der Marke Beyoncé verknüpft sind.

Mächtige Freunde

Im Jahr 1978 stellte ein achtjähriges Mädchen namens Melissa Rich fest, dass auf den vielen Sammelkarten, die sie besaß, keine einzige Frau abgebildet war. Sie machte ihre Mutter Lois auf diesen Umstand aufmerksam. Diese wiederum diskutierte darüber mit ihrer Schwester, Barbara Egerman. Als die beiden Frauen Melissa und ihre Freund*innen baten, mindestens fünf erfolgreiche Frauen zu nennen, die sie bewunderten, stellte sich heraus, wie weit deren Unsichtbarkeit reichte. Lois' Aussage zufolge kannten weder die Jungen noch die Mädchen in Melissas Freundeskreis solche Frauen, abgesehen von der First Lady oder irgendwelchen Fernsehstars. Also stellten die Schwestern ihre eigene Liste mit fünfhundert gestandenen Frauen zusammen und schrieben fünfhundert Briefe, in denen sie jede einzelne von ihnen um einen kleinen Gefallen baten. Im Jahr darauf kam »Supersisters« auf den Markt, das erste Sammelkartenspiel, das die Erfolge von Frauen in Sport, Politik, Wissenschaft, Kunst und auf vielen weiteren Gebieten ins Rampenlicht rückte. Die erste Auflage, finanziert vom New York State Education Department, wurde in den Schulen der Region verteilt; die Lehrer*innen waren offenbar begeistert, endlich Beispiele für zeitgenössische Heldinnen zu haben, die sie ihren Schüler*innen nahebringen konnten, und die zehntausend gedruckten Kartensätze verkauften sich im Handumdrehen.

Supersisters war echt super (und ist es immer noch: Das Sammelkartenspiel gehört mittlerweile zum Archiv der Abteilung für Zeichnungen und Drucke des Metropolitan Museum of Art, und das vollständige Set, das mein Mann auf eBay ersteigert hat, zählt zu meinen kostbarsten Schätzen). Die Karten machten Kinder nicht nur mit einer ganzen Reihe großartiger Frauen bekannt – von Margaret Mead und Shirley Chisholm über Ntozake Shange bis hin zu Rosie Casals –, sondern zeigten auch, wie einfach Feminismus sichtbar zu machen war, wenn man ihm nur viele Gesichter gab.

Prominente haben beim Aufstieg sozialer Bewegungen schon immer eine zentrale Rolle gespielt. Harry Belafonte und Josephine Baker liefen beim Marsch auf Washington an der Seite von Martin Luther King. Marlon Brando bevollmächtigte die Schauspielerin und indianische Aktivistin Sacheen Littlefeather, in seinem Namen den Oscar für den Besten Hauptdarsteller in *Der Pate* abzulehnen und die Live-Sendung zu nutzen, um Hollywoods Umgang mit den amerikanischen Ureinwohnern anzuprangern. Elizabeth Taylor, Madonna und Elton John erzeugten mit ihren Spendengalas und Tanzmarathons breite öffentliche Aufmerksamkeit für das Thema AIDS. Und vom Unabhängigkeitskampf des tibetischen Volkes erfuhren so manche von uns vermutlich erst durch ein Benefizkonzert der Beasty Boys. Traurig, aber wahr: Es ist viel einfacher, einer berühmten Persönlichkeit zuzuhören, die über aktuelle Ereignisse oder soziale Probleme spricht, als jemandem, der oder die auf diesem Gebiet vielleicht über viel mehr Wissen und Erfahrung verfügt, dazu aber ungefähr das Charisma einer trockenen Toastscheibe hat. Der Feminismus, der als politische Bewegung noch niemals sonderlich breite Popularität genoss, ist mehr als andere darauf angewiesen, und Prominente, die ihm über die Jahre ihre Stimme und ihr Bild geliehen und/oder ihre Brieftaschen für ihn geöffnet haben, taten das weniger als offizielle Sprecher*innen oder weil sie dafür bezahlt wurden, sondern eher als strategische Partner*innen.

Das Magazin *Ms.* umwarb in seinen Anfangsjahren Hollywoodprominenz als Botschafter*innen für das, was in den ersten zehn Jahren ein Kernthema des Magazins bildete: die Ratifizierung des Equal Rights Amendment. Der Entwurf für den Verfassungszusatz, der da lautete: »Männer und Frauen sollen in den Vereinigten Staaten und überall, wo US-Recht gilt, gleiche Rechte haben«, war bereits 1923 zum ersten Mal in den Kongress eingebracht worden, wurde aber von beiden Kammern immer wieder abgelehnt, selbst bei parteiübergreifender Unterstützung. 1972 sah es dann trotz des organisierten Widerstands von Phyllis Schlafly und ihren »STOP ERA«-Kreuzrittern ganz so aus, als sei seine Zeit endlich gekommen.[36] Doch obwohl die Vorlage diesmal den Kongress passierte, mussten sie noch mindestens drei Viertel der US-Bundesstaaten ratifizieren. 1979, als der dafür vorgesehene Zeitrahmen abzulaufen drohte und noch drei Staaten fehlten, war die Verabschiedung des ERA das mit Abstand handfesteste Ziel, das der liberale Mainstream-Feminismus je verfolgt hatte – und auch ein logischer Fokus von Kampagnen, für die man Unterstützung von prominenter Seite gewinnen konnte. Eine 1978er Ausgabe von *Ms.* versammelte Mary Tyler Moore, Alan Alda aus der Serie *M*A*S*H**, Ester Rolle aus der Serie *Good Times* und weitere 34 Persönlichkeiten aus TV, Film und Musik unter der vielversprechenden Schlagzeile »Hollywoods New Act« als Vorkämpfer*innen für das ERA. Robert Redford, Shirley MacLaine, Warren Beatty und andere bekundeten offiziell ihre Unterstützung; Alda wurde zum Schwarm aller Feministinnen, als er sagte »Feminismus ist keine reine Frauensache«. (Als die Frist zur Ratifizierung 1982 ablief, fehlten immer noch drei Staaten. Bis heute enthält die Verfassung der USA keine Regelung zum Verbot geschlechtsspezifischer Diskriminierung.)

Die Rolle von Prominenten in Politik und Kultur hat sich seither geändert, geht es doch auch in der Politik mehr und mehr ums Prominentsein. Debatten um Präsidentschaftskandidat*innen verwandeln sich zunehmend in chaotische Zirkusnummern, und für die Wähler*innen ist die Antwort auf die Frage, ob sie mit ihm oder ihr ein Bier trinken gehen würden, ein ebenso wichtiges Entscheidungskriterium wie politische Positionen. Politiker müssen heutzutage neben allem anderen auch noch Entertainer sein, denn solange wir nicht wissen, ob das zukünftige Oberhaupt unseres Landes in *The Tonight Show* mit witzigen Bemerkungen zu punkten weiß oder sich traut, lässig neben Ellen DeGeneres zu tanzen, werden wir verdammt noch mal auch nicht wissen, ob er oder sie sympathisch oder freundlich oder bodenständig genug ist, unser Land wirklich gut zu führen. Und auch hierbei geht es weniger um die Spieler als um das Spiel: Im Kontext von zunehmender Konzentration im Medienbereich und wachsender Profitorientiertheit treten knackige Zitate an die Stelle von substanziellen Erörterungen, und Sorgfalt und Stringenz werden durch die Jagd nach Viralität ersetzt. (Ich bin ziemlich fest entschlossen, für Hillary Clinton zu stimmen, was aber nicht heißt, dass ich ihr dabei zusehen möchte, wie sie bei Ellen den Whip zu tanzen versucht oder sich bei *Saturday Night Live* um Kopf und Kragen stottert.)

Genauso unauthentisch wirkt es oft, wenn echte Entertainer versuchen, sich als Politiker zu geben. In der Mühle all der Websites, Podcasts, Radio-Talkrunden, Sozialen Medien und Klatschforen, die ohne Unterlass um die schnell wechselnde Aufmerksamkeit des Publikums buhlen, hängt es oft bereits vom Namen des involvierten Promis ab, ob ein Beitrag einschlägt oder zum Rohrkrepierer wird. Modemagazine bringen regelmäßig Seiten, auf denen angeblich prominente Gäste von Wohltätigkeitsveranstaltungen gehypt werden, von denen man später nie mehr etwas hört. Demonstrationen und Boykottaufrufe sind out und werden ersetzt durch kunstvoll inszenierte »Markenbotschafter*innen« für Unternehmen mit Herz fürs Soziale. Im Ökosystem der Hollywood-PR gibt es Firmen, deren Dasein nur einem einzigen Zweck dient: Promis mit den zu ihnen passenden humanitären Kampagnen in Übereinklang zu bringen. Und obwohl viele Stars ohnehin nicht an die große Glocke hängen, dass sie Werbung für die eine oder andere Marke machen und diese damit aufpolieren, müssen sie dennoch vorsichtig sein, damit ihr Name nicht mit Partisanentum, moralischen oder religiösen Werturteilen oder hitzigen Kontroversen verknüpft wird. (AIDS-Kampagne in Südafrika? Zu politisch. Kinderhilfe für Südafrika? Perfekt – allein die Gelegenheiten für all diese hinreißenden Fotos sind Gold wert.)

Doch als gesellschaftliches Thema, hinter dem sich Prominente versammeln, unterscheidet sich der Feminismus grundlegend vom Kampf gegen die Ausrottung des Tigers oder der Ausrichtung einer Spendengala für UNICEF, und er ist auch komplizierter. Wir brauchen Promis nicht so sehr dafür, das öffentliche Bewusstsein von Gruppen jenseits der eigentlichen Aktivist*innen auf die Gleichberechtigungsproblematik zu lenken, sondern immer noch für die weitaus grundlegendere Aufgabe, den Feminismus überhaupt erst einmal als soziale Bewegung zu legitimieren. Gelingt es uns schon nicht – *zum x-ten gottverdammten Mal!* –, dem von Unmengen junger, leicht beeinflussbarer Fans bewunderten Star eines Actionfilms begreiflich zu machen, dass Feminismus nichts mit Männerhass oder der Ablehnung von Deosprays zu tun hat, welche Chance haben wir dann, alle anderen zu überzeugen? Das ist der Grund, warum die Feminismus-Welle, die 2014 ihrem Höhepunkt zustrebte – als sich etliche berühmte Schauspieler*innen, Comedians und Popstars förmlich darum rissen, sich den Begriff anzueignen wie ein Tennisarmband aus der Geschenketüte bei den Oscars –, so viele Möglichkeiten zu eröffnen schien. Und in der Folge so dermaßen enttäuschte. Aber dazu kommen wir später.

Ab 2014 schimmerte in Überschriften, die vorher oftmals heftigen Widerspruch von Feministinnen erregt hatten, plötzlich glühende Bewunderung für Promis durch, die den Feminismus als wichtige Agenda anerkannten. Wann immer wir heutzutage Twitter-Feeds oder Schlagzeilen lesen: Mittlerweile entsteht der Eindruck, als hätte man die riesige interaktive Karte auf CNN in einer Wahlnacht vor sich, in der ein Bundesstaat nach dem anderen rot oder blau aufblinkt: Wir haben Swift! Wir stehen kurz davor, Portman zu gewinnen... warte, warte... Ja, wir haben Portman! Aziz Ansari und John Legend sind dabei! Okay, wir haben Kelly Clarkson verloren... Aber dafür haben wir... Joseph Gordon-Levitt, der ist auch gut! Oh, was ist das? Was, wir haben Ruffalo? High five für Ruffalo!

Zählen wir dann noch die dazu, die schon seit längerer Zeit im Team Gender Equality spielen – Jane Fonda, Geena Davis, Rosie Perez, Lily Tomlin, Amy Poehler und, ob ihr das nun gut findet oder nicht, Beyoncé –, dann entsteht da bei den Superpromis schon allmählich so etwas wie eine kritische Masse. Und viele von ihnen lassen ihren Worten sogar Taten folgen. (Obwohl: Allein die Tatsache, dass frau das extra betonen muss, zeigt auf, wie jämmerlich tief die Messlatte für Promi-Aktivist*innen in dieser Beziehung hängt.) Geena Davis, Lena Dunham, Kerry Washington, Gabrielle Union, Scarlett Johansson und viele andere Stars traten in Werbespots oder Informationsvideos für die gemeinnützige Abtreibungsorganisation Planned Parenthood ein, als die Regierung plante, deren Finanzierung einzustellen. Natalie Portman erklärte, als sie 2015 den Vertrag für die Rolle der jungen Ruth Bader Ginsberg in dem Biopic *On the Basis of Sex* unterzeichnete, sie werde den Film nur mit einer Regisseurin drehen.

Ironischerweise wurde der Boom des Promi-Feminismus in den letzten Jahren offenbar nicht nur durch die vielen Stars befördert, die sich öffentlich als Feminist*innen bezeichneten, sondern in vielen Fällen auch durch die, die das nicht taten. Die Frage »Sind Sie Feminist*in?« wurde hochkarätigen Frauen und Männern von Magazinen wie *BUST* und *Ms.* und *Bitch* schon länger gestellt. Und doch ist es immer noch ein bisschen unklar, wie es dazu kommen konnte, dass sie irgendwann praktisch jeder Person gestellt wurde, die auf dem roten Teppich erschien, schnell noch irgendwo reingequetscht zwischen »Ist es Ihnen schwer gefallen, für diese Rolle Ihre Haarfarbe zu ändern? und »Welchen Designer tragen Sie heute?«. Vielleicht verdankt sie ihre unvermittelte Popularität der wachsenden Präsenz junger Action-Heldinnen in Blockbustern wie *Die Tribute von Panem*. Es kann aber auch sein, dass das Ganze nur Ergebnis eines erbittert geführten Konkurrenzkampfes um die schönsten und berühmtesten Stars ist, der sich auf einem zunehmend dichter bevölkerten Jahrmarkt des lukrativen Promiklatschs abspielt, auf dem sich eine einzige aufmerksamkeitsheischende Schlagzeile in jede Menge Werbedollars umsetzen lässt. Ich vermute, es ist eine Mischung aus beidem, würde aber noch hinzufügen wollen, dass dieses zunehmende öffentliche Bewusstsein wohl auch den allgemeineren Tenor der Diskussion zu Themen wie reproduktive Autonomie, sexuelle Belästigung und Vergewaltigung oder häusliche Gewalt unter Promis widerspiegelt; ebenso die Tatsache, dass darüber von feministischen Nachrichtensendern und in den Sozialen Medien aktiver berichtet wird.

Es lässt sich nicht leugnen: Eine Zeitlang löste die Frage, wie sie denn zum Feminismus stünden, bei jungen weiblichen Prominenten beinahe durch die Bank Verwirrung und Verlegenheit aus. Da gab es die ganz jungen, die mit dem Begriff überhaupt nichts anfangen konnten. Zu denen gehörten Farrah Abraham, früher *Teen-Mom-*, heute Pornostar (»Was bedeutet das? Dass man eine Lesbe ist oder so was?«) und Schauspielerin Evangeline Lilly (»Ich bin sehr stolz darauf, eine Frau zu sein. Und als Frau gefällt mir der Begriff Feminismus überhaupt nicht. Denn wenn ich dieses Wort höre, sehe ich sofort Frauen vor mir, die so tun, als wären sie Männer, und ich bin nicht scharf darauf, so zu tun, als wäre ich ein Mann«). Dann gab es ein paar, die hatten die Gerüchte von den Männerhasserinnen verinnerlicht, wie Taylor Swift (»Ich denke nicht in so Mustern wie Jungs gegen Mädchen«) und Lady Gaga (»Ich bin keine Feministin. Ich liebe Männer. Ich bete Männer an. Ich vergöttere die amerikanische Männerkultur und Bier und Bars und Muscle-Cars...«). Katy Perry gehörte zu den Stars, die deutlich machten, dass sie eher den Begriff an sich ablehnte als das dahinterstehende Konzept (»Ich bin keine Feministin, aber ich glaube an die Stärke von Frauen«). Womöglich am dollsten vergaloppierte sich aber *Insurgent*-Star Shailene Woodley, die das alles irgendwie bunt durcheinanderwürfelte und noch einen kleinen Schuss Nullsummenlogik dazugab. Hier ihre Antwort, ein schönes Beispiel für freie Assoziation: »Nein. Ich liebe Männer. Und ich glaube, dass die Idee ›Bringt Frauen an die Macht, nehmt den Männern die Macht weg‹ niemals funktionieren wird, weil es die Balance braucht. Ich für meinen Teil habe einen guten Draht zu meiner maskulinen Seite. Ich bin 50 Prozent feminin und 50 Prozent maskulin, und ich glaube, das ist bei vielen Menschen so. Ich finde das wichtig zu wissen. Außerdem glaube ich, es würde auch nicht funktionieren, wenn die Männer die Macht verlieren und die Frauen die Macht übernehmen würden. Es muss einen schönen Ausgleich geben.«

Diese und ähnliche Antworten wurden zu Geburtshelferinnen eines neuen Medienkreislaufs, und der geht so: Promi, in der Regel jung, weiß und weiblich, macht eine dämliche Äußerung, die zu bissigen Schlagzeilen verarbeitet wird (zum Beispiel: »Wagt es ja nicht, Taylor Swift als Feministin zu bezeichnen – sagt Taylor Swift«). Promi wird dafür in Tweets und Shares und Tumblr-Zitaten angezählt, was dazu führt, dass der ursprüngliche Klickköder sich zu einem kleinen Wirbelsturm aus Drumherumgeschreibsel auswächst – damit sind Storys gemeint, die ein aus der Berichterstattung abgeleitetes Narrativ konstruieren. Motto: »Was für einen Quatsch sie über Feminismus geredet hat.« Diese wiederum lösen eine lange Reihe von Kommentaren aus, deren Verfasser*innen darauf beharren, besagter Promi sei auf jeden Fall Feministin, ob sie es nun selber wüsste oder nicht (»Country-Musik war immer schon feministisch, auch wenn Taylor Swift keine Feministin ist«), gefolgt von jeder Menge Artikel, die besagten Promi als Aufhänger benutzen, um einmal der Frage nachzugehen, warum junge Frauen den Feminismus eigentlich ablehnen. Dann kommt der Backlash zum Backlash. Wir bekommen ein paar gegensätzliche Meinungen zu hören, die den Promi gegen die feministischen Attacken in Schutz nehmen (»Schluss mit dem Shitstorm gegen Taylor Swifts Feminismus«). Und am Ende schließt sich der Kreis in einem Akt feministischer Erlösung: Der Promi macht noch einmal Schlagzeilen, diesmal in Gestalt der Verlautbarung, sie habe noch mal über das ganze Feminismus-Ding nachgedacht, und komme nunmehr zu dem Ergebnis, sie sei doch eine Feministin (»Taylor Swift ändert ihre Meinung zum Feminismus«). Na, sind jetzt alle glücklich?

Verzwickter liegen die Dinge bei Berühmtheiten, die sich zwar als Feministinnen vermarkten, inzwischen aber »problembehaftet« sind (um mal einen vagen, inzwischen arg abgenutzten Sammelbegriff aus der Sphäre der sozialen Gerechtigkeit zu benutzen). Im Herbst 2013 beispielsweise veröffentlichte der britische Popstar Lily Allen ihr Video zu »Hard Out Here«. Der bissige Song teilt ziemlich heftig gegen die im Popmusikgeschäft herrschende Doppelmoral aus (»Würde ich dir von meinem Sexleben erzählen, würdest du mich ein Flittchen nennen/ Wenn Jungs über ihre Schlampen reden, regt das niemanden auf«). Das Video, dessen Eingangsszene die Sängerin im OP bei einer Fettabsaugung zeigt (eine Stichelei gegen die britische Boulevardpresse, die minutiös jede Gewichtszu- und -abnahme Allens kommentierte) würde »jede Feministin stolz machen«, begeisterte sich ein Blog. Doch stattdessen rollten sich vielen Feministinnen die Zehennägel auf, als sie feststellten, dass Allen, genau wie so viele männliche Künstler vor ihr, ihre Performance mit einer Gruppe Tänzerinnen aufgepeppt hatte, die aus Schwarzen und Latinas bestand. Oder, um es etwas deutlicher auszudrücken, aus deren Ärschen. Wo Allen aufrecht stand, gingen sie in die Hocke; wo Allen sich stolz produzierte, wackelten sie lasziv mit dem Hintern. Das Bild einer vollständig bekleideten weißen Künstlerin inmitten äußerst spärlich bekleideter andersfarbiger Hinterteile von Frauen, unterlegt mit der spöttischen Textzeile »Ich muss nicht für dich mit dem Hintern wackeln, denn ich habe ein Gehirn« kam zu einem besonders ungünstigen Zeitpunkt. Einen Monat zuvor hatte Miley Cyrus bei den MTV Video Music Awards 2013 alle Welt mit ihrem heißen Twerking geschockt. Und auch zu ihrem Auftritt gehörten die prallen Hintern schwarzer Backgroundtänzerinnen, mit denen sie interagierte, als wären sie nur rein zufällig ein Körperteil echter Frauen. Falls Allens Video eine Parodie auf Cyrus sein sollte, dann hat sie nicht gezündet. Es wurde einfach nicht klar, ob sie damit Kritik üben wollte an der aggressiven Art und Weise, in der die Popkultur nicht-weiße Körper sexualisiert, oder ob sie die Beleidigung schlicht reproduzierte. Viele sprangen Allen bei und argumentierten im Sinne der ersten Vermutung, und auch sie selbst äußerte sich öffentlich zu der Kritik an ihrem Auftritt. Dennoch zog sie mit der impliziten Behauptung, weiße Künstlerinnen hätten ein Gehirn und schwarze einen Hintern, den wohlverdienten Zorn von Feministinnen aller Schattierungen auf sich. »Hard Out Here« mag ein prägnanter Song gewesen sein, aber was von dem Video im Gedächtnis bleibt, ist vor allem eines: Er illustrierte unbeabsichtigt, dass fast ausschließlich weiße Stars für den Promi-Feminismus bejubelt werden. Es ist kein Zufall, dass das heiße Twerking, die sexy Spielchen und die häufigen Nacktauftritte von Miley Cyrus, sei es in Videos oder Zeitschriften, als Ausdrucksformen einer »Ikone des Feminismus« apostrophiert werden, während Rihanna und Nicki Minaj, beide bekannt für gleichermaßen riskante Präsentationen, immer noch Kopfschütteln ernten oder gar Bestürzung auslösen.

Und wie so oft, wenn es um berühmte Frauen geht, verwandelt der maßlose Drang, Frauen gegeneinander aufzuhetzen, die Suche nach Rollenvorbildern in eine Art Hahnenkampf für Feministinnen. Emma Watson wurde nach ihrer Rede vor den Vereinten Nationen im November 2014, die in den Online-Medien millionenfach geteilt wurde, praktisch über Nacht zur Sensation. Als Botschafterin der UN-Initiative »HeForShe« – einer »Solidaritätsbewegung für die Gleichberechtigung der Geschlechter«, so die Homepage der Initiative – verkündete Watson, genau wie zuvor Alan Alda, im Grunde eine ganz einfache Botschaft: Der Kampf um die Gleichheit der Geschlechter ist nicht nur ein Kampf der Frau. (»Es ist an der Zeit, dass wir das Geschlecht auf einem Spektrum betrachten statt als zwei gegensätzliche Ideale.«) Innerhalb von Stunden, nachdem das Video im Netz war, überschlugen sich Medienkommentator*innen förmlich bei der Suche nach Synonymen für »Heilsbringerin des Feminismus«. »Schauen Sie sich Emma Watsons weltverändernde Rede über Feminismus vor den Vereinten Nationen an«, drängte die Website von *Vanity Fair* ihre Leser*innen. »Emma Watson haucht dem Feminismus neues Leben ein«, schwärmte ein Leitartikel auf CNN.

Watsons Rede kam von Herzen, war eloquent und weit eher verständlich für Leute, die sie als »ungewollte Feminist*innen« bezeichnete (das sind Menschen, die grundsätzlich an die Vorstellung glauben, den Begriff aber nicht auf sich anwenden würden) als ein theorielastiger Text oder ein nur für echte Insider*innen verständlicher Blogartikel. Und die Reaktion der Medien illustrierte perfekt die flüchtige Verbindung, die sich ergibt, wenn Star, Branding, Hautfarbe und Politik in einen Topf geworfen werden. Der größte Teil der entsprechenden Berichterstattung kreiste um Watson selbst sowie um die mit Sicherheit zu erwartenden Auswirkungen ihres Bekenntnisses zum Feminismus auf die Bewegung. Innerhalb dessen gab es mehrere Unterkategorien. Eine davon bestand aus Storys, die komplett an der Sache vorbeigingen, wie: »Emma Watson trifft den Nagel zweifach auf den Kopf – mit ihrer Rede zur Gleichberechtigung der Geschlechter und mit der Wahl ihrer Kleidung« und »Sie meint es ernst! Ebenso kluger wie eleganter Auftritt von Emma Watson in weißem Mantelkleid mit Gürtel als Sonderbotschafterin für Frauenrechte vor der UN«. Eine zweite Unterkategorie bildeten Listicles, die die Rede selbst noch einmal nacherlebbar werden ließen (»Die 5 magischsten Momente aus Emma Watsons HeForShe-Rede«). Es war nicht ganz leicht, inmitten dieses Tohuwabohus herauszufinden, worum es bei HeForShe eigentlich ging.

Dann setzte umgehend ein Wettrennen ein, andere Prominente, die sich selbst als Feministinnen bezeichnen, mit Watsons Beispiel zu vergleichen, um zu sehen, wer denn nun den Titel »Bestes feministisches Promi-Rollenvorbild« verdient hätte. *Vanity Fair* stellte prompt fest, Watson sei wegen ihrer unverwechselbaren Darstellung der Hermine Granger in der Poleposition. Sie habe eine Wirkung auf die leicht zu beeindruckende Jugend entfaltet, die »sogar noch stärker ist als die anderer hochrangiger Verfechterinnen des F-Worts wie Beyoncé«. Auch *Ms.* wollte sich nicht lumpen lassen. Das Magazin veröffentlichte wahrhaftig eine Jahresend-Hitliste der prominentesten Feministinnen. Deren unbekannte Kriterien beförderten Watson auf den Spitzenplatz und Bey auf Platz 4, was wiederum zu Schlagzeilen führte wie der im *Billboard:* »Beyoncé verliert Titel Feministin des Jahres an Emma Watson«. In einem Wettbewerb, um den niemand gebeten hatte, schienen alle großen Medienkanäle einen kollektiven Seufzer der Erleichterung auszustoßen, als wäre mit Watson endlich, *endlich* ein ausgesprochen passendes Star-Vehikel gefunden, mit dessen Hilfe sich exakt die richtige Dosis Feminismus auf exakt die richtige Art und Weise transportieren ließ. Und das ganz ohne erschwerende Faktoren wie knappste Bühnenbekleidung und Jay Z (Beyoncé), freimütige Zurschaustellung von Erotik (Rihanna, Nicki Minaj), unzureichende Kantigkeit (Lena Dunham) oder Taylor Swifts von vielen als pseudofeministisch empfundenes Gehabe.

Der von den Medien entfesselte Watson-Wahn kreiste weniger um das, was die junge Schauspielerin im Namen des Feminismus erreichen wollte, als vielmehr darum, wie »couragiert« sie sich mit diesem identifizierte. Dasselbe gilt für den ganzen Schwung ihrer Hollywood-Kolleg*innen, die Watsons Bekenntnis zum Feminismus postwendend ihr eigenes folgen ließen. Sieht man sich den Mediensprech zum Thema an – »9 Promi-Frauen, die keine Angst haben, sich Feministin zu nennen«, »10 Stars, die stolz das Label ›Feminist*in‹ tragen« – schien die große Story nicht in den feministischen Themen zu stecken, die diesen Stars am Herzen lagen, sondern darin, dass sie sich offenbar frei von Angst und Abscheu hinter diesem Begriff versammelten.

Im Umfeld der Promis mit sozialem Gewissen war das durchaus nicht immer so. Klar, als Elisabeth Taylor die AIDS-Kampagne anschob, der sie nach der Schauspielerei den größten Teil ihres Lebens widmete, und die Gründung der American Foundation for

AIDS Research (amfAR) unterstützte, schockierte sie damit nicht nur eine Handvoll Moralisten; die Verknüpfung einer relativ neuen, größtenteils missverstandenen Krankheit mit einer Branche, die sich ängstlich abschottete, hätte das Image einer weniger hochgeehrten Persönlichkeit komplett zerstören können, und daher wurde Taylor auch zu Recht Mut bescheinigt. Trotzdem stand damals meist noch der greifbare Inhalt ihres Aktivismus im Mittelpunkt. Stellt das mal dieser Liste gegenüber: »9 feministische männliche Stars, die dich schwach werden lassen«. Heute reicht schon die leise Andeutung einer positiven Reaktion in einem Interview, selbst wenn sie so verschwurbelt daherkommt wie die von Watsons *Harry-Potter*-Co-Star Daniel Radcliffe (»Ich meine, naja ... klar bin ich Feminist insoweit, als für mich alle gleich sind und ich an die Leistungsgesellschaft glaube«), um in Listicle auf Listicle noch einmal aufgewärmt zu werden. Ich stelle keineswegs Radcliffes Ansichten zur Gleichstellung der Geschlechter in Frage. Soweit ich weiß, hat er mit Erlösen aus dem Verkauf ausgemusterter Gucci-Anzüge irgendwo in einem abgelegenen Dorf im Alleingang eine Mädchenschule aufgebaut. Und wenn junge männliche *Harry-Potter*-Fans beim Stöbern in der Welt der Frauenblogs zufällig über den Beitrag »6 Gelegenheiten, bei denen Daniel Radcliffe stolz verkündete, ein Feminist zu sein« stolpern und ihn auch lesen, dann ist das super. Aber trotzdem gilt hier dasselbe wie bei so vielen anderen Aspekten des Promi-Feminismus: Die Latte liegt unerhört niedrig, und bei aller Begeisterung geht er dennoch am Wesentlichen vorbei.

Listicle-Feminismus ist allerdings nicht immer nur heiße Luft. Ein wichtiger Teil gesellschaftlichen Wandels findet statt, indem die öffentliche Wahrnehmung mithilfe von Bildern, Sprache und dem generellen Subtext *Ist doch keine große Sache, Jungs* verändert wird. Scheidung, Beziehungen zwischen Menschen verschiedener Hautfarbe, Homosexualität und Transgenderidentität – alles Tabuthemen, die inzwischen dank Popkultur und Medien tanz größtenteils zur Normalität gehören. (Wisst ihr n schräg das war, als wir so tun mussten, als hätte Ellen DeGeneres einfach noch nicht den richtigen Typen gefunden?) Aber zwischen der Überführung des Kontroversen ins Alltägliche und seiner bloßen Ummünzung in einen inhaltsleeren Trend verläuft eine feine Trennlinie, und der Promi-Feminismus fällt allzu oft mit dem Arsch voran auf die falsche Seite.

Bisher gab es zu allen Bewegungen für soziale Gerechtigkeit einen ziemlich schiefen Refrain von außen, und der geht so: Wärt ihr doch nur ein kleines bisschen weniger streitsüchtig, dann könnte eure Sache wesentlich attraktiver sein. Wären eure Forderungen nach Gleichstellung weniger *schrill*, könntet ihr die Menschen vielleicht wirklich ins Boot holen – wobei: Müsst ihr überhaupt laut von *Forderungen* sprechen? Die meisten Aktivist*innen haben diese oder ähnliche Variationen auf das Thema schon gehört. Und obwohl die Geschichte beweist, dass soziale Gerechtigkeit einfach nicht auf diese Art zu haben ist, war insbesondere der Feminismus dafür anfällig, diese Kritik zu verinnerlichen. Die über Jahrzehnte hinweg beinahe regelmäßig erschallenden Rufe nach einem »Rebranding« der Bewegung beruhen auf der Vorstellung, der Feminismus habe derart viele Menschen verprellt, dass man ihn nur wieder auf Spur bringen könnte, indem man ihm eine Generalüberholung verpasst, die ihn derart verführerisch macht, dass er die Leute unter Hypnose setzt und sie vergessen lässt, was sie die ganze Zeit eigentlich so schrecklich an ihm fanden.

Und genau das passierte mit dem HeForShe-Moment von Emma Watson. Der Kernpunkt ihrer Rede, nämlich der Einsatz für eine weltweite Gleichstellung der Geschlechter, wurde postwendend von einem ganz anderen Akzent überdeckt: dem Bemühen, Männer anhand dieses Beispiels davon zu überzeugen, dass das Image des Feminismus gar kein so furchteinflößendes ist, wie sie denken – als dürfte man nur dann von ihnen erwarten, sich Gedanken um Gleichberechtigung zu machen, wenn daraus keinerlei Angriff auf ihre persönliche Bequemlichkeit erwächst. Mia McKenzie, Autorin und Erfinderin des Blogs *Black Girl Dangerous* fasste das sehr schön zusammen, als sie schrieb: »[Watson] erweckt den Eindruck, die Männer hätten sich deshalb nicht am Kampf für die Gleichstellung der Geschlechter beteiligt, weil sie von den Frauen nicht dazu eingeladen wurden, ja, weil ihre Unterstützung den Frauen sogar *unwillkommen* war. Die Frauen haben den Männern keine formelle Einladung geschickt, also haben die Männer auch nicht mitgemacht. Der Grund ist nicht, ihr wisst schon, dass Männer UNGEHEUER STARK von der Ungleichheit zwischen den Geschlechtern profitieren (sozial, ökonomisch, politisch und so weiter et cetera pp) und daher weitaus weniger Veranlassung haben, deren Abschaffung zu unterstützen. Es ist nicht wegen der weltweit verbreiteten Frauenfeindlichkeit. Es ist nur, weil *niemand sie darum gebeten* hat.«[37]

Es frustriert mich, dass die Legitimation der feministischen Bewegung von Prominenten abhängig ist, denn das scheint offenbar nicht nur bitter nötig zu sein, sondern es ist auch kontraproduktiv. Und ich sage das als Mitbegründerin einer Zeitschrift, die aus dem vollen Potenzial der Popkultur schöpft – einschließlich ihrer Stars –, um den Feminismus zu entmystifizieren. Wir Feministinnen sind oft erpicht darauf, Prominente auf unsere Seite zu ziehen, und zwar aus denselben Gründen, die seit jeher das öffentliche Bild des Feminismus untergraben haben: Wir wollen, dass der unserer Bewegung innewohnende Wert, ihre *Richtigkeit und Berechtigung,* von Menschen anerkannt werden, die im Gegensatz zu den meisten von uns auch über die Mittel verfügen, es den Massen lautstark zu verkünden. Stars werden auf gewisse Weise ernster genommen als gewöhnliche Feministinnen, denn für sie ist – ironischerweise – in der öffentlichen Wahrnehmung der Einsatz in diesem Spiel nicht ganz so hoch, wodurch sie weniger befangen zu sein scheinen. Eine Menge Leute gehen vermutlich von der Annahme aus, dass Emma Watson, von Kindheit an reich und gebildet und schön und berühmt, sich nicht so große Gedanken um die Gleichstellung der Geschlechter machen *muss,* wie, sagen wir mal, eine alleinerziehende Mutter, die bei Beförderungen immer wieder zugunsten ihrer weniger belasteten männlichen Kollegen übergangen wird. Wenn sie sich für das Thema interessiert, *muss* das doch bedeuten, dass ihr Anliegen tatsächlich legitim ist. Ich will damit beileibe nicht sagen, das wäre ein logischer Gedankengang, aber er gehört zu einer ganzen Gruppe tief verwurzelter Irrtümer, die den meisten Menschen, die sich als Feminist*innen betrachten, bekannt vorkommen dürften. (Siehe auch: »Du bist viel zu schön/witzig/nett, um ein/e Feminist*in zu sein«).

Die Kehrseite der Medaille zeigt sich darin, wie das Engagement von Stars für den Feminismus durch die Medien gefiltert wird: Allzu oft betonen diese nämlich nicht das Recht auf Autonomie und Gleichberechtigung, sondern lediglich das Recht, die reine Existenz des Feminismus als legitim anerkannt zu bekommen. Die großen Medienkonzerne haben keine Lust, sich den zahlreichen systemischen Problemen zu widmen, die die Ungleichheit zwischen den Geschlechtern fröhlich weiterleben lassen, insbesondere deshalb nicht, weil sie dann womöglich zugeben müssten, dass sie einige dieser Systeme aktiv befördern. Wer dem Feminismus ein neues, cooles Image verpasst, das ausschließlich auf der deutlichen Distanzierung von dem alten und weniger coolen Image des Feminismus beruht, kann Promis guten Gewissens auf die Schulter klopfen, ohne sie in Verlegenheit zu bringen. (Aus dem gleichen Grund beginnen Diskussionen in vielen Fällen auch mit einer Frage wie: »Wie definieren *Sie* Feminismus, Promi Soundso?«. So weiß das Publikum gleich, dass die Definition des Feminismus, die sich ein Star zurechtgelegt hat, genauso gut ist wie die sehr klare Definition des Feminismus, die es bereits gibt.)

Dies hat zu einigen arg oberflächlichen Analysen der Comingout-Momente von Promi-Feminist*innen geführt. Ein Artikel, der 2014 im Magazin *Fortune* unter dem Titel »Wird Feminismus durch junge Prominente ›cool‹?« erschien, begann mit einer nur allzu bekannten Einschätzung: »BH-Verbrennung. Männerhass. Wütend und unattraktiv. Solche Klischees überschatteten die Frauenbewegung in den letzten Jahrzehnten – und nun arbeitet eine ganze Reihe junger, modebewusster Promis daran, das wahre Wesen des Feminismus zu definieren.« Ähnlich ist es mit dem Auftritt von Beyoncé bei den MTV Video Music Awards. Aus den begeisterten Reaktionen in Form von Tweets und Aufmachern in Zeitungen und Zeitschriften scheint sich vor allem ableiten zu lassen, dass Bey nunmehr definitiv folgendes bewiesen hat: Feministinnen sind weder a) aus moralischen Gründen gegen Heiraten und Kinderkriegen; noch b) unmodern; noch c) – und da legen wir jetzt nochmal richtig viel Gefühl rein! – Männerhasserinnen. Zieht frau in Betracht, dass die Medien in den letzten Jahrzehnten dieselben Aussagen über Gloria Steinem, Rebecca Walker, Naomi Wolf und andere machten, kann das nun nicht gerade als bahnbrechende Entdeckung gelten. So wohlmeinend einzelne Promi-Feministinnen auch sein mögen – diese mediale Reaktion auf ihr Bekenntnis dient lediglich dazu, dasselbe Rad noch einmal neu zu erfinden, das uns schon vorher nicht allzu weit gebracht hat.

Die Feinde der Guten

Die Kombination von Ruhm und Feminismus hat immer schon Unbehagen ausgelöst; die Kritik, die es innerhalb der Bewegung an Idealen und Ikonen gab, war schon Thema, lange bevor die zweite Welle des Feminismus aus »Trash« ein Verb machte. In einem 1948 für die Wochenzeitschrift *The Nation* verfassten Beitrag über die Suffragettenbewegung regte die feministische Organisatorin Ramona Barth die Leser*innen an: »Bedenken wir beides, die bis dato nicht analysierten Schwächen wie auch die offenkundigen Stärken der Bewegung, die in Seneca Falls begann. Es steht uns gut an, nicht nur Marmorstatuen zum Gedenken an die ersten Feministinnen zu enthüllen, sondern auch die innere Motivation dieser Frauen.«[38] Barths leise Töne in diese Richtung fanden lauten Widerhall in der Emanzipationsbewegung der 1970er Jahre, als viele Anhänger*innen den griff »feministisch« anfänglich vermieden. Wie Alice Echols in ihrer Chronik der zweiten Welle der Frauenbewegung mit dem Titel *Daring to Be Bad* anmerkte, assoziierten sie ihn mit der »bürgerlichen und reformistischen« (und zudem noch rassenexklusiven) Strömung, der Elizabeth Cady Stanton, Susan B. Anthony und andere angehörten, und waren der Auffassung, ihre eigene Bewegung ähnele eher den revolutionären Frauenbewegungen in Kuba und China.

In den 1990er Jahren definierte sich, wiederum lautstark, über Abgrenzung von der angeblich negativen Haltung zu Sexualität, Rassismus, Klassismus und Separatismus die dritte Welle – vergleichbar einer Hardcore-Punk-Göre, die ihrer Mutter die Zimmertüre vor der Nase zuknallt. Und die vierte Welle gleicht eher einem Tsunami, der Fragmente vergangener Feminismuswellen hochspült, durcheinanderwirbelt und an allen möglichen Stellen wieder ablagert, von organisierten, zielgerichteten Graswurzel-Bewegungen bis hin zu zynischen kommerziellen Produktwerbungen.

Der Feminismus ist heute wohl weniger monolithisch als jemals zuvor. Dennoch ist da etwas, das sich nie geändert hat und höchstwahrscheinlich auch nie ändern wird, und das ist sein erbittert ausgetragener innerer Konflikt. Er tritt stets dann zu Tage, wenn Einzelpersonen, ob bewusst oder unbewusst, über ihre Präsenz in Medien und Popkultur zu Symbolen der Bewegung werden. Es hat schon immer »berühmte Feministinnen« gegeben, die über Bücher, die zu Bestsellern avancierten, erfolgreiche virale Videos oder Musikhits zu Gesichtern des Feminismus geworden sind, wenn auch nur für eine Weile. Die Skepsis, die deren Aufstieg stets begleitet, erwächst aus der Besorgnis, wie sie wohl eine Ideologie »verkaufen« – oder, vielleicht etwas treffender, ausverkaufen – werden, die größtenteils von deren Feinden definiert wurde.

»Frauen bringen es nicht zu [feministischem] Ruhm, weil sie von anderen Feministinnen als Führungsfiguren gepriesen werden [...], sondern weil die Massenmedien in ihnen ein vermarktbares Image sehen – eine Person, über die sich zu berichten lohnt, und auf die alle möglichen Ängste, Hoffnungen und Verantwortlichkeiten projiziert werden können«, schrieb Rachel Fudge 2003 in einem Essay über den Kampf um die Aussöhnung von Aktivismus und öffentlichem Renommee. Das ist wichtig, denn damit stellt sie sowohl eine Verbindung zur Vergangenheit des Feminismus als auch zu dessen ungeheurer Vereinnahmung durch die amerikanische Mainstream-Popkultur her. Einerseits sind soziale Bewegungen auf die diplomatischen Fähigkeiten und das Charisma von Menschen angewiesen, die in ihrem Sinne für sie sprechen und agitieren. Andererseits hat die Notwendigkeit, komplexe Ideen und Ziele auf ihre simpelsten und eingängigsten Grundwahrheiten herunterzubrechen, diesen Bewegungen ohne Zweifel geschadet, auch dem Feminismus. Im Zuge des Mainstreaming sind komplexe Themen – Lohnunterschiede, Schönheitsmythos, die Debatte um die Entkriminalisierung von Sexarbeiterinnen – allzu sehr vereinfacht und Ziele falsch dargestellt worden. Kollektiv errungene Erfolge wurden einzelnen Personen zugeschrieben und die Pluralität der feministischen Bewegung kleingeredet. Und zahllose potenziell Gleichgesinnte wurden zu erbitterten Feindinnen, die sich um Marktchancen und das bisschen Beachtung balgen.

Erklärte Feministinnen sind es gewohnt, von Leuten beleidigt und gemobbt zu werden, die einen ganzen Sack an Wut und Vorbehalten gegenüber Vertreterinnen dieser Bewegung mit sich herumschleppen, gerade heute und natürlich vor allem im Internet. Etwas anderes und für gewöhnlich weit schmerzhafter ist das »Trashing« – oder seine moderne Variante, das »Calling Out« (dt. öffentliche Ausrufung) –, denn es kommt von anderen Feministinnen. Trashing findet heute, auch dank der Sozialen Medien, immer häufiger statt und bekommt mehr Öffentlichkeit. Die sich daran beteiligen, sind, um es mit den Worten der feministischen Soziologin Katherine Cross auszudrücken, »hyperwachsam gegenüber Verfehlungen, ßen oder kleinen, vergangenen oder aktuellen«.[39] Es kommt vor, Trashings mit einer im Kern sogar angebrachten Kritik be sich dann aber auf chaotische Weise hochschaukeln und enorme Außenwirkung entfalten, weil sich immer mehr Leute auf das Thema draufsetzen und zugleich der Kontext verwässert wird. Manchmal reicht auch schon ein kleiner Anlass: Mir sagte mal jemand, ich würde an einer Online-Pinnwand dafür getrasht, dass ich offenbar einer von mir porträtierten Drehbuchautorin eine extrem wichtige Frage nicht gestellt hätte. Trashings können auch durch Fixierung auf eine Idealvorstellung von ideologischer Reinheit motiviert sein. Ein verächtliches »Karrieristin!« zum Beispiel zielt auf Feministinnen, die die Frechheit besitzen zu fordern, dass in Zusammenhang mit ihrer Arbeit ihr Name genannt wird (oder sie zumindest für diese Arbeit bezahlt werden). Und wieder andere entstehen vielleicht als Reaktion auf eine Meinung, die in unversöhnlichem Widerspruch zu modernen feministischen Glaubenssätzen steht.

Ein in Wissenschaftskreisen kursierender Scherz lautet: »Politik ist so brutal, weil so wenig auf dem Spiel steht.« Dieser Satz trifft auch auf den Feminismus zu. Frau nehme eine Bewegung, die aus Millionen von Individuen besteht, mit ebenso vielen Millionen von Persönlichkeiten, politischen Ansichten und Prioritäten, und die ununterbrochen um ihre Existenzberechtigung kämpft. Frau gebe sodann die unzähligen Anliegen und Projekte hinzu, die dieser Bewegung immanent sind, sowie die strukturellen Probleme, die anzusprechen dem Drehen einer Gebetsmühle gleicht: mangelndes Interesse, mangelnde Finanzierung und mangelnde Zeit, um nur mal drei zu nennen. Dann addiere frau noch eine Geschichte, in der »Feminismus« weitgehend von kernigen, gebildeten weißen Frauen der Mittelschicht verkörpert und unverhältnismäßig oft von diesen angeführt wurde. Und zum Schluss noch eine Prise von dem aktuellen Klima in Mainstream und Sozialen Medien, in dem der Konflikt mehr zählt als die feine Nuance und die schockierende Wirkung mehr als die substanzielle Betrachtung.

Das halbfertige Projekt Feminismus in diesem Kontext auf Kurs zu halten, ist in der Tat eine Mammutaufgabe. Und daher ist es auch kein Wunder, dass viel Frustration entsteht und ein erheblicher Teil davon nicht nach außen gelenkt wird, in die große, weite Welt der Ungleichheit, sondern nach innen, hinein in den Mikrokosmos der Bewegung, wo sie unter den Feministinnen selbst ausgetragen wird. Es gibt Hunderte von Möglichkeiten, Feminismus in den Augen anderer »falsch zu machen« – sogar mir könnte das genau jetzt jemand vorwerfen! –, besonders im Internet, wo erfahrene Vordenkerinnen und Aktivistinnen unmittelbar auf diejenigen prallen, die sich gerade für ihren ersten Kurs in Women's Studies eingeschrieben haben. Der Austausch der immer gleichen Argumente ist eine Sisyphosarbeit: Schwarze Feministinnen werden danach beurteilt, wie sie das Konzept der Intersektionalität erklären und verteidigen; feministische Sexarbeiterinnen sind frustriert von Leuten, die sich anmaßen, ihr Leben besser zu kennen als sie selbst. Innerhalb dieser virtuellen und echten Räume werden solche Probleme als absolut drängend und persönlich und essenziell empfunden. Doch von außen betrachtet sieht diese Bewegung aus, als fresse sie ihre Kinder.

Deshalb sind Prominente, die den Feminismus zum Bestandteil ihrer Marke machen, besonders komplizierte Kandidatinnen. Es mag wohl zutreffen, dass der Feminismus einzelnen Stars ehrlich am Herzen liegt. Doch oftmals ist ihr Wissen um die aktuellen feministischen Themen umgekehrt proportional zur Reichweite ihrer Stimme. Als zum Beispiel Patricia Arquette 2015 den Oscar als Beste Schauspielerin erhielt, nutzte sie die Chance weltweiter Medienaufmerksamkeit und machte ihre Dankesrede zu einem Plädoyer für Lohngleichheit – eine ausgezeichnete Idee. Doch kurz darauf fuhr sie ihren gut gemeinten Worten selbst in die Parade, als sie hinter der Bühne in einem Presseraum sagte: »Es ist an der Zeit, dass all die Frauen in Amerika und all die Männer, die Frauen lieben, und all die schwulen Menschen und all die People of Color, für die wir gekämpft haben, jetzt auch für uns kämpfen.« Das seltsam formulierte Statement schien zu suggerieren, der Kampf für die Rechte der Lesben, Schwulen, Transsexuellen, Transgendermenschen und People of Col habe sich erledigt, das Problem sei auf geradezu geniale Weise gelöst worden von uns weißen Frauen, und nun sollten wir endlich auch mal an der Reihe sein. Die wütende Reaktion erfolgte prompt.

Einige Monate später, als Amnesty International Vorbereitungen für eine Abstimmung über politische Maßnahmen zur Entkriminalisierung des Prostitutionsgewerbes traf, unterzeichnete eine Gruppe weiblicher Hollywood-Stars, darunter Lena Dunham, Meryl Streep, Emma Thompson und Kate Winslet, eine Gegenpetition. Das Thema Entkriminalisierung der Prostitution ist eine haarige Angelegenheit und führt regelmäßig zu Missverständnissen (vor allem in der Frage, worin der Unterschied zur Legalisierung besteht). Die Diskussion über die damit verbundenen komplexen Zusammenhänge sollte generell am besten denen überlassen bleiben, die damit am meisten Erfahrung haben, nämlich den Sexarbeiterinnen selbst. Hier aber warfen berühmte Schauspielerinnen, deren Berührungspunkte mit den Lebensrealitäten des Prostitutionsgeschäfts beinahe ausschließlich theoretischer Natur waren, unabsichtlich die Lebensgrundlage und Sicherheit der Sexarbeiterinnen in die Waagschale – ein eindrückliches Beispiel dafür, dass Promi-Feminismus ebenso hinderlich wie hilfreich sein kann. Eine Sexarbeiterin, die anonym bleiben wollte, brachte es der US-amerikanischen Nachrichten- und Meinungswebsite *The Daily Beast* gegenüber folgendermaßen zum Ausdruck: »Dass die Prominenten, die an all dem keinen Anteil haben und auch nicht davon betroffen sein werden, in dieser Angelegenheit die meiste Aufmerksamkeit bekommen, ist frustrierend und, ganz offen gesagt, entwürdigend.«

Unterdessen zwingt das Promi-Dasein den Popstar, die Schauspielerin oder die virale Sensation, dafür zu sorgen, dass sie in ihrem jeweiligen, zunehmend dichter bevölkerten Universum ständig im Gespräch bleibt. Und so wächst neben der Skepsis, ob Promis überhaupt ein Interesse am Feminismus haben, auch der Frust darüber, dass selbst bei gut gemeinten Aktionen oft nichts Gutes herauskommt. Wie bei Patricia Arquettes unglücklicher Formulierung in besagter Oscar-Nacht besteht immer die Möglichkeit, dass das Kind mit dem Bade ausgeschüttet wird und die eigentliche Kernaussage – in diesem Fall ihr Eintreten für Lohngleichheit – den Bach runtergeht. Natürlich ist es zulässig, solche Aussagen zu kritisieren. Doch die Kritik kann leicht zu einer neuen Runde Trashing mutieren.

Feminismus mit Promi-Branding

Vereinfacht ausgedrückt, liegt der Unterschied zwischen einem Feminismus mit Promi-Branding und einer feministischen Bewegung als gesellschaftlicher und politischer Kraft darin, dass es bei ersterem um Individuen geht, bei letzterer um Systeme. Einzelne Stars haben ein echtes Händchen dafür, soziale Themen in ein hübsches Gewand zu kleiden. Aber Schmieröl der Promi-Maschinerie sind nicht komplexe Zusammenhänge oder Nuancen, sondern das kalte, harte Geld. Was können feministische Stars schon ausrichten, wenn ihre prominenten Stimmen uns aus einem System heraus entgegenschallen – Film-, Fernseh- und Musikindustrie zum Beispiel –, in dem die Ungleichbehandlung der Geschlechter als Modus operandi nicht in Frage gestellt wird? Die Fokussierung auf die persönliche Ermächtigung einzelner Schauspieler*innen, Comedians und Popstars, ob für sich selbst oder in Beziehung zu anderen, lenkt lediglich ab von den Mechanismen, mit deren Hilfe diese Branchen ihr Geld verdienen: der Stereotypisierung und Entwertung von Frauen. Liegt es in der Verantwortung der Prominenten, ihr berufliches Umfeld im Alleingang vom Kopf auf die Füße zu stellen? Natürlich nicht. Aber man kann durchaus mal darauf hinweisen, dass es, wenn sie schon den Feminismus in aller Öffentlichkeit tätscheln wie ein Kuscheltier, dabei idealerweise um ein bisschen mehr gehen sollte als nur darum, die Aufmerksamkeit möglichst vieler Medien einzuheimsen, die frau nun mal bekommt, wenn sie eine s(Haltung öffentlich macht. Noch einmal: Perfekt ist niemand zumindest könnten weitere unglückselige Zwischenfälle wie cia Arquettes Fiasko in Sachen Lohngleichheit vermieden werden, wenn sich die Stars vorher zu den Themen und Perspektiven schlau machen würden, die der Feminismus gerade diskutiert.

In der Fortführung des Dialogs über Gleichstellung und Repräsentanz können selbst kurze Momente der Ehrlichkeit und Transparenz viel bewirken. Schauspielerin und Comedian Amy Schumer gehört zu den prominenten Feministinnen, denen das Etikett »problematisch« verpasst wurde (wie so viele Stand-up-Comedians thematisiert sie in ihrer Arbeit sehr stark den grassierenden Alltagsrassismus). Aber sie war auch erfrischend unwillig, auf den Zug mit der Aufschrift »Jetzt-sind-die-Frauen-oben!« aufzuspringen, den die Medien auf die Schiene gesetzt hatten, und dessen Kessel auch durch ihren eigenen rasanten Aufstieg zur Emmy-Gewinnerin angeheizt wurde. Im Herbst 2015, als Madonna mit ihrer »Rebel Heart«-Tour den Madison Square Garden rockte, trat Schumer im Vorprogramm auf. Prompt nutzte sie die Gelegenheit und prangerte die Behauptung an, für Frauen in Hollywood sei mit diesem Tag eine aufregende neue Ära angebrochen. »Was soll daran aufregend sein«, fauchte sie zurück, »in einer Branche, die dich ausschließlich nach deinem Äußeren beurteilt, wo dir doch klar ist, dass du Tag für Tag ein bisschen mehr verwitterst und dem Tod immer schneller entgegentaumelst, während um dich herum lauter schlankere, jüngere Starlets wie die Pilze aus dem Boden schießen, und du weißt, es dauert bloß noch ein halbes Jahr, bis du eine langärmelige, bis zum Kinn zugeknöpfte weiße Bluse trägst und versuchst, auf einer Thanksgiving-Party Michael Douglas zu ficken? Nein. Es ist keine aufregende Zeit für Frauen in Hollywood. Ich meine, habt ihr sie noch alle?« Das war ein Nachklapp zu ihrem Video-Sketch »Last Fuckable Day«, der 2015 über Nacht zu einem viralen Erfolg wurde. Darin stößt Schumer beim Joggen im Wald auf Julia Louis-Dreyfus, Tina Fey und Patricia Arquette. Die drei halten auf einer Lichtung ein Gedenkpicknick ab, um Louis-Dreyfus' Übergang in einen neuen Karriereabschnitt zu feiern, nämlich –

um in der Sprache der Casting-Agenturen zu bleiben – von Frauenfiguren aus der Rubrik »glaubhaft fickbar« hin zu solchen Rollen, »bei denen du in die Kostümabteilung gehst und alles, was sie dort für dich haben, langärmelige Schlabberpullis sind«.

Schumers schneidende Ehrlichkeit ist eine Ausnahme, und sie kommt damit wohl auch nur deshalb durch, weil ihr Medium die Comedy ist. Aber, und das finde ich weitaus wichtiger, es gibt noch einen zweiten Grund: Sie hat sich mit ihrem Erfolg als Schauspielerin und ihrer eigenen Comedy-Serie auf Comedy Central mehr Kontrolle über ihre Karriere erarbeitet als viele ihrer Hollywood-Kolleginnen. In Katherine Heigl, ehemals eine der tragenden Säulen des Genres Romantische Komödie, haben wir das Beispiel einer Frau, deren ehrliche Äußerungen zum Umgang mit weiblichen Charakteren nicht annähernd so gut ankamen: Nach ihrer Rolle in der Komödie *Beim ersten Mal* (2007) beging sie den Fehler, in einem Interview mit *Vanity Fair* zu bekennen, sie habe den Plot »ein bisschen sexistisch« gefunden. Der Film porträtiere Frauen als »humorlose, überspannte Giftnudeln« und die Männer als »liebenswerte, vertrottelte Typen, die gerne Spaß haben«. Prompt bekam sie das Etikett »schwierig« verpasst, und selbst vorgeblich feministische Websites wie *Jezebel* meinten stirnrunzelnd, sie sei wohl schlecht drauf gewesen. Daraufhin sank ihr Stern. Wer weiß, vielleicht hätte Heigls relativ taktvoll vorgebrachte Kritik in dem schönen neuen, leicht frauenfreundlicheren Klima, das in der heutigen Filmlandschaft herrscht, besseren Anklang gefunden. Doch damals waren andere Schauspielerinnen durch die Reaktion der Medien gewarnt, ihre Meinung lieber für sich zu behalten.

Einige Jahre später stand eine andere Frau im Rampenlicht, der man ebenfalls mangelnde Dankbarkeit attestierte: Mo'Nique, die schwarze Hauptdarstellerin des Films *Precious – Das Leben ist kostbar*, hatte zwar keine Kritik an dessen Inhalt geübt, wurde aber dennoch an den Pranger gestellt. Der Vorwurf lautete, sie habe sich nur sehr zögerlich an der Werbekampagne für den Streifen im Zuge der angestrebten Oscar-Nominierung für die Kategorie Beste Nebendarstellerin beteiligt (den Oscar bekam sie dann auch). In einem Interview mit dem *Hollywood Reporter* erinnerte sich die Schauspielerin, wie Lee Daniels, der Regisseur des Films, zu ihr gesagt hatte, sie würde in Hollywood boykottiert, weil sie nicht bereit sei, »das Spiel zu spielen« – ihr wisst schon, dieses Spiel, bei dem man mit einer Branche kuschelt, die regelmäßig farbige Frauen ausrangiert oder kaltstellt.[40]

Warnende Beispiele wie diese könnten vielleicht erklären helfen, warum sich Promi-Feministinnen (und die Medien, die ihnen in hellen Scharen zuströmen) mit dem Feminismus als Identität wohler zu fühlen scheinen als mit dessen eigentlichem Inhalt. Abgesehen davon gibt es auch keine echten Anreize für Stars, ihre feministische Identität mit konkreten Handlungen zu unterfüttern. Sicher, in einigen abgelegenen Winkeln der feministischen Blogosphäre mag es durchaus *Versuche* geben, weiblichen Promis mal so richtig auf den Zahn zu fühlen. Aber die feministische Blogosphäre zahlt weder deren Rechnungen noch leitet sie das Casting für das nächste Filmprojekt. Kurz nach ihrer HeForShe-Rede vor den Vereinten Nationen gab Emma Watson bekannt, ihr nächstes Projekt werde eine Realverfilmung von *Die Schöne und das Biest* sein – die rührseligste Story, die man im Hause Disney jemals um das Stockholm-Syndrom herum gestrickt hat. Welch eine fantastische Gelegenheit für die 2014 zur Top-Feministin Gekrönte: Jetzt könnte sie tatsächlich einige Zusammenhänge herstellen zwischen ihrer globalen Agenda und der Geschichte einer Frau, die sich in einen Mann verliebt, nachdem dieser sie überwältigt und in seinem Schloss eingesperrt hat! Ich kann's gar nicht erwarten zu hören, was sie dazu wohl sagen wird!

Räusper, räusper.

Okay, Emma Watsons persönlicher Glaube an den Feminismus wird also nicht in Frage gestellt durch die Tatsache, dass sie die Rolle der gekidnappten Prinzessin übernommen hat. Genauso, wie, sagen wir mal, George Clooneys aktives Engagement für ethisches Handeln in Politik und Journalismus ihn keineswegs davon abgehalten hat, in dem Animationsfilm *Der fantastische Mr. Fox* dem ziemlich unethisch handelnden tierischen Haupthelden seine Stimme zu leihen. Wo doch »Feminismus« in Hollywood ein Modewort ist und Emma Watson ihn sich öffentlich zu eigen gemacht hat, entbehrt die Überlegung, ob sie vielleicht gerne darüber sprechen *wollen* würde, welchen Einfluss das alles auf die Interpretation der von ihr übernommenen Rollen ausübt, nicht einer gewissen Logik. Und da haben wir es wieder: Auch Emma Watson wird dazu von denselben Medien, die ihren Feminismus in den Mittelpunkt ihrer Berichterstattung gerückt haben, nicht befragt – was recht anschaulich illustriert, dass ein großer Teil des Promi-Feminismus zwar zweifelsohne gut gemeint ist, jedoch oftmals keine greifbare Verbindung zwischen ihm und den Bildern und Fantasien besteht, für deren Erschaffung wir diese Promis bezahlen.

Die Kulturkritikerin Roxane Gay, Autorin des Buches *Bad Feminist* (2014) schrieb in einem Artikel für den britischen *Guardian* über das Phänomen des Promi-Feminismus Klartext: »So lange wir immer wieder in das funkelnde Glitzerlicht der neuesten Promi-Feministin schauen, vermeiden wir den Blick auf die sehr realen Ungleichheiten, denen sich Frauen auf der ganzen Welt auch weiterhin ausgesetzt sehen. Wir vermeiden die schwierigen Diskussionen um die Lohnlücke; um die nur allzu oft sexistische Musik, die wir hören; um die Filme, die wir sehen, in denen Frauengeschichten (wenn überhaupt) auf haarsträubende Weise erzählt werden; um die eingeschränkte reproduktive Freiheit, die Frauen zugestanden wird; um die allgegenwärtige sexuelle Belästigung und Gewalt, unter der noch immer viel zu viele Frauen leiden. Wir vermeiden Diskussionen darüber, wie viel harte Arbeit es noch kosten wird, Kultur zu verändern.«[41] Es ist, als würden Feministinnen zu einer Promibewegung, und nicht, als schlössen sich Promis feministischen Bewegung an.

Mit dem Berühmtsein ist es wie mit dem Branding. Es geht nicht um Komplexität, sondern darum, ein verführerisches Gesamtpaket anzubieten, das möglichst viele Menschen mit geringstmöglichem Aufwand verstehen können. Und darum ist es offenbar so wichtig, mit Stars ins Gespräch zu kommen und ihnen die Fragen zu stellen, die von den Medienkonzernen nie kämen. Statt Prominente zu fragen, wie sie Feminismus »definieren«, sollten wir sie fragen, wie sie ihn in ihrer Arbeit und ihrem Umfeld umsetzen. Anstatt den Fokus darauf zu richten, was sie anhaben, wenn sie für eine bestimmte Sache eintreten, können wir Wege finden, ihre Botschaften zu verstärken. Dies sind keine unvernünftigen Forderungen. Doch ein medial vermittelter Promikult, der sich der Politik nur so weit widersetzt, wie die Branche nicht in Verruf gerät, hat uns darauf konditioniert, sie als unvernünftig zu betrachten. Sollten Prominente einen echten Beitrag zum Feminismus leisten wollen, dann kann es nicht länger darum gehen, wer sich »mutig« einen vielgescholtenen und verleumdeten Begriff zu eigen macht. Wir haben nun lange genug Schauspielerinnen und Popstars dafür auf die Schulter geklopft, dass sie den Feminismus über ihre Schönheit und Anziehungskraft »neu definiert« oder »die Karten neu gemischt« haben, indem sie sich einfach hinstellen und verkünden, na klar, absolut, natürlich *sollten* wir alle gleich sein. Medien und Popkultur müssen mithelfen, ein Narrativ zu verändern, in dem die Behauptung feministischer Identität die echte Arbeit im Dienst der Gleichstellung ersetzt hat. Es kann nicht länger nur um Persönlichkeiten gehen, die sagen, sie stünden für Feminismus. Es muss darum gehen, *wie* sie das tun. Könnte gut sein, dass der Promi-Feminismus ebenso wie frühere Wortmeldungen aus Hollywood zu Themen wie AIDS, Umweltbewusstsein oder Antikriegsbewegung irgendwann abflaut und den Weg freimacht für das nächste große Ding. Doch solange es ihn noch gibt, haben wir eine kleine Chance, zumindest die Scheinwerfer neu auszurichten.

KAPITEL SECHS
KILLERWELLEN

Wenn es einen Titelsong für die in den 1980er Jahren beginnende Gegenbewegung zum Feminismus gab, dann war es die unheilvolle Filmmusik zu dem Thriller *Eine verhängnisvolle Affäre* aus dem Jahr 1987, der die geballte Angst und Abscheu vor der Emanzipation in 119 Minuten Spielzeit packte und zum filmischen Bannerträger des Backlash wurde. Wir kennen die Geschichte wohl mittlerweile alle: Verheirateter Mann hat mit alleinstehender Frau einen One-Night-Stand. Er geht seiner Wege, doch sie ist fortan von ihm besessen. Es folgt ein versuchter Selbstmord, in das ruhige Vorstadthaus wird eingebrochen, das Haustier landet im Kochtopf. Die Ordnung wird wiederhergestellt, als die betrogene Ehefrau die Schlampe umbringt, die es gewagt hat, ihre Ehe zu besudeln (von der Badewanne ganz zu schweigen). Und die Moral von der Geschichte? Trau unverheirateten Karriereweibern nicht.

Die Filmadaption von John Updikes *Die Hexen von Eastwick* aus dem Jahr 1987 allerdings, das will ich gern zugeben, stand als Sinnbild für den Backlash, der in den 1980ern die Leinwand heimsuchte, der *Verhängnisvollen Affäre* in nichts nach. In John Updikes Romanvorlage mit demselben Titel hatten die Hexen Alexandra, Jane und Sukie einst Partner, sind nun aber glückliche Singles, die ihre übernatürlichen Kräfte kennen, im Griff haben und nur hin und wieder geschickt einsetzen. Im Film dagegen bilden die geschiedenen und verlassenen Frauen (gespielt von Cher, Susan Sarandon und Michelle Pfeiffer) ein Trio, das seine Kräfte erst richtig entdeckt, als der wohlhabende, mysteriöse und exzentrische Daryl Van Horn in die Stadt kommt, sie verführt und ihr langweiliges Leben sexuell ins Chaos stürzt. Jack Nicholsons Van Horn hypnotisiert eine nach der anderen mit einem windigen Monolog über die nährende Elementarkraft des weiblichen Geschlechts und die niederen Beweggründe des schwanzschwingenden Mannes. »Männer sind ungeheure Arschlöcher, nicht wahr?«, gurrt er Jane zu, der prüden Dirigentin des Kleinstadtorchesters, gespielt von Sarandon. »Darauf müssen Sie nicht antworten«, fährt er fort. »Es stimmt. Sie haben Angst. Sie kriegen ihre Schwänze nicht mehr hoch, wenn sie einer selbstbewussten Frau begegnen, und was tun sie? Sie nennen die Frauen Hexen, verbrennen sie, foltern und martern sie so lange, bis jede Frau sich fürchtet. Sich vor sich selbst fürchtet ... Sich vor Männern fürchtet ... Und warum tun sie das den Frauen an? Aus Angst davor, keinen hochzukriegen.«

Der Film (dessen Regisseur George Miller auch *Mad Max: Fury Road* drehte, den feministischen Film des Jahres 2015) suhlt sich in oberflächlichen Bildern weiblicher Macht und Potenz, die er jedoch ständig wieder einschränkt, indem er die Figuren abstraft, wenn sie unverschämterweise meinen, ihre Macht führe sie in die Unabhängigkeit. Als das Leben der Frauen durch die Gerüchteküche der kleinen Stadt aus dem Tritt zu geraten droht und sie sich von Van Horn zurückziehen, folgt die Strafe auf dem Fuß: Er beschimpft sie als Hexen und foltert sie, bis ... Nun, er hat es ja selbst gesagt. Am Ende setzten sich die Damen in ihrer Verzweiflung mit ihrer geballten Macht zur Wehr, und im spektakulären Finale offenbart Van

Horn seine wahren Ansichten über Frauen. Als er unter dem Zauber der Frauen kotzend in die Kirche stolpert (habe ich erwähnt, dass es sich um eine Komödie handelt?), geifert er über das Böse, das Frauen den armen Seelen zufügen, die sie zu lieben gewillt sind, und fragt die versammelte Gemeinde: »Glauben Sie, Gott hat gewusst, was er tat bei der Erschaffung der Frau? Oder glauben Sie, das war auch nur einer seiner kleinen Fehler?«

In Updikes Roman gab es, wie Margaret Atwood in ihrer Rezension für die New York Times 1984 aufzeigte, für die Macht der Hexen eine einfache Quelle: »Sie hatten keine Ehemänner [...], verkörperten alles, was die Gesellschaft in einer amerikanischen Kleinstadt über Geschiedene denkt.« Am Ende des Romans sind alle drei wieder verheiratet. Im Film ist es Van Horn, der zuletzt lacht und auf althergebrachte Art die Unabhängigkeit der Frauen aufhebt, indem er sie alle drei schwängert. In der letzten Szene des Films haben die Frauen zwar Van Horn in seiner körperlichen Form besiegt, dafür aber drei Satansbraten am Hals, drei Jungen, denen der körperlose Teufel über eine gigantische Fernsehwand seine Anweisungen erteilt. Das ist eine letzte Warnung nicht nur an die Hexen, sondern an alle Frauen, die dreist genug sind zu glauben, dass sie vom Mann an sich autonom sein oder ihn gar ändern können: *Seid euch nicht zu sicher, Ladies.*

Die emanzipatorischen Anstrengungen der 1960er und 1970er Jahre, in denen verschiedene Bewegungen zusammengelaufen waren und den Status quo bedroht hatten, wurden unverzüglich und gnadenlos wieder aufgehoben. Die Aktivist*innen, die auf den Straßen demonstriert und protestiert hatten, galten nun als »kleine Bande BH-loser Schwachköpfe«. Die Journalistin Marilyn Goldstein von *Newsday* erhielt von ihrem Chefredakteur die Anweisung: »Zieh los und treibe einen Experten auf, der sagt, dass das alles nur ein Haufen Scheiße ist.« Zu den frühesten Beispielen für das, was Jennifer L. Pozner als »False Feminist Death«-Syndrom bezeichnete (ein »bösartiger, über die Medien verbreiteter Virus, [der] unser kollektives Bild von der Geschichte, der Ideologie und den Zielen der Frauenbewegung kontaminiert«[42]), zählen die Beiträge zur »No Comment«-Seite der Zeitschrift *Ms.* im Jahr 1982. Diese Rubrik, in der bis dahin himmelschreiend sexistische und rassistische Werbeanzeigen gesammelt worden waren, trug nun Überschriften aus Zeitungen und Zeitschriften zusammen, die den angeblichen Niedergang und die Entbehrlichkeit des Kampfs um die Gleichstellung der Geschlechter beschrien. »Requiem für die Frauenbewegung: Leere Stimmen in vollen Räumen« *(Harper's,* 1976), »Die Emanzipation ist tot« *(Educational Digest,* 1973) und »Ist der Feminismus am Ende?« *(Mademoiselle,* 1981) lauteten einige dieser Erklärungen und arglistigen Bekundungen, allesamt Symptome für die chronische Erkrankung der Medien.

Susan Faludi bezeichnet in ihrem Buch *Die Männer schlagen zurück* aus dem Jahr 1990 diesen Backlash als »unbarmherzigen Beschneidungsprozess [...], der die heimlichen Ängste der Frauen schüren und ihren politischen Willen brechen will«.[43] Das funktionierte deshalb so gut, weil der Gegenschlag im Tarnmantel daherkam: dem des Postfeminismus. Wo der Begriff genau herkommt, ist umstritten, doch vor 1980 fand er sich überwiegend in wissenschaftlichen Schriften neben anderen Theorien mit dem Präfix »Post-« (Postmoderne, Postkolonialismus, Poststrukturalismus); »Post« bezieht sich darauf, was »nach« etwas kommt, und der Begriff »Postfeminismus« baute daher auf dem Fundament der feministischen Theorie auf. Doch als er aus der Wissenschaftswelt in den neuen konservativen Zeitgeist sickerte, verwendeten die Mainstream-Medien mit enervierendem Vergnügen das »Post« in Postfeminismus in der Bedeutung von »gegen«. Nach dem Motto: Packt ein, zischt ab, ihr seid erledigt. Die Bücher sind geschrieben, die Demos sind gelaufen, mehr gibt's hier nicht zu sehen.

Im Mainstream wurde der Begriff erstmals 1981 in der *New York Times* in einem Artikel unter der Überschrift »Stimmen der postfeministischen Generation« erwähnt, in dem die Autorin Susan Bolotin darlegte, dass sich junge bürgerliche Frauen offen vom Feminismus distanzierten. Bolotins Gesprächspartnerinnen sprachen vom Feminismus und der Frauenbewegung mit kaum verhohlenem Mitleid. »Es ist in Ordnung, unabhängig und stark zu sein, aber viele dieser Frauen sind einsam«, sagte eine. Eine andere erklärte: »Natürlich gibt es Diskriminierung, aber man kann ja nicht einfach im Selbstmitleid versinken. Jede einzelne Frau ist dafür verantwortlich, ihren Wert unter Beweis zu stellen. Dann kann sie auch die gleiche Bezahlung fordern.« Es war ein Paradebeispiel für kognitive Dissonanz, und nicht einmal die Autorin machte sich die Mühe, eine Verbindung herzustellen zwischen dem Kampf der Feministinnen der zweiten Welle gegen die Ungleichheit und der Freiheit ihrer Interviewpartnerinnen, ihn zu verunglimpfen.

Die Frauen, die sich in dem *Times*-Artikel vom Feminismus distanzierten, gehörten einer sehr speziellen Bevölkerungsgruppe an: Es waren junge weiße karriereorientierte Frauen, überwiegend mit College-Abschluss, und auf ihre Gedanken und Erfahrungen stützte sich fortan die Medienberichterstattung über den »Tod des Feminismus«. Tatsächlich fand in den 1980er Jahren aber auch eine Blüte des Feminismus statt, allerdings zufällig dort, wo die Mainstream-Medien nicht hinsehen wollten. Insbesondere schwarze Frauen und Latinas, die im Feminismus der zweiten Welle meist im Schatten der weißen Mittelschichtsfrauen und ihrer Belange gestanden hatten, prägten in diesem Jahrzehnt einen Feminismus, der stärker berücksichtigte, wie sich die Diskriminierung nach Hautfarbe, Schichtzugehörigkeit und Geschlecht überschneidet (Intersektionalität) und so das Leben von Frauen prägt und beeinflusst. Die wegweisenden Texte des Womanism und des Intersektionalen Feminismus, die in den 1980er Jahren veröffentlicht wurden – *Women, Race and Class* von Angela Davis; *This Bridge Called My Back* von Cherrie Moraga und Gloria Anzaldua; *All the Women are White, All the Blacks are Men, but Some of Us are Brave* von Gloria Hill, Patricia Bell Sc~~ Barbara Smith; *When and Where I Enter* von Paula Gidding~

Outsider von Audre Lorde und schließlich *Feminist Theory: From Margin to Center* von bell hooks – widersprachen diametral der von den Mainstream-Medien verbreiteten Mär vom Feminismus als einer Bewegung mit Verfallsdatum, deren Zeit nun eben vorüber war. Doch Women of Color, die die feministische Theorie in der Wissenschaft und darüber hinaus weiterentwickelten, waren eben nicht annähernd sexy genug, um es in die Zeitungskolumnen zu schaffen. Weiße Frauen dagegen, die den Kampf ihrer Vorgängerinnen gnadenlos herunterbügelten und zugleich raffgierig die Früchte deren Arbeit ernteten? *Das* verkaufte sich.

Der mediale Postfeminismus entwickelte sich in den USA nicht in einem Vakuum, sondern in einem massiv veränderten politischen Klima. Präsident Ronald Reagan segelte 1980 auf einer Welle des Konservatismus und Neoliberalismus ins Amt, und sein Programm – gegen Abtreibung, gegen Bürgerrechte, gegen soziale Einrichtungen, gegen Antidiskriminierungsmaßnahmen – markierte den Beginn einer jahrzehntelang betriebenen Politik, mit der die Autonomie von Frauen gezielt eingeschränkt wurde. Reagan strich die Ratifizierung des Equal Rights Amendment – des Verfassungszusatzes zur Gleichstellung der Frau – aus dem Programm der Republikaner, verbündete sich mit der religiösen Rechten und setzte mit seinem plakativen Bild der »welfare queen«, der den Staat aussaugenden Sozialhilfeempfängerin, den Ton für die aggressive Stimmung gegenüber armen Familien. Die Grand Old Party steuerte in einem schockierenden Tempo nach rechts, und ihre Vertreter entwickelten eine Haltung zu Frauen, ethnischen Minderheiten, Einwanderern, geistig Behinderten und anderen Gruppen, die zu einem schrägen Mix aus Cowboy-Fantasie und Comic-Schurkerei verkam.

Im Zuge dieses Backlash wurden auch die konkreten Erfolge der zweiten Feminismuswelle – unter anderem die Beseitigung des Schuldprinzips aus der Ehescheidung, die Kriminalisierung häuslicher Gewalt, gleiche Einstellungs- und Bildungschancen und weiteres mehr – von einem Großteil der Mainstream-Medien als

Misserfolge diskreditiert. Die Freiheit, so hieß es anklagend in den Artikeln und Kolumnen, habe Monster geschaffen in Gestalt ultraunabhängiger Frauen, die erst zu spät merkten, dass sie kinderlos und einsam nach Liebe hungerten. Die Zeitungen und Zeitschriften pickten sich aus Statistiken einzelne Zahlen heraus und verdrehten Studienergebnisse zu schockierenden Geschichten über eine außer Rand und Band geratene Gleichberechtigung. Wie Faludi aufzeigt, war die Beschäftigung der Medien mit dem Postfeminismus durchaus kein Zufall, sondern ein Kreuzzug, gespeist aus verquerer Logik, Schwarzweißmalerei und einem grundlegenden Widerwillen gegen alles, was der Feminismus erreicht hatte: »Die Presse erklärte eilfertig dem breiten Publikum das grundlegende Paradox im Leben der Frau – ›da haben die Frauen nun so viel erreicht und sind doch unzufrieden‹ –, und eine Lösung hatte sie auch gleich parat: Dass es den Frauen so schlecht geht, muss an den Errungenschaften des Feminismus liegen, nicht am Widerstand der Gesellschaft gegen diese partiellen Errungenschaften.«[44]

Am prominentesten verwurstelte den Backlash wohl ein Pressebericht, der 1986 über »Die Hochzeits-Krise« in der *Newsweek* erschien. Auf dem Cover der Zeitschrift prangte ein Schaubild mit einer Kurve, die abfiel wie eine Achterbahn, und daneben verkündete die Schlagzeile: »Sie sind eine alleinstehende Frau? Hier sind Ihre Heiratschancen.« Im Heft wurde die mittlerweile berühmt-berüchtigte Behauptung aufgestellt, heterosexuelle Frauen mit College-Abschluss, die mit vierzig noch unverheiratet seien, fielen mit größerer Wahrscheinlichkeit einem Terroranschlag zum Opfer, als dass sie noch einen Ehemann abbekämen. Allein diese Behauptung löste eine Flut weiterer Artikel, Partnerschaftsbörsen, Workshops zum Thema »Wie angle ich mir einen Mann?« und Ratgeberkolumnen aus. Doch wie Faludi darlegt, basierte der Artikel auf der Studie »Heiratsmuster in den Vereinigten Staaten«, deren Befunde bei genauerer Betrachtung in Wahrheit nicht annähernd so düster ausfielen, wie die Interpretation in der *Newsweek* suggerierte (und in von Terroristen keine Rede war).[45] Doch in einer konservativen Zeit, in der unter dem Begriff »Familienwerte« die Hetero-Ehe mit einem männlichen Ernährer und einer weiblichen Hausfrau verstanden wurde, lechzten die Mainstream-Medien nach Storys, mit denen sich der Feminismus diskreditieren oder unterminieren ließ, und der knallige *Newsweek*-Artikel schaffte beides. Er machte nicht nur den Feminismus dafür verantwortlich, dass Frauen das Heiraten auf eigenes Risiko hinausschoben. Die Panik, die der Artikel auslöste, ließ darüber hinaus auch vermuten, dass sich Frauen ungeachtet des Geredes über Emanzipation und Unabhängigkeit in Wahrheit eine traditionelle normative Liebesbeziehung wünschten. Dieses Narrativ war langlebig wie das bekannte Batteriehäschen. Zwischen 1983 und 1986 erschienen dreiundfünfzig Features über die beklagenswerte Einsamkeit von Karrierefrauen (und an ihrem Unglück war natürlich der Feminismus schuld), gegenüber fünf Artikeln in den drei Jahren davor.

Eine Schwäche fürs Bashing

Wie die Filmversion der *Hexen von Eastwick* illustriert, war das Schreckbild von der anmaßenden weißen Frau, die sich in der Schlinge der Emanzipation verfängt, Stroh, aus dem sich in Hollywood Gold spinnen ließ. Die Angst davor, was die Frauenbewegung für die Kernfamilie und die heterosexuelle Liebe bedeuten mochte, hatten bereits eine Handvoll Filme thematisiert, die zeitgleich mit der zweiten Feminismuswelle in die Kinos kamen. Streifen wie *Up the Sandbox*, *Alice lebt hier nicht mehr* und *Sheila Levine Is Dead *iving in New York* zeigten, wie stark die traditionellen Ge- *llen die Frauen frustrierten, dass ihr gut sozialisierter *von einer Rebellion abhielt. Andere Filme wie *Die *und *Auf der Suche nach Mr. Goodbar* hatten *Verbindung zwischen Freiheit und Gefahr herge- *n präsentierte die postfeministische Popkultur emanzipierte Frauen unmissverständlich als verstörte Opfer ihres eigenen Ehrgeizes oder als manipulative Kratzbürsten, die mit ihrer unguten Mischung aus sexueller Unabhängigkeit und emotionaler Bedürftigkeit das Leben der Männer auf den Kopf stellen. In *Kramer gegen Kramer* beispielsweise muss sich die egoistische Karrierefrau Joanna »erst finden« und überlässt ihrem glücklosen Ehemann die Erziehung eines Kindes, zu dem er bis dahin kaum Kontakt hatte. Jane Craig, neurotische Star-Produzentin in *Nachrichtenfieber*, kann die Karriereleiter nicht emporsteigen, ohne von der Liebesleiter zu stürzen. Und Jill Davis, Exfrau von Woody Allens Isaac in *Manhattan,* wird als männerkastrierende Lesbe und herzloses Weibsstück porträtiert, das einen ungeschminkten Bericht ihrer Ehe veröffentlicht. (Jill wie Joanna wurden von Meryl Streep gespielt, was auch immer man davon halten mag.)

Über die Mattscheibe flimmerten unterdessen ähnliche Geschichten: Zu den bekanntesten weiblichen TV-Figuren jener Zeit zählten die hinterhältigen lästernden Matriarchinnen aus erfolgreichen Soap-Operas wie *Denver Clan, Falcon Crest* und *Unter der Sonne Kaliforniens.* Diese Serien stellten den Feminismus als individuellen Machtkampf dar, in dem die beteiligten Frauen gewissenlos alles opferten, was ihrem Aufstieg zu Wohlstand und Macht im Weg stand.[46]

Und im Kino lief ja unser alter Bekannter *Eine verhängnisvolle Affäre.* Der britische Drehbuchautor James Dearden hatte den Film ursprünglich als Kurzfilm mit dem Titel *Diversion* konzipiert und ein Drehbuch verfasst, in dem es um die moralischen Folgen der Affäre eines Ehemannes geht. Die Hollywood-Produzentin Sherry Lansing, die sich ursprünglich für den Stoff einsetzte, erzählt: »Was mir an dem Kurzfilm gefiel, war, dass der Mann verantwortlich gemacht wird. Dass es Konsequenzen für ihn gibt. [...] Ich wollte, dass das Publikum großes Mitgefühl mit der Frau empfindet.«[47] Doch nachdem Lansing das Drehbuch bei Paramount vorgestellt hat, drängten die Studiobosse Dearden, die Geschichte umzuschrei

Es sollte nicht mehr um die moralischen Graustufen unvollkommener Menschen gehen, sondern um einen völlig unschuldigen Mann und eine übergeschnappte Neurotikerin, deren sexuelle Freiheit und großartige Karriere nicht die Familie ersetzen konnten, die sie sich eigentlich gewünscht hätte. Regisseur Adrian Lyne machte aus seiner Verachtung für emanzipierte Frauen keinen Hehl (»Klar, die haben ihre Karriere und ihren Erfolg, aber als Frau sind sie nicht erfüllt«), und Schauspieler Michael Douglas erklärte nicht weniger verächtlich: »Wenn Sie es wissen wollen, ich bin die Feministinnen wirklich leid, ich habe sie satt. [...] Wegen der unvernünftigen Forderungen der Frauen durchleben die Jungs im Moment eine schreckliche Krise.« Solch heftiger Zorn ließ keinen Raum für Zwischentöne.

Die Darstellung sexuell unabhängiger schwarzer Frauen auf der Leinwand war in dieser Zeit nicht ganz so melodramatisch, dafür aber nicht weniger kontrovers. In Spike Lees Debütfilm *She's Gotta Have It* aus dem Jahr 1986 ist die »sie« im Titel Nola Darling, eine Künstlerin mit drei Liebhabern. Die drei mögen einander schon aus Prinzip nicht, hassen Nola aber noch mehr, weil sie mit großer Selbstverständlichkeit ihren Gelüsten folgt. Ihre unbekümmerte Haltung zum Sex macht sie in den Augen ihrer Liebhaber zu einer »Irren« und »Nymphomanin« – für eine Frau, die den Sex genießt, ohne ihn mit Liebe oder einer dauerhaften Beziehung zu verknüpfen, gibt es eben keine neutralen Begriffe. Gegen Ende des Films spitzt sich der Konflikt dramatisch zu, als Nolas Liebhaber Jamie sie vergewaltigt und dabei fragt: »Wessen Muschi ist das?« Dieses Verhalten wird durchaus nicht als entsetzlich dargestellt, sondern als die einzige Methode, Nola zu »zähmen« und eine anständige Frau rtnerin aus ihr zu machen. Die schwarze Feministin Cora te in ihrer Besprechung des Films kurz nach dem Kialtigung solle offenbar als ein Akt interpretiert s Autonomie provoziert werde und nicht von fendem Machotum: »Spike Lee sagte selbst«, Nola ›verhält sich wie ein Mann‹ – ein Pseudomann. Und da sie aus der ›Frauenrolle‹ heraustritt, wird Nola anfällig für Depressionen, Albträume und Vergewaltigung.«[48] Lee, der zurzeit mit einer Fernsehserie für den Sender Showtime eine Neuauflage von *She's Gotta Have It* produziert, sagte 2014 in einem Interview, dass er in seiner Karriere nichts so sehr bedaure wie diese Vergewaltigungsszene: »Wenn ich in meinem Leben eine Szene noch einmal überarbeiten könnte, dann wäre es diese.«

Fragt man Leute, warum der Feminismus ihrer Meinung nach einen so schlechten Ruf genießt, führen sie oft Frauen in unvorteilhaften Hosen an, die lautstark für ihre Rechte demonstrieren – eine Armee von Andrea Dworkins. Doch mindestens so vernichtend wie dieses Stereotyp waren die während des Backlash von Medien und Popkultur heraufbeschworenen Bilder. Als ich in den 1980ern als Teenager zum Feminismus kam, fand ich wegen der feindseligen Haltung, die sich tief in die Popkultur des Jahrzehnts hineingefressen hatte, für meine Ideen und Ansichten selbst im Freundes- und Familienkreis einen extrem eingeschränkten Spielraum vor. Zwischen dem, was Frauen und Mädchen angeblich schon hatten – Gleichberechtigung, und jetzt ist es aber gut! –, und dem, was wir häufig erlebten, herrschte eine eklatante Diskrepanz. Doch den meisten von uns fehlten die richtigen Worte, um darüber zu reden.

Winken statt Ertrinken

Im Vergleich zu den entsetzlichen Stereotypen, die in der politischen, wirtschaftlichen und gesellschaftlichen Kultur der 1980er Jahre konstruiert wurden – der geldgierige Yuppie von der Wall Street, die Cadillac fahrende Sozialhilfebetrügerin der Reagonomics –, war der Feminismus abstrakt und zugleich überaus wirkmächtig. In ihrem Buch *Feminist Fatale* resümierte die Journalistin Paula Kamen 1991, welchen Tribut der Backlash ihrer Generation abgefordert hatte. Die meisten der jungen Männer und Frauen verschiedenster Herkunft, die sie interviewte, unterstützten zwar die *Ziele* des Feminismus, vermieden aber das Wort; nur etwa 16 Prozent fanden sich bereit, sich als Feminist*innen zu bezeichnen. Das steht im Einklang mit der Haltung, der ich auf meinen ersten Ausflügen in den College-Feminismus Anfang der 1990er Jahre begegnete; ich erinnere mich an ein Treffen eines frisch gegründeten feministischen Studierenden-Clubs, in dem drei Viertel der eingeplanten Zeit auf die Diskussion verwendet wurden, ob es wohl »zu heftig« wäre, wenn wir das Wort Feminismus auf die Transparente im Studentenzentrum schrieben. Laut Kamen wurden Feministinnen endlose Klischees um die Ohren gehauen: »verbrennen BHs, haarige Beine, Amazonen, kastrieren Männer, militant und antifeminin, kommunistisch, marxistisch, separatistisch, weibliche Skinheads, weibliche Rassisten, Mann-Frauen, eine Horde Lesben, Homos, Männerhasserinnen, Männerklatscherinnen, nehmen Männern den Job weg, wollen Männer beherrschen, wollen Männer sein, machen sich mit Kurzhaarschnitt unattraktiv, überkandidelte spinnerte Tussen, I am Woman hear me roar, zickig, wütend, weiß, bürgerlich und radikal.«

Doch im Jahr 1991 geschah etwas, das vielen jungen Leuten wie den von Kamen interviewten wie ein Menetekel verdeutlichte, dass der Feminismus als Projekt noch lange nicht erledigt war, haarige Beine hin oder her: Das waren die Kongressanhörungen, in denen Clarence Thomas als Richter am Supreme Court bestätigt werden sollte und die den Namen Anita Hill bis ins letzte Wohnzimmer trugen. Wenn ein Ereignis das Potenzial hatte, den Postfeminismus als Lüge zu entlarven, so waren es die im Fernsehen übertragenen Sitzungen, in denen Hill berichtete, wie Thomas, ihr ehemaliger Chef in der Equal Employment Opportunity Commission, mit ihr umgesprungen war. Man kann gar nicht genug betonen, wie stark diese Anhörungen unser Verständnis von sexueller Belästigung beeinflussten: Viele Zuschauer*innen – ich eingeschlossen – erkannten zum ersten Mal, dass es für ein gewisses Verhalten in der Schule oder am Arbeitsplatz, von dem wir gelernt hatten, es sei am besten, wenn wir es mit einem Lachen abtäten oder als Kompliment nahmen, tatsächlich einen Namen gab. Den jungen Frauen, denen man immer versichert hatte, sie seien potenziell mit den Jungen gleichberechtigt und hätten nie dagewesene Chancen und Entscheidungsfreiheit, zeigten die Anhörungen auf beunruhigende Weise, was es bedeutete, im noch immer von Männern bestimmten öffentlichen Leben eine Frau zu sein. Und Women of Color, die aufgrund des implizit weißen Schwerpunkts von Feminismus und Postfeminismus bereits das Gefühl gehabt hatten, in den Schatten gestellt zu werden, wurden an das »doppelte Risiko« von Hautfarbe und Geschlecht erinnert, auf das Frances Beal 1969 in ihrem Essay gleichen Titels hingewiesen hatte. (In *Anita*, dem 2014 entstandenen Dokumentarfilm über die Anhörungen, räumte Hill ein: »Ich konnte nicht eine schwarze Frau *und* eine Frau sein.«)

Im College kehrten meine Mitstreiterinnen und ich mit derselben Eile aus dem Speisesaal in den Aufenthaltsraum zurück, um uns die Anhörungen anzusehen, die uns sonst einmal in der Woche zu *Beverly Hills, 90210* trieb. Es war erschreckend, mit welcher Verachtung man Anita Hill in den Anhörungen und außerhalb des Kongresses begegnete. Auf dem Capitol Hill, in den Nachrichtensendungen, in den Talkshows und in den Zeitungen schien niemand bereit zu sein, Hills Berichten Glauben zu schenken – und folglich einzugestehen, dass es so etwas wie sexuelle Belästigung überhaupt gab. Wenn Hill an den Reihen der skeptischen blassen Männer des Senate Judiciary Committee vorüberschritt, schien sogar ihr Existenzrecht infrage zu stehen. (»Sind Sie eine *betrogene* Frau?«, versuchte Senator Howell Haflin mit versteinerter Miene zu ergründen, warum Hill gegen Thomas auszusagen bereit war; das gesamte Gremium schien völlig vergessen zu haben, dass es selbst Hill unter Strafandrohung vorgeladen hatte.)

Viele schwarze Männer und Frauen machten sich zwar nichts aus Thomas' konservativer Haltung, nahmen es Hill aber übel, dass sie einen Bruder verriet, dessen Einzug ins höchste Gericht der USA einen Meilenstein markierte. Nicht wenige gutmeinende Frauen (unter ihnen leider auch meine Mutter) mutmaßten, Hill habe ihn womöglich verführt. Das Ganze wurde begleitet vom Mediengeschnatter, in dem die Rede war von »Überempfindlichkeit« und »Jungs sind halt Jungs«, und Hills Weigerung, in den Räumen ihres früheren Arbeitgebers EEOC über Schambehaarung und Penisgröße zu sprechen, wurde als typischer Fall von übersteigertem Feminismus interpretiert. In dem oft surreal anmutenden Zirkus der Anhörungen schafften es sogar Ausschussmitglieder, die Hill durchaus wohlgesonnen waren, ihr auf Schritt und Tritt Knüppel zwischen die Beine zu werfen.

Die US-weite Debatte über sexuelle Belästigung, die durch die Anhörungen angestoßen wurde, mochte nicht beabsichtigt gewesen sein, doch eine Vertreterin der Mainstream-Medien, die sich mehr als ein Jahrzehnt lang mit der Erklärung zufriedengegeben hatte, der Feminismus liege im Koma oder sei bereits gestorben, musste sich nun zwangsläufig mit der Sache befassen: In der *New York Times* erschien kurz nach Thomas' Berufung eine ganzseitige Stellungnahme. Darin hieß es, viele hätten »die Anschuldigungen gegen Clarence Thomas als Problem des Geschlechts oder der Hautfarbe betrachtet. Als Frauen afrikanischer Abstammung verstehen wir sexuelle Belästigung als Problem von beidem. [...] Dieses Land, mit seiner langen rassistischen und sexistischen Altlast, hat den sexuellen Missbrauch von schwarzen Frauen nie ernst genommen.« Die Stellungnahme endete mit der Erklärung: »Wir verpflichten uns, auch weiterhin füreinander einzutreten und die afroamerikanische Gemeinde gegen jene zu verteidigen, die sich gegen soziale Gerechtigkeit stellen, egal, welche Hautfarbe sie haben. Niemand außer uns wird für uns sprechen.« Die Unterzeichnerinnen, 1603 an der Zahl, bezeichneten sich als African American Women in Defense of Ourselves; sie hatten das Geld für die 50 000-Dollar-Anzeige aufgebracht – Kimberlé Williams Crenshaw, Vertreterin der Critical Race Theory, meinte später, sie hätten »sich in den Diskurs eingekauft«.[49] Die Frauen hatten dafür bezahlt, dass ihre Stimmen gehört wurden, was unterstrich, dass die feministische Identität komplexer und notwendiger war, als die meisten Medien einzugestehen bereit waren.

Die Hill-Thomas-Anhörungen gelten heute als Initialzündung für das Wiederaufleben des feministischen Diskurses und brachten wohl vor allem junge Frauen zu der Einsicht, dass sie, anders als Susan Bolotins Feminismus-Verweigerer der »postfeministischen Generation«, die Anstrengungen der Frauen, die vor ihnen für ihre Belange gekämpft hatten, nicht als selbstverständlich voraussetzen konnten. Eine von ihnen war Rebecca Walker, Tochter einer bekannten Feministin der zweiten Welle, der Dichterin und Womanistin Alice Walker. Ihr Debut als Aktivistin hatte Walker die Jüngere in einer Sonderausgabe der Zeitschrift *Ms.*, die mehrere Monate nach den Anhörungen erschien und in der sie von der Wut berichtete, die der Rufmord an Anita Hill in ihr geschürt hatte. »Ich bin bereit, wie meine Mutter vor mir viel Energie der Geschichte, Gesundheit und Genesung von Frauen zu widmen. Alles, was ich tue, wird meinem feministischen Gerechtigkeitsmaßstab genügen müssen«, schrieb sie. Die letzte Zeile des Essays – »Ich bin keine Postfeminismus-Feministin. Ich gehöre zur dritten Welle« – war eine Art K.o.-Schlag: eine Kampfansage an den Backlash und eine umfassende Mobilmachung der Frauen. Die Reaktionen auf den Essay waren überwältigend, und kurz nach seiner Veröffentlichung gründete Walker gemeinsam mit Shannon Liss die Third Wave Direct Action Corporation, die es sich zum Ziel setzte, die Begeisterung junger Feminist*innen für den gesellschaftlichen und politischen Wandel nutzbar zu machen.

Die ersten Äußerungen des »Feminismus der dritten Welle«, wie er rasch bezeichnet wurde, waren nicht so sehr Polemiken oder Manifeste einzelner Autor*innen, sondern erschienen in Form von Kompendien, die Schriften einer ethnisch und politisch gemischten Gruppe überwiegend junger, meist weiblicher Autorinnen über Aktivismus, Identität und gesellschaftlichen Wandel versammelten. Die ersten beiden Bände, erschienen 1995, waren *To Be Real: Telling the*

Truth and Changing the Face of Feminism, herausgegeben von Rebecca Walker, und *Listen Up: Voices from the New Feminist Generation*, herausgegeben von der Chefredakteurin der Zeischrift *Ms.*, Barbara Findlen. Die darin enthaltenen Essays deckten eine große Bandbreite an Themen ab: Ethnien und Schönheitsideale, das Unterlaufen familiärer Erwartungen, Sexismus und Hip-Hop, die Suche nach der sexuellen Identität und vieles mehr. Aber aus beiden Bänden sprach auch das Gefühl, dass die Autor*innen nicht nur mit tief verwurzelten geschlechtsspezifischen Einschränkungen zu kämpfen hatten, sondern auch mit den Einschränkungen, die ihnen das Etikett »Feminismus« auferlegte. Gebeugt von der Erblast ihrer feministischen Vorgänger*innen, überlegten sie laut, wie sie deren Anstrengungen, Erfolge und Misserfolge anerkennen, gleichzeitig aber anders an die Sache herangehen konnten. Und sie gestanden ein, dass ihnen der monolithische Feminismus mit dem großen F, wie sie ihn kannten, unterbewusst ein schlechtes Gewissen machte: Sie mochten über neue Werkzeuge verfügen, doch vor ihnen lag noch viel Arbeit.[50]

Strohpuppe trifft Hintertürfrau

Chronologisch betrachtet, waren die amerikanischen Feministinnen der dritten Welle (zu denen ich mich zähle) die geistigen – wenn nicht gar, wie Walker, die echten – Kinder einer Generation, die überwiegend in den 1960er und 1970er Jahren politisiert worden war. Die Welt, in der wir aufwuchsen, war angesichts von Wasserknappheit und Ölkrise, des Geiseldramas im Iran, der wirtschaftlichen Stagflation, der ständigen Bedrohung durch einen Atomkrieg, der Drogen-Epidemie und zahlloser neuer Kunstfasern nicht gerade ein Utopia. Doch wir hatten: eine Popkultur mit sozialem Gewissen.

In der Grundschule mögen wir uns noch für andere Themen interessiert haben als für soziale Gerechtigkeit, aber dennoch waren sämtliche Lebensbereiche auf die eine oder andere Art vom Feminismus und vom Bürgerrechtsaktivismus geprägt, und viele von uns hatten das Glück, nicht einmal zu wissen, was für ein Glück wir hatten. Unabhängig davon, ob sich die Mütter, Väter, Großeltern und Hüter*innen Amerikas nun in die Frauenbewegung als politische Bewegung einreihten oder nicht, hatte sich im Mainstream inzwischen doch ein soziales Gewissen etabliert, unterfüttert von Gesetzen und verbreitet von Medien und Popkultur. Doch je älter wir wurden, desto mehr dämmerte uns, dass uns mit dieser Gleichberechtigungschose vielleicht doch zu viel versprochen worden war. Auf die Grundschullehrer*innen, die Mädchen dafür ausgeschimpft hatten, wenn sie auf dem Schulhof beim Ballspiel oder Fangen »zu grob« mit den Jungs umgesprungen waren, folgten in der Highschool Lehrer*innen, die bezweifelten, dass Mädchen Physik »wirklich verstehen« könnten. Und auch an der Doppelmoral, die das Thema Partnersuche und Sexualität umgab, änderte sich in dieser Zeit gar nichts.

Susan Sturm, Professorin an der juristischen Fakultät der Columbia University, spricht von »Benachteiligung der zweiten Generation«: Sexismus und Rassismus, die doch angeblich mit den Errungenschaften der Frauen- und Bürgerrechtsbewegungen erledigt seien, bestünden in Schulen, Unternehmen und anderen Institutionen unauffällig weiter. Während die Benachteiligung der »ersten Generation« die Autonomie und das Fortkommen der Betroffenen explizit behinderte – Fakultäten, die keine Frauen und ethnischen Minderheiten aufnahmen, illegale Verhütung, Stellenanzeigen mit Angabe von Geschlecht und Hautfarbe –, lief sie in der zweiten Generation viel subtiler ab, wurde zur Einzelerfahrung erklärt und als solche verinnerlicht. Die geschlechtsspezifische Benachteiligung der zweiten Generation kam durch die Hintertür daher – informelle Exklusion, Mangel an Mentor*innen und Vorbildern, die Angst, in die Falle stereotyper Rollen zu tappen. Sie fiel mit der ideologischen Verbreitung des Neoliberalismus zusammen und machte aus der institutionalisierten Ungleichheit ein angeblich persönliches Problem. Wenn Frauen alles durften, was ein Mann durfte, so die Logik, waren Hürden oder Fehlschläge nicht dem System anzulasten, sondern der einzelnen Frau, und sie ließen sich verhindern, indem sie einfach besser, schneller, stärker und reicher war. In dieser Umgebung gedieh eine neue Spielart des Postfeminismus – ein Feminismus à la »Ich bin keine Feministin, aber ...« –, die sich in Opposition zur dritten Welle etablierte und nicht zufällig in den Mainstream-Medien und der Popkultur gut ankam.

Anfang der 1990er Jahre herrschte in der politischen Landschaft die gängige Meinung, dass der Feminismus, wenn schon nicht überflüssig war, so doch gewiss eine Opferkultur geschaffen hatte, in der Mädchen und Frauen infantilisiert und Männer dämonisiert wurden und die sexuelle Dynamik ein Minenfeld geworden war. Der Neoliberalismus betäubte das gesellschaftliche Verantwortungsgefühl der Menschen, und eine neue Strömung in den Medien trauerte intensiv einer Zeit nach, in der sich noch niemand über Ungleichheit, institutionelle Benachteiligung oder verbale Beleidigungen den Kopf hatte zerbrechen müssen. Der Begriff »politische Korrektheit« wurde mit unverhohlenem Spott bedacht, gerade so, als wäre es viel zu anstrengend, auch nur einen Gedanken daran zu verschwenden, was man sagt oder wie man es sagt. »GEDANKENPOLIZEI«, verkündete 1990 eine Titelgeschichte der *Newsweek*, deren Untertitel ausführte: »Es gibt einen ›politisch korrekten‹ Diskurs über Hautfarbe, Geschlecht und Ideen. Ist das die Neue Aufklärung – oder der Neue McCarthyismus?« (Fehlte nur noch die unheilschwangere Musik im Hintergrund.) In dem Artikel ging es darum, dass Universitäten überall in den Vereinigten Staaten damit befasst waren, die Lehrpläne zu erweitern und die Toleranz zu fördern, doch indem die Journalisten Begriffe wie »Diversität« und »Multikulturalismus« demonstrativ in Gänsefüßchen setzten, machten sie unmissverständlich klar, dass sie diese Bemühungen für sinnlose Warmduscherei hielten. Ab da verschob sich der Postfeminismus nach und nach. Auf die aufgebauschten Berichte über die Ablehnung des Feminismus folgte eine Bewegung, deren Protagonistinnen Ariel Levy in ihrem Buch *Female Chauvinist Pigs* 2005 als »Hintertürfrauen« bezeichnete: Diese Frauen hielten sich für so fortschrittlich, dass sie eine feministische Spaßpolizei oder eine steife Ideologie nicht mehr bräuchten. Angeführt wurde diese Bewegung von der Theoretikerin und Meisterin der Selbstdarstellung Camille Paglia, die Anfang der 1990er mit ihren drei Büchern – *Die Masken der Sexualität*, *Der Krieg der Geschlechter: Sex, Kunst und Medienkultur* und *Vamps and Tramps* – die frohe Botschaft der feministischen Bewegung etwa mit der Begeisterung verkündete, mit der ein junges Mädchen am Picknick der örtlichen Kirchengemeinde teilnimmt. Der tödliche Fehler des Feminismus war in Paglias Augen, dass er die männliche Vitalität unterdrücken wolle, die sich Paglia zufolge in natürlicher Form in der Vergewaltigung ausdrücke: »Der Feminismus mit seinem feierlichen Muckertum kann das erotische und lustbereitende Moment nicht begreifen, das für Männer in der Vergewaltigung steckt, ganz zu schweigen von dem wilden ansteckenden Delirium einer Bandenvergewaltigung.«[51] (Ja, das ist dann wohl unser Pech.) Paglia erklärte Frauen grundsätzlich für mangelbehaftet, schon, weil sie nicht mit demselben Elan wie Männer pissen können: »Der männliche Urinstrahl *ist* tatsächlich eine Art Großtat, ein Transzendenzbogen. […] Eine Frau wässert einfach nur den Boden unter sich.«[52] Obwohl sich Paglia (wie Madonna) zur überzeugtesten Feministin der Popkultur ausrief, verurteilte sie jeden Feminismus, der nicht ihr eigener war, als veraltete Opfertheorie und spottete, die Bewegung sei »zu einem bunten Gemüsefach« verkommen, in dem »Horden distanzloser Heulsusen ihre schalen Neurosen aufbewahren«.[53]

Im Laufe des Jahrzehnts vergrößerte sich die Paglia-Schule um eine Handvoll weiterer Hintertürfrauen, dank derer die Medien leichtes Spiel dabei hatten, den Feminismus in Grund und Boden zu reden. Katie Roiphe, Tochter der Zweiten-Welle-Autorin Anne Roiphe, machte 1993 mit ihrem Buch *The Morning After: Sex, Fear and Feminism on Campus* Schlagzeilen. Roiphe hatte etwa ein Jahr lang die, wie sie es skeptisch nannte, »Date-Rape-Hysterie« recherchiert;

im Buch erklärt sie den Anstieg der Vergewaltigungsfälle unter Bekannten damit, dass der Feminismus die Frauen darauf getrimmt habe, sich als Opfer zu verstehen. (Statt, sagen wir, einen sexuellen Übergriff als »mieses Date« abzutun, wie ihre oder meine Mutter es noch getan hatten.) Obwohl sich ihre These im Grunde in der Aussage erschöpfte: »Ich kenne keine Frau, die vergewaltigt wurde, daher gibt es das Problem wahrscheinlich gar nicht«, gefiel sich die zwanzig Jahre alte Roiphe wie schon Paglia darin, der angeblich in der zweiten Welle aufgestellten Doktrin von der Frau als ewigem Jagdobjekt ein mutiges Korrektiv entgegenzusetzen.

Ebenfalls im Jahr 1993 propagierte Naomi Wolf in ihrem Buch *Die Stärke der Frauen: Gegen den falsch verstandenen Feminismus* den energischen »Power-Feminismus« als Alternative zum – ihr habt es schon erraten – »Opfer-Feminismus«.[54] Was diese Autorinnen gemeinsam haben, miteinander wie auch mit dem kulturellen Klima ihrer Zeit, ist der Glaube, dass kollektives Handeln keinen Wert mehr habe und dass die Überwindung der Geschlechterungleichheit ein Projekt nicht des Feminismus sei, sondern einzelner Frauen, die es aus eigenem Antrieb schafften.

Wie beim Postfeminismus brauchten die Mainstream-Medien, die sich an die unwiderstehlichen Fersen der alles Alte abstreifenden neuen Garde hefteten, den Zielen der dritten Welle nicht weiter auf den Grund gehen, sondern konnte sie einfach auf einen Zickenkrieg zwischen verstaubten Feministinnen der zweiten Welle und eigenwilligen Emporkömmlingen reduzieren. *The Morning After*, *Fire With Fire* und *The New Victorians* befassten sich kaum mit jungen Aktivistinnen und Theoretikerinnen aus Fleisch und Blut, die Essays für Grundlagen-Anthologien der dritten Welle wie *Listen Up* und *To Be Real* verfassten. Den von Lisa Jones in *Bulletproof Diva* und von Joan Morgan in *When Chickenheads Come Home to Roost* definierten Hip-Hop-Feminismus nahmen sie ebenso wenig zur Kenntnis wie den transnationalen Feminismus von Chandra Mohanty und Gayatri Spivak. Die drei Bücher waren wohl eher das, als das Astrid Henry sie in ihrem Buch *Not My Mother's Sister: Generational Conflict and Third-Wave Feminism* beschrieb, nämlich das Werk von Frauen, die »eine monolithische, irrelevante und fehlgeleitete zweite Welle erfanden, gegen die sie ihre Feminismus-Version richten konnten«.

Das war nicht bloß eine Schlammschlacht zwischen zwei Generationen: Medien und Popkultur verengten einfach die Linse, durch die sie komplizierte soziale Sachverhalte und Veränderungen betrachteten. Im Fall von *The Morning After* und der Date-Rape-Thematik griffen einflussreiche Medienorgane wie die *New York Times* die, wie Roiphe es selbst genannt hatte, »impressionistische« Umfrage in einer Elite-Universität auf und präsentierten sie als Fakt. Sie erhoben Roiphe zum Sprachrohr des Feminismus, und nutzten Widerspruch gegen die logischen Mängel des Buches (Date Rape gibt es nicht, und wenn er doch passiert, ist das Opfer schuld), um Roiphes Karikatur von der empört quakenden Feministin zu stützen. Mehr als zwanzig Jahre danach ist der Diskurs über sexuelle Übergriffe an der Uni anspruchsvoller geworden (angefangen damit, dass wir nicht mehr so oft von »Date Rape« sprechen), und eine Vielzahl von Texten, Interessensgruppen und politischen Maßnahmen gehen dagegen vor. Trotzdem erhalten nach wie vor unglaublich viele Leute die Möglichkeit, große Medien als Plattformen zu nutzen und Vergewaltigungen auf alles Mögliche zu schieben, nur nicht auf die Vergewaltiger. Und eine offene Diskussion darüber, wie mit dem Problem der Vergewaltigung auf dem Campus umzugehen sei, wird nach wie vor durch die Einstellung verhindert, dass Frauen offen lügen oder jedenfalls keine verlässlichen Zeugen ihrer eigenen Erfahrungen sind.

Postfeministische Erschöpfung

Wie schon in den 1970er Jahren war in den 1990ern die Popkultur mit ihrem gesellschaftlichen Impetus auch deshalb so erfolgreich, weil der

Feminismus nicht unbedingt aggressiv politisch daherkam – oder, wenn er doch politisch war, in einer Form auftrat, in der die Spaßmomente die Ernsthaftigkeit überwogen. Und spaßig ging es wirklich zu: der feministische Hip-Hop von Queen Latifah und MC Lyte, Monie Love und Digable Planets waren eine tolle Alternative zu den Frauen auf MTV, die im Schatten langhaariger Leichtmetaller wie Warrant und Poison dahinvegetierten. Liz Phair und Shirley Manson von Garbage gaben ehrliche, saccharinfreie Songs über Liebe, Sex und Sehnsucht zum Besten. Sogar die Beastie Boys legten eine bemerkenswert progressive Kehrtwende hin, nachdem sie sich jahrelang durch mädchenverachtende Texte und einen aufblasbaren Penis auf der Bühne hervorgetan hatten. Die Zeitschrift *Sassy* begleitete und befeuerte aufsteigende Jugendbewegungen wie Riot Grrrl und rief ihre Leserinnen dazu auf, sich aktiv gegen Sexismus zu wehren. Im sogenannten Lippenstift-Feminismus – einer Reaktion auf die vermeintliche feministische Vorgabe, auf sämtliche Kosmetika zu verzichten – spiegelte sich die Vorstellung der dritten Welle, das Auflegen von Makeup und ein Interesse für Mode könne gleichermaßen Individualität wie eine Kapitulation vor Schönheitsnormen ausdrücken.

Doch Karikaturen des althergebrachten Männer-Bashings verkauften sich nach wie vor besser. Im Jahr 1991 erlangte das kleine liberale Antioch College in Ohio (das mittlerweile geschlossen ist) Berühmtheit, als es einen umfassenden Verhaltenskodex für sexuelle Beziehungen auf dem Campus herausgab. Unter anderem setzte das Regelwerk eine klare verbale Zustimmung für jede Stufe des Kontakts voraus (»Ist es in Ordnung, wenn ich dir das T-Shirt ausziehe?«) und wurde schon deshalb in den meisten Medien offen verhöhnt. Dass die Betonung von Transparenz, Kommunikation und aktiver Partizipation im sexuellen Umgang (zum Beispiel »Im Schlaf kann eine Person nicht zustimmen«) ausgesprochen vernünftig war: völlig wurscht. Vielmehr war es für die Medien ein unerschöpflicher Quell der Empörung und Belustigung, dass der Kodex so viel Gequatsche einforderte und eine Gruppe mit dem unwiderstehlichen Namen Womyn of Antioch ihn erarbeitet hatte. Im Jahr 1993 war er bereits eine Art kultureller Witz: *Saturday Night Live* verspottete den Kodex in einer Pseudo-Spielshow mit dem Titel »Ist es Date Rape?«, in der Shannon Doherty, Star aus *Beverly Hills 90210,* als Studentin der »Viktimisierungswissenschaften« auftrat; die *New York Times* äußerte die Befürchtung, »Gesetze fürs Küssen« könnten die Partnersuche sämtlicher Spontaneität und Spannung berauben. Selbst wer mit den groben Zielen des Regelwerks einverstanden war, sprach sich nicht unbedingt offen dafür aus. »Die Medienberichterstattung über das Antioch-Konzept teilte Männer und Frauen in Gruppen mit gegensätzlichen und widerstreitenden Interessen ein, statt klarzumachen, dass das Regelwerk die Grundlage für den Zusammenhalt in einer Gemeinschaft legte, die sich der Eindämmung sexueller Gewalt auf dem College-Campus verschrieben hatte«, erzählt Kristine Herman, eine der Studentinnen, die das Dokument verfasst hatten.[55]

Im Verlauf der 1990er Jahre nahm der Feminismus Fahrt auf, nicht nur in den vielfältigen Theorien und Aktivitäten der dritten Welle, sondern auch in den noch unergründeten Gebieten des, wie es damals hieß, Cyberspace, wo Feministinnen eine Vielzahl von Webrings, Newslettern und Newsgroups für Theorie, Kritik und Aktivismus nutzten. Doch in den Massenmedien ließ sich mithilfe des Postfeminismus à la Paglia und Roiphe eine zweckdienliche Distanz zu früheren feministischen Bewegungen herstellen, ob sie nun real waren oder bloß eingebildet. Die Zeitschrift *Bust* definierte in einem Quiz mit dem Titel »Bist Du eingetragene Feministin?« die Vertreterinnen des Postfeminismus als Frauen, die »echte Verantwortung übernehmen für die Scheiße, in der sie sitzen, ohne ›dem Patriarchat‹ die Schuld in die Schuhe zu schieben – ein selbstbegrenzendes Konzept, dessen Verfechterinnen Frauen den Selbstrespekt verweigern, den sie andernfalls aus der Erkenntnis beziehen würden, dass sie sich ihre Probleme ja schließlich selbst eingebrockt haben. Alle Feministinnen sind potenziell humorlos, aber Postfeministinnen sind echte Spaßbremsen.«[56] Das Urteil in *BUST* war natürlich ironisch gemeint, wurde aber von den Autorinnen der Website *Postfeminist Playground* und anderen bekennenden Postfeministinnen durchaus bestätigt, indem sie gegen das in ihren Augen hoffnungslos dröge Gleichberechtigungsprojekt wetterten; so hieß es im Einleitungstext zur erwähnten Website: »Postfeministinnen wollen den Feminismus hinter sich lassen. Die Zeit des Nörgelns und Meckerns ist vorbei.« Obwohl die beiden Autorinnen der Website, Susannah Breslin und Lily James, mit großer Hingabe alle vor den Kopf stießen, die nicht das Privileg hatten, den Feminismus »hinter sich zu lassen«, wurde nie recht klar, welche Art von ideologischer Evolution sie sich eigentlich wünschten. In einem anderen *BUST*-Artikel mit der Überschrift »Ich hasse den Feminismus« schlug sich Breslin auf die Seite Paglias und Roiphes und warf den Feministinnen vor, in ihrer Prüderie Sex und Sexarbeit zu verteufeln. Dabei hätte sie sich nur ein wenig umsehen müssen – in diesem Fall in derselben Ausgabe der Zeitschrift *BUST*. Dort hätte sie ein breites Spektrum eines klar sexbejahenden Feminismus entdecken können, darunter die Autorin Susie Bright, die Frauen von *On Our Backs* (einem Sexmagazin für Lesben) und *Danzine* (für Sexarbeiterinnen in Oregon), die schnoddrige Kabarettgruppe Sister Split, die Anthologie *Whores and Other Feminists,* die feministische Cybersex-Pionierin Lisa Palac und die Frauenporno-Darstellerinnen Nina Hartley und Candida Royalle.

Die Postfeministinnen wollten in erster Linie kundtun, dass sie cool waren – cool wie Männer. Der Postfeministin machte es nichts aus, wenn ihre männlichen Kollegen in einen Stripclub gingen und sie nicht mitnahmen. Die Postfeministin geriet nicht ins Schwitzen, wenn sie auf der Straße belästigt wurde, denn wenn ein Mann einer Frau nachpfeift, so Paglia, entspricht das seiner Natur – und welche Frau freut sich nicht hin und wieder über ein Kompliment? Die Postfeministin hatte die ständigen Forderungen nach gleicher Bezahlung und Beförderungschancen für Frauen satt, weil sie generell

Jammerei für definitiv uncool hielt. Die Autorin Cris Mazza gab zwei Anthologien mit postfeministischer Prosa heraus: *Chick Lit: Postfeminist Fiction* im Jahr 1995 und ein Jahr darauf *Chick Lit 2: No Chick Vic*. Im Vorwort ihrer Bücher führte sie in das Konzept des Postfeminismus ein, indem sie erst einmal klarstellte, was er nicht war. Der Postfeminismus sei »überhaupt nicht antifeministisch, aber es gehe dabei auch nicht um: mein Körper und ich / mein Lover hat mich verlassen, und was bin ich traurig / an allen meinen Problemen sind Männer schuld / ... aber guck mal, wie ich brülle / was mir passiert ist, ist todernst / die Gesellschaft hat mir eine Essstörung verpasst / schlechtes Selbstwertgefühl / die ständige Angst des Opfers / ... deshalb bin ich für mein Handeln nicht verantwortlich.«

Das heißt, Postfeminismus war kein Antifeminismus, sondern eine Verhöhnung des Feminismus, der eben viel zu ernst war. Mazza räumte später ein, sie sei, ehe sie die Anthologien herausgegeben habe, mit dem Begriff »Postfeminismus« nicht vertraut und ihre Begriffsdefinition daher reichlich »ungeschickt« gewesen. Doch das Bedürfnis, Texte von Frauen – und, allgemeiner, die Ansichten von Frauen – aus dem nüchternen Umfeld der Bewusstwerdungsgruppen zu zerren und eine Schneise der ironischen, wissenden Distanz zu schlagen, war ein sehr reales Phänomen, mit dem Mazza durchaus nicht allein dastand. (Die Frauen des *Postfeminist Playground* waren übrigens ungeachtet ihrer Sexbegeisterung nicht allzu begeistert, als ihre Domain aufgrund einer versäumten Aktualisierung von einer Porno-Website gekapert wurde.)

Im Jahr 2006 entschuldigte sich die Zeitschrift *Newsweek* für die Panik, die sie zwanzig Jahre zuvor mit der Story um weibliche Singles und den Tod durch Terroristenhand ausgelöst hatte, und räumte ein, dass sie die Studienergebnisse verkehrt interpretiert hatte. Die Panikmache sei ein »abschreckendes Beispiel dafür, was passieren kann, wenn die Medien komplizierte wissenschaftliche Befunde simplifizieren«. Besser spät, als nie. Doch der Hang, auch den bescheidensten Trend, das kleinste Ereignis medial aufzublasen und zu einer Volksabstimmung über die Irrwege des Feminismus umzufunktionieren, hat sich seit den 1980er Jahren eher noch verstärkt.

So waren 2009 wieder Opfer des Feminismus zu betrauern. Die Frauen, hieß es, seien einfach nicht mehr so glücklich wie früher. Aufhänger dieses Narrativs war ein wissenschaftlicher Aufsatz aus demselben Jahr (»The Paradox of Declining Female Happiness«, verfasst von den Wirtschaftswissenschaftler*innen Betsy Stevenson und Justin Wolfers), allerdings erschienen in den Vereinigten Staaten und im Ausland damals noch mehrere ähnliche Studien. Wie Stevenson und Wolfers aufzeigten, waren die Frauen nicht nur weniger glücklich als vierzig Jahre zuvor, sondern auch im Vergleich zu den Männern weniger glücklich; dieser Befund passte zu den Ergebnissen anderer Umfragen, die für die Glückskurve alternder Frauen einen ständigen Abwärtstrend nachwiesen. Ein eigenes Erklärungsmodell für die Erkenntnis, dass sich »eine neue Kluft zwischen den Geschlechtern« geöffnet hatte, lieferten Stevenson und Wolfers nicht, doch die Mainstream-Journalisten sprangen bereitwillig in die Bresche. Tenor: Der Feminismus hat mal wieder zugeschlagen.

Die Schlagzeilen überschlugen sich: »Frauen sind trotz vierzig Jahren Feminismus unglücklicher«, »Emanzipierte Frauen sind unglücklich. Überrascht Sie das?«, »Frauen sind unglücklich – der Feminismus ist schuld«. Die Kolumnistin der *New York Times* Maureen Dowd witzelte »Blue is the new black« (»Trübsinn ist der neuste Schrei«): »Es spielt keine Rolle, ob sie verheiratet sind, wie viel Geld sie verdienen, ob sie Kinder haben, welcher ethnischen Herkunft sie sind oder in welchem Land sie leben. Rund um den Erdball blasen die Frauen Trübsal.« Und obwohl Dowds Kollege Ross Douthat in seiner eigenen Kolumne meinte, die Studie könne von der Pro- und der Contra-Seite gleichermaßen genutzt werden (Feminist*innen könnten Belege dafür erkennen, dass die Revolution ins Stocken geraten sei, weil »die wachsenden Erwartungen gegen eine Glasdecke stoßen, was völlig gerechtfertigte Verbitterung erzeugt. Die Traditionalisten betrachten die Studie vermutlich als Beweis für das Schei-

tern einer Revolution, die Frauen in einen mit ihren biologischen Anlagen unvereinbaren Lebensstil presst und Männer so weit befreit, dass sie in ungehemmte Verantwortungslosigkeit verfallen«).
Doch in der Überschrift der Kolumne – »Emanzipiert oder unglücklich« – spiegelte sich dann doch recht eindeutig das Urteil der Redaktion über die Quelle weiblicher Miesepetrigkeit.

Auch zwanzig Jahre nach dem ursprünglichen Medien-Backlash war immer noch ein medialer Volltreffer garantiert, wenn man dem Feminismus die Schuld in die Schuhe schob, einfach deshalb, weil die Leute es so gerne glaubten. Dagegen kamen auch die intelligentesten und schlüssigsten Gegenargumente nicht an. Die Investigativjournalistin Barbara Ehrenreich beispielsweise untersuchte mit großer Sorgfalt die blinden Flecke in Stevenson und Wolfers' Studie und in der Berichterstattung. Sie wies darauf hin, dass ungeachtet der angeblichen Glückskluft zwischen den Geschlechtern die Selbstmordrate bei Frauen falle, während sie im Untersuchungszeitraum von vierunddreißig Jahren bei den Männern »in etwa konstant« geblieben sei. Ehrenreich zeigte außerdem auf, dass Stevenson und Wolfers Daten ignoriert hatten, denen zufolge bei schwarzen Frauen und Männern das Glücksgefühl in Wahrheit tendenziell sogar *anstieg*.[57] Und schließlich wies sie auf die augenfälligste Schlussfolgerung der Studie hin: Im Gegensatz zu allem, was die meisten Befragten über soziale, religiöse und kulturelle Kanäle gehört hatten, garantierten Ehe und Kinder den Frauen ganz und gar kein Glück. Doch wenn ein Befund dem medial erwünschten Narrativ nicht entsprach – *Der Feminismus hat die Frauen im Stich gelassen! Nimm das, Gloria Steinem!* –, tauchte er eben in ihrer Analyse der traurigen Ladies nicht auf.

Ebenso wie die Sache mit den weiblichen Singles und den Terroristen hält sich in Medien und in Popkultur auch ein anderer Tropus hartnäckig, die Behauptung nämlich, der Feminismus sei am Unglück der Frauen schuld. Von der Häufigkeit her ist er irgendwo zwischen »Ladies beim Shoppen« und »Gelegenheitssex bringt euch garantiert um« angesiedelt. Es ist natürlich auch keine große Hilfe, dass einzelne Frauen dieses Narrativ hin und wieder mit der Ansicht füttern, das Dogma der Emanzipation habe sie zu der Überzeugung »verleitet«, das Leben sei, was weiß ich, ein Ponyhof, Gratiseis für alle. Dass nicht die Feminist*innen dieses Märchen unters Volk bringen, sondern eine Medienkultur, die feministische Bilder und Floskeln mal weichspült, mal bedrohlich wie eine Keule schwingt, scheint dabei keine Rolle zu spielen.

Diese Version des Postfeminismus poppt immer wieder auf und ruft uns das angeblich wahre Problem in Erinnerung, und das ist nicht etwa, dass die Welt in Geschlechterzwängen und systematischer Ungleichheit versänke, sondern dass manche Leute ständig darauf herumreiten müssen. Im Dezember 2014 nahm die Zeitschrift *Time* »feministisch« in eine Liste von Wörtern auf, die im neuen Jahr aus dem Lexikon der Nation gestrichen werden sollten – es war eins von wenigen Wörtern aus der Hochsprache neben zahlreichen Ausdrücken aus dem Meme-Slang *(»om nom nom«)*, dem Jugendjargon *(»obvi«)* und der afroamerikanischen Umgangssprache *(»bae«)*. Kurz darauf erschienen auf einer Facebook-Seite und einem Tumblr unter dem Titel »Women Against Feminism« Fotos junger Frauen mit selbst gemalten Schildern, auf denen Sprüche prangten wie »Ich brauche keinen Feminismus, denn Männer dürfen sich gern nach mir umdrehen, wenn ich gut aussehe« oder »Ich brauche keinen Feminismus, denn ich glaube an die Liebe, nicht an Verachtung und Hass«. Es war keine organisierte Bewegung und illustrierte recht anschaulich, wie sich Geschichte und Logik durch absolut individuelle und egozentrische Phrasen verdrehen lassen. Die Women Against Feminism waren jung (überwiegend im College-Alter), fast ausschließlich weiß und mit Regenbogen-Markern und dubiosen Statistiken bewaffnet. (»Ich bin gegen den Feminismus, weil Feminist*innen Jungfrauen an den Pranger stellen.«) Mit ihren Statements errichteten sie dieselben Strohpuppen wie vor ihnen die Postfeministinnen, diesmal aufgepeppt mit einer erzkonservativen Prise Rush Limbaugh und einem rosa Tupfer Disney-Prinzessin.

Selbstredend war das Phänomen für die Medien ein gefundenes Fressen – höchst erfreulich nicht nur für die leichtgläubig konservativen und libertären, sondern auch für solche, die das Wort »feministisch« zuverlässig zum Anlass nehmen, wieder mal so richtig auf die Pauke zu hauen. Einige warfen den Women Against Feminism immerhin vor, dass sie ohne die feministischen Bewegungen ihre individuellen Freiheiten vermutlich gar nicht genießen könnten. Andere wie die BBC präsentierten ein neutrales Pro-Contra-Format, in dem sie »Frauen gegen den Feminismus« und »Frauen gegen Frauen gegen den Feminismus« aneinander vorbeireden ließ. Die dem libertären Independent Women's Forum nahestehende Autorin Cathy Young verteidigte in einem Kommentar für den *Boston Globe* die WAF mit dem Hinweis, »diese Argumente darf man nicht abtun und lächerlich machen, sondern muss sie ernst nehmen« – eine recht hoffnungsvolle Aussage, wenn man bedenkt, wie viele dieser »Argumente« den Feminismus als singuläres, rauschartiges Ereignis darstellten, das sämtliche männlichen Personen auf der Welt tilgt. (»Ich brauche keinen Feminismus, denn wer öffnet mir die Dosen, wenn es keine Männer mehr gibt?«) Und schließlich entstand als passend absurde Replik der unvermeidliche Tumblr mit dem Titel Cats Against Feminism. (»Ich brauche keinen Feminismus, weil das kein Futter ist. Oder doch?«)

Wer den Feminismus wie ein persönliches Accessoire behandelt, das aus der Mode gekommen ist, blendet aus, in wie vielen Bereichen der Feminismus für Menschen, die ihn dringend bräuchten, noch nichts ausgerichtet hat. Der gruselige Hexensabbat aus Strohpuppen-Feministinnen, der immer beschworen wird, wenn solche Diskussionen aufkochen, ist uns mittlerweile so vertraut, dass er sich zu einem eigenen Internet-Mem und einer unerschöpflichen Quelle für Satire entwickelt hat. Doch viele Menschen schreiben den Strohpuppen eben auch unverhältnismäßig viel Einfluss auf den Status quo zu. Wie die Hintertürfrauen der 1990er behaupten sie, der Feminismus sei so mächtig, so erfolgreich, dass traditionelle geschlechtsspezifische Stereotypen in Gefahr gerieten und von den wenigen Aufrechten tapfer wiederbelebt werden müssten. »Frauen wollen wieder wegen ihres Körpers geliebt werden, nicht wegen ihres Verstandes«, schrieb die Kolumnistin Kate Taylor 2006 im *Guardian*. Die sexuelle Objektifizierung, erklärte sie, sei in ihrer nostalgischen Verstaubtheit schon wieder cool, ja, sie könne als politisches Statement gelten. (»Die ultimativen Feministinnen sind die Chicks im bauchfreien Oberteil.«) »Statt verzweifelt danach zu lechzen, als menschliche Wesen anerkannt zu werden«, fügte Taylor hinzu, »spielen die Mädchen von heute mit der altmodischen Vorstellung, dass man sie als Sexobjekte betrachtet.« Du kannst nicht beides sein, lautet die Botschaft: Entweder bist du der langweilige, sexlose Klecks Hirn, wie es die Strohpuppen-Feministinnen von dir erwarten, oder das Super-Spaß-Sex-Objekt, das sie hassen. Dazwischen gibt es nichts. Diese Vorstellung vertritt auch das Buch *Hot Feminist,* jüngst verfasst von der ebenfalls britischen Kolumnistin Polly Vernon. Vernon geht davon aus, dass der Feminismus – sprich alte humorlose Feministinnen (wer genau, sagt sie nicht) – die Frauen der uralten weiblichen Freuden beraubt hat, sich rosa anzuziehen und auf der Straße hinterherpfeifen zu lassen. Vernon zufolge könne frau nicht mal mehr ihre Nasenlöcher enthaaren, ohne dass ein griechischer Klagechor aus Feministinnen sein missbilligendes Wehklagen anstimme! Das sei glatte Unterdrückung.

Das alles haben wir schon gehört, und wir werden es wieder hören. Medien-Backlash und »Postfeminismus« kehren zuverlässig in Zyklen wieder, nicht, weil die Argumente neu wären, sondern weil sie nach wie vor eine in der Gesellschaft weit verbreitete Unsicherheit ansprechen, die sich um den Bereich Frauen, Männer, Sexualität, Macht, Leistung und mehr rankt. Wenn es um die Gleichstellung der Frau geht, verkauft sich der Backlash wahrscheinlich immer besser als der Konsens, die individuelle Einzigartigkeit besser als die kollektive Anstrengung, die persönliche Entscheidungsfreiheit besser als alles andere.

KAPITEL SIEBEN
ERMÄCHTIGUNG VON OBEN

Ich leide an einem schweren Fall von Ermächtigungsermüdung. Gründe gibt es dafür unzählige: E-Mails aus irgendwelchen PR-Abteilungen, die mit der Formulierung beginnen »Ich vertrete eine Marke, deren alleiniger Zweck die Ermächtigung von Frauen ist, insbesondere in diesen Tagen des Monats«, Beiträge in Frauenmagazinen, die »ermächtigende Schönheitstipps!« versprechen, gefolgt von einem Promi-Interview mit Jennifer Aniston, die begeistert davon erzählt, wie »ermächtigt« sie sich gefühlt habe, als sie einmal für eine Rolle kein Makeup trug.

Als diffuser Sammelbegriff ist Ermächtigung inzwischen zu einem Mittel geworden, mit dem frau ein besonders weibliches Lebensgefühl kundtun kann. Das ist zum einen gender-essenzialistisch – wann habt ihr zuletzt von, sagen wir mal, einem »ermächtigenden« Strip-Aerobic-Kurs für Männer gehört? –, zum anderen kommerziell motiviert. Während der vergangenen zwanzig Jahre ist da eine ganze Latte an Dingen zusammengekommen (Liste unvollständig), denen mithilfe von Werbekampagnen, Produkten der

Popkultur und feministischer Rhetorik das Etikett »ermächtigend« verpasst wurde: Highheels. Flache Schuhe. Schönheitsoperationen. Mut zur Falte. Kinderkriegen. Keine Kinder kriegen. Natürliche Geburt. Epiduralanästhesie. Positive Einstellung zum Dicksein. Positive Einstellung zur Magersucht. Hausarbeit. Schlunzenleben. Mannweib sein. Prachtweib sein. Kurse in Selbstverteidigung. Knarre kaufen. Truck fahren. Motorrad fahren. Fahrrad fahren. Gehen. Laufen. Yoga. Pole-Dance-Kurse. Ein zärtliches Schmusekätzchen sein. Essen selbst anbauen. Tiere selbst schlachten. Drogen nehmen. Entziehungskur. Gelegenheitssex. Zölibat. Gott finden. Den angeborenen Glauben ablehnen. Eine gute Freundin sein. Ein Arschloch sein. Als die Satirezeitschrift *The Onion* 2003 einen Artikel veröffentlichte, dessen Überschrift lautete »Frauen finden jetzt Ermächtigung in allem, was frau so tut«, schien es wirklich so zu sein: »Die Frau von heute lebt in einem Zustand nahezu ununterbrochener Ermächtigung.«

Mehr als zehn Jahre nach diesem Artikel liegt das offenbar hartnäckigste Vermächtnis des Begriffs darin, dass Ermächtigung mit Frauen, Macht, Aktivismus und Erfolg assoziiert wird. Und in Medien und Popkultur wird er von einer jüngeren Generation nach wie vor mit großer Ernsthaftigkeit benutzt und nicht in Frage gestellt. Die Vertreterinnen dieser Generation haben den Begriff niemals anders gekannt als in der Bedeutung »etwas, das ich als Frau gerne mache«. So sagte etwa Miley Cyrus kurz nach ihrem Auftritt bei den MTV Video Music Awards 2013 in einem Interview mit der britischen Zeitschrift *Cosmopolitan,* sie sei »Feministin insofern, als ich echt ermächtigend auf Frauen wirke. [...] Ich bin laut und witzig, und ich bin keine klassische Schönheit.« Postwendend benutzte das Boulevardblatt *OK!* das Zitat als Aufhänger für einen ganzen Beitrag über Ermächtigung als »die Fähigkeit, zu tun, was immer du willst«: »Viele Prominente beziehen heutzutage Ermächtigung aus ihrer Karriere, indem sie ihren eigenen Stil entwickeln. Miley Cyrus liebt die Kontroverse nicht nur, nein, sie trägt sie ganz offen aus, indem sie den Twerk zu einer ganz alltäglichen Tanzbewegung macht. Emma Stones Ermächtigung kommt daraus, dass sie immer wieder die verlässliche Freundin des weltweit meist geliebten Superhelden spielt, zu der er jederzeit mit allen Problemen kommen kann. Taylor Swift wurde zu einer Mega-Mogulin der Musikszene, indem sie sich ein Clean-Teen-Image zulegte und das Bild vom »jungfräulichen Teenie« beschwört, unabhängig davon, wen sie gerade datet oder wen nicht. Sie alle haben herausgefunden, was zu ihnen passt, und daraus ihre eigene Marke kreiert.« Der Artikel schließt mit der Frage »Also, wodurch kannst *du* dich ermächtigen wie ein Hollywood-Star?«

»Ermächtigung« ist beides: eine Facette des Choice-Feminismus – alles kann eine feministische Entscheidung sein, wenn ein*e Feminist*in sie trifft – und zugleich eine Möglichkeit, den Begriff »Feminismus« selbst zu vermeiden. Doch was ist Ermächtigung wirklich, und wer profitiert davon?

Alle Macht den Frauen

Bis Ende der 1970er, Anfang der 1980er Jahre war der Begriff »Ermächtigung« nicht sehr weit verbreitet, ganz zu schweigen davon, dass er Selbstwertgefühl / Erfolg / Kaufkraft der Frau bezeichnet hätte. Zum ersten Mal tauchte er in den Bereichen Sozialwesen, Gemeindeentwicklung und staatliches Gesundheitswesen auf, insbesondere bei Minderheiten: Barbara Bryant Solomons Buch *Black Empowerment: Social Work in Oppressed Communities,* in dem sie 1976 Strategien für Sozialarbeiter vorstellte, führte den Begriff als erstes in den USA erschienenes Werk im Titel. Von dem Moment an, als die angewandte Sozialforschung zunehmend den Ansatz verfolgte, Unterversorgten und sozial Marginalisierten Mittel und Wege zu individuellem und kollektivem Erfolg zu eröffnen, wurde der Begriff verstärkt mit diesen Bevölkerungsschichten und deren sozialen Bewegungen in Zusammenhang gebracht. »Ermächtigung«

bezeichnete von da an ein gemeinschaftsbasiertes, kollektives Engagement für ökonomische Sicherheit und politische Partizipation, die Alternative zu einem Top-Down-Modell, das von der Großzügigkeit jener abhing, die solche Dinge bereits besaßen, etwa Stiftungen, Missionare, NGOs und so weiter.

Das Phänomen der Ermächtigung als feministische Referenzgröße für sozialen Wandel gelangte unterdessen durch Aktivist*innen auf der Südhalbkugel – insbesondere Südostasien und Lateinamerika – zu Popularität, wo seine Verfechter*innen zunehmend frustriert waren von den paternalistischen, wohltätigkeitsorientierten Ansätzen etwa der Vereinten Nationen. Die weltweit führende Frauenrechtlerin Srilatha Batliwala destillierte daraus in ihrem 1994 erschienenen Buch *Women's Empowerment in South Asia: Concepts and Practices* eine komplett neue Sicht auf die herrschenden Machtstrukturen. Ihren Ansatz beschrieb sie später als »politisches und transformatorisches Konzept für Kämpfe, die nicht nur das Patriarchat in Frage stellten, sondern ebenso die größeren Zusammenhänge von Gesellschaftsschicht, Hautfarbe und ethnischer Abstammung – sowie, in Indien, Kaste und Religion –, die Status und Verfassung von Frauen in Entwicklungsländern in ihrem Wesen bestimmten«.[58] Ermächtigung wurde jetzt nicht mehr definiert als statisches Konzept oder solitäre Erscheinung, sondern als eine sich ständig fortentwickelnde Methode, die Gesamtheit der bestehenden Machtstrukturen und Wertesysteme zu hinterfragen, auf gemeinsame Fähigkeiten und Fertigkeiten sowie gemeinsames Wissen zurückzugreifen und in die Bedeutungslosigkeit abgedrängte Gemeinden mit Instrumenten auszustatten, die es ihnen ermöglichten, nachhaltig zu wirtschaften. Als 1995 in Peking die vierte UN-Frauenkonferenz zusammentrat, war der Begriff (»eine Agenda für die Ermächtigung von Frauen«) bereits zum offiziellen Kernthema geworden.

In der Folge eroberte die Wissenschaftsjournale und wurde zum Schlagwort internationaler Entwicklungsagendas. So fand er auch ein Zuhause in der aufkommenden dritten Welle des Feminismus, zu deren expansiven Zielsetzungen er perfekt passte. (Ich hörte ihn zum ersten Mal während meiner College-Zeit in einem Kurs über Women's Studies. Damals hielt ich ihn noch für eine hochgestochene Umschreibung von »Macht«, wie wenn Leute »suboptimal« sagen, weil es gehobener klingt als »schlecht«.)

Ermächtigung bot aber auch eine Möglichkeit, auf sanftere Weise reale Machtverhältnisse zu thematisieren, etwas, von dem vor allem Mädchen traditionell wegsozialisiert werden. Es mag wie Wortklauberei wirken, aber es ist eben ein Unterschied, ob Mädchen dazu angehalten werden, sich selbst zu ermächtigen, oder ob man sie auffordert, *echte Macht* auszuüben. In diesem Unterschied spiegelt sich nämlich genau jene gendergeprägte soziale Unsicherheit, die oftmals zur eigentlichen Schikane führt. »Wenn Frauen sich mit dem Wort ›Macht‹ unwohl fühlen«, sinniert Jennifer Baumgardner, Aktivistin der dritten Welle und Co-Autorin von *Manifesta*, »dann sagen sie ›Ermächtigung‹.«

Oder, alternativ: »Girlpower«. Dieser Verweis auf Macht und Ermächtigung gleichermaßen, der zu einem prägenden Begriff im Marketing für Frauen der 1990er Jahre wurde, ging unmittelbar aus den feministischen Medien und der Popkultur hervor. In ihm kulminierte ein ganzes Jahrzehnt, das drei starke kulturelle Schlüsselphänomene aufzuweisen hatte: das sogenannte Jahr der Frau 1992, die radikal hässliche Riot-Grrrl-Bewegung und den sensationellen Erfolg einer Mädchen-Retortenband mit Namen Spice Girls.

Im Jahr der Frau erreichte die Zahl gewählter weiblicher Regierungsvertreter in den USA einen Höchststand, was in breiten Kreisen als direktes Ergebnis des Clarence-Thomas-/Anita-Hill-Debakels gewertet wurde: Die Anhörungen lockten genügend Landsleute aus ihrer Komfortzone und in die Wählerkabinen, um den Sieg Bill Clintons über seinen republikanischen Gegenkandidaten Bob Dole zu sichern, und sie wurden außerdem zu einer Herausforderung für die Männerveranstaltungen in Kongress und Senat. Die

Anzahl der weiblichen Kongressabgeordneten verdoppelte sich beinahe und stieg von achtundzwanzig auf siebenundvierzig; die Anzahl der Frauen im Senat verdreifachte sich – von jämmerlichen zwei auf schon eher passable sechs. Der ausgiebige Rückgriff auf »das Jahr der Frau« in Film und Fernsehen führte zu gehypten Darstellungen, die oftmals jedoch eher gönnerhaft als echt begeistert rüberkamen. Eine Vertreterin der neuen Senatorinnen-Spezies, Barbara Mikulski aus Maryland, stellte fest: »1992 wird als ›Jahr der Frau‹ bezeichnet. Das hört sich an wie ›Jahr des Karibus‹ oder ›Jahr des Spargels‹.« Doch der Ansatz war breiter. Er umfasste auch den von der National Organization for Women organisierten March for Women's Lives, der 1992 in Washington, D. C., stattfand. Die Großdemonstration fiel bewusst genau in jene Zeit, in der sich der Supreme Court mit der Verfassungsmäßigkeit von gesetzlichen Regelungen des Bundesstaates Pennsylvania befasste, die das Recht auf Abtreibung einschränkten (Planned Parenthood vs. Casey), und war die bis dato größte explizit feministische Demonstration in der Geschichte. Doch dass sie überhaupt nötig war, weil Frauen immer noch um das Selbstbestimmungsrecht über ihren eigenen Körper kämpften, machte diesen Umstand zu einem Pyrrhussieg.

Tiefer im Untergrund simmerte eine zur musikalischen Subkultur mutierte ideologische Revolution vor sich hin, deren Katalysator ebenfalls die Erkenntnis war, wie wenig sich für Frauen bisher geändert hatte. Riot Grrrl bündelte die Punkkultur der 1980er und frühen 1990er Jahre durch eine erklärtermaßen weibliche, politisierte Linse. Was diese Bewegung – eine lose Koalition landesweit aktiver Untergruppen – im Sinn hatte, war eine breite Kultur mädchengemachter Do-it-yourself-Medien: handgekritzelte und -geklebte Fanzines und Plakate, Radiosendungen, Guerilla-Theater und natürlich chaotische, von wilden Gitarrenriffs begleitete musikalische Auftritte mit eruptiven Titeln wie »Suck My Left One« und »Don't Need You«. Die Riot-Grrrl-Bewegung fand deshalb bei so vielen Frauen Resonanz, weil ihre Vertreterinnen laut herausschrien, was weder die Massenmedien noch die Popkultur artikulierten: Der Postfeminismus war eine fette Lüge. Sara Marcus schreibt in ihrer Geschichte der Bewegung mit dem Titel *Girls to the Front: The True Story of the Riot Grrrl Revolution:* »Die Welt war irre. Frauen standen permanent unter Beschuss, aber sie sollten es nicht zugeben; sie sollten sich nicht dagegen wehren.«

Die erste Ausgabe des Fanzines *Riot Grrrl* konstatierte einen »allgemeinen Mangel an Girlpower in der Gesellschaft als Ganzes und im Punk im Speziellen«. Die Riot Grrrls wollten mit ihren Aktionen unter anderem Aufmerksamkeit dafür erzeugen, dass unter der angeblich so progressiven Fassade der Punkbewegung und ihrer antiautoritären, antikapitalistischen Politik oftmals Gender-Stereotype, Sexismus und sogar Gewalt lauerten. Alice Bag, die mit ihrer Band The Bags Anfang der 1980er Jahre Teil der ersten, einflussreichen Welle des L. A. Punk war, hat angemerkt, dass die Szene zwar mit einem chaotischen Ausbruch eng miteinander verwobener Bands begann, deren Mitglieder beiden Geschlechtern oder verschiedenen Ethnien angehörten, das Gesicht des Genres dann aber durch den parallelen Aufstieg des Hardcore-Punks mit seinen hypermaskulinen Frontmännern und brachialen Moshpits definiert wurde (»ein Haufen weißer Typen, die aufeinander einschlagen«, wie Bag es ausdrückt).[59] Für die Mädchen und Frauen, die das Punkethos liebten, es jedoch leid waren, ständig als bloße Anhängsel der Hardcore-Jungs behandelt zu werden, bestand die Riot-Grrrl-Revolution ganz einfach darin, Räume zu besetzen – auf Bühnen, in Moshpits, auf dem Papier, in der Öffentlichkeit. Bei dem Ruf »Girls to the Front!« ging es um mehr als nur die Forderung, den Moshpit auszuweiten; es ging darum, weibliches Erleben in den Vordergrund zu rücken. Das geschah nicht immer sehr differenziert und überlegt, und die Analyse von Themen wie ethnische Herkunft und Klassenzugehörigkeit wurde komplett ausgeklammert (heute, im Zuge der Wiederbelebung der Riot-Grrrl-Bewegung ein zentraler Punkt). Doch für eine Generation, die in dem Glauben aufgewachsen war, den Feminismus habe es zwar gegeben, aber er sei nur ein vorübergehendes Phänomen gewesen, glich die Erlaubnis, die männlich geprägten kulturellen Parameter in Frage zu stellen, einem Erdbeben.

Die Themen, die die Riot Grrrls in ihren Fanzines und Liedtexten ansprachen (auswendig gelernte Gender-Stereotype, Abwertung weiblicher Intelligenz und Musik, sexuelle Objektifizierung und sexueller Missbrauch, geistige Gesundheit) sowie die institutionellen Hindernisse, mit denen die Bewegung selbst zu kämpfen hatte (Klassismus, Rassismus, Sexarbeit, Machtdynamiken), widerspiegelten die Anstrengungen zur öffentlichen Bewusstseinsbildung durch die Aktivistinnen-Gruppen der zweiten Welle im Mikrokosmos der Punkmusik. Indem sie Räume absteckten, in denen Mädchen sowohl Schöpferinnen wie auch vorrangiges Publikum waren, wurden Bands wie Bikini Kill, Heavens to Betsy und Bratmobile zum direkten Spiegelbild der politischen Rockbands der Frauenemanzipation in den 1970er Jahren, die mit ihren lärmenden Statements die Gleichsetzung von »Rock« mit »Cock« [Schwanz] beenden wollten. Dass die meist männlichen Rock- und Punkpuristen die Nase rümpften über die größtenteils laienhaften Sounds, die dabei herauskamen, ging völlig am Thema vorbei: »Wir versuchen Tag für Tag, unser persönliches Leben zu revolutionieren, indem wir Alternativen zu diesem ganzen christlich-kapitalistischen Scheiß erdenken und erschaffen«, so der Wortlaut einer frühen Version des Manifests der Riot Grrrls. Und dazu gehörte eben auch, nicht allzu viel auf das zu geben, was »echte« Musiker oder Musikkritiker davon hielten.

Die separatistischen Tendenzen der Riot Grrrls verzahnten sich mit Straight-Edge-Punk und Homocore, deren Protagonisten – darunter Bands wie Fugazi und Pansy Division, Labels wie Dischord und Lookout! und Fanzines wie *Outpunk* – den Aufstieg ehemaliger Musikerkollegen wie Nirvana und Sonic Youth zu berühmten Marken mit einigem Misstrauen verfolgten. Doch für männliche Bands lag die Sache ohnehin anders: Ihr Idealismus mochte wohl als stur oder übertrieben selbstgerecht bespöttelt werden, doch nur wenige Außenstehende stellten ihr *Existenzrecht* an sich in Frage oder unterbrachen ihre Auftritte mit Rufen wie »Zieh dich aus, du Fotze!«.

In den frühen Jahren der Riot-Grrrl-Bewegung kam die Berichterstattung der Mainstream-Medien über das Phänomen in einem ziemlich verächtlichen Ton daher. Die Musikzeitschrift *Spin* zum Beispiel reagierte verschnupft, als Kathleen Hanna, die Frontfrau von Bikini Kill, ein Interview ablehnte, und zeichnete daraufhin das wenig schmeichelhafte Porträt einer Band, deren Mitglieder ihren Körper und ihre Boyfriends instrumentalisieren, um erfolgreich zu sein.[60] Und so nahm, während Musikmagazine, Fernsehanstalten und andere Medien immer weiter nachzubohren versuchten, um herauszufinden, wie diese Grrrls denn nun tickten, ein stillschweigender, aber sehr bewusster Medien-Blackout Gestalt an, und die Bands ließen nur noch feministische Journalist*innen und unabhängige Publikationen an sich heran.

In dem unvermeidlichen Kreislauf der Mainstream-Kultur, der Radikalismus keimfrei macht, verwässert und neu verpackt, wurde der Ausdruck »Girlpower« 1997 den Riot-Grrrl-Fanzines entrissen und tauchte als Frankensteins Monster des Marktfeminismus wieder auf, das in Gestalt der Spice Girls alles platt hüpfte, was ihm im Weg stand. Deren Schöpfer, Simon Fuller (späterer Impresario der Casting-Show American Idol), pickte die fünf, genau wie all die vom Teenie-Musikmagazin *Teen Beats* gehypten Boybands vor ihnen, in altbewährter Weise mithilfe von Talentshows aus der Masse heraus und stellte aus ihnen eine demografisch und kommerziell maximal Erfolg versprechende Retortenband zusammen – das komplette Gegenteil zu den ungeschliffenen Riot Grrrls. Die sorgfältig designten Persönlichkeiten – Posh, die Elegante; Scary, die Unheimliche; Baby, das Baby; Sporty, die Sportliche; Ginger, die Rothaarige – waren hübsch und zugänglich, und die Girlpower, die sie in ihren Porträts und Interviews verströmten, war eine fröhliche, dezidiert apolitische Abkehr von der Riot-Grrrl-Rhetorik. Hier gab es keine scharfen Kanten, keine Wut und keine Analyse. Wozu auch? Die Spice Girls hätten auch jede beliebige andere Gesangsgruppe mit Plattenvertrag sein können. Girlpower war nur der Name der Verpackung, Seifenblasenwerbung in großen, bunten Buchstaben, die suggerierte: Das mit der Power ist ganz einfach – ihr braucht euch bloß ein T-Shirt mit dem Aufdruck »Girls Kick Ass« anzuziehen und mit euren Freundinnen tanzen zu gehen. Die Begeisterung der einzelnen Spice Girls für die zahllosen jungen Mädchen, die über Nacht zu glühenden Verehrerinnen wurden, schien echt zu sein. Aber sie (oder ihr Management) hatten keinerlei Interesse daran, sich deutlicher zu positionieren als mit Aussagen wie »Natürlich kannst du Hotpants tragen und trotzdem Feministin sein!«. In *Spice World – Der Film,* der 1997 in die Kinos kam, verhöhnte Sporty Spice sogar die hohle Spice-Rhetorik, indem sie Ginger nachäffte: »Bla, bla, bla. Girlpower. Feminismus. Na, ihr wisst schon.«

Es ist ja nicht so, dass zehnjährige Mädchen direkt zum Bratmobile-Konzert gerannt wären, wenn es die Spice Girls nicht gegeben hätte (obwohl sie sich hin und wieder vielleicht schon mal anhörten, was auf »leicht älteres, wütendes Mädchen« getrimmte Künstlerinnen wie Alanis Morissette, Fiona Apple und Meredith Brooks so machten, deren Aufstieg ebenfalls durch Riot Grrrl befördert wurde). Der eigentliche Unterschied lag darin, was ihre Idole sich jeweils unter Ermächtigung vorstellten. Während die Riot Grrrls grundsätzlich auf Autarkie aus waren – warum *nicht* eine Band gründen oder gemeinsam mit Freundinnen ein Fanzine machen? –, lief die Ermächtigung für Girlpower komplett über den Markt. In der Post-Riot-Grrrl-Welt hatte der Begriff nur noch eine einzige Bedeutung: Er bezeichnete alles, was Mädchen zu Konsumentinnen erhob.

Bereits innerhalb weniger Wochen, nachdem die Spice Girls den Aufstieg in die Top 100 geschafft hatten, tauchten Massen von

Begleitprodukten auf, von T-Shirts über Lollis bis hin zu Geldbörsen aus Vinyl und Puppen der einzelnen Bandmitglieder mit der Aufschrift »Girl Power«. Das angriffslustige Credo »Sister vor Mister« war ja gut und schön, selbst, wenn frau sich nicht ganz sicher sein konnte, wie ernst sie die Textzeile »If you want to be my lover, you gotta get with my friends« nehmen durfte. Doch es war die entpolitisierte Rundum-Wohlfühl-Qualität des Ausdrucks »Girlpower«, die dem Slogan und auch den Spice Girls selbst den nötigen Merchandising-Kick gab: Mit ihren Persönlichkeiten suggerierten sie, Ermächtigung sei in allen möglichen Geschmacksrichtungen zu haben, die sämtliche Kategorien von Konsumentinnen bedienten und zugleich keine der allseits akzeptierten Vorstellungen von Weiblichkeit und Attraktivität in Frage stellten. (So konnten etwa die Nagellackfarben von Baby Spice und Scary Spice unterschiedlich sein, aber der eigentliche Punkt – *Kauft diesen Nagellack* – blieb derselbe.) Und ebenso wenig nahm Girlpower die strukturellen Hindernisse für eine reale Ermächtigung vieler junger Frauen zur Kenntnis. Auf dem schönen freien Markt der Popmusik konnte sich jedes Mädchen mit dem Erwerb eines Spice-Girl-Füllers für fünf Dollar ein bisschen Ermächtigung kaufen.

»Girlpower« war so nichtssagend, dass sie beinahe alles und jede Weltsicht einschloss. Am deutlichsten wurde das, als Geri Halliwell alias Ginger Spice die als ewig Gestrige berüchtigte frühere Premierministerin Margaret Thatcher »das erste Spice Girl« nannte. Halliwells Begeisterung für eine Frau, die sich ihren Ruhm als Politikerin auf Kosten der Armen und der Arbeiterklasse erworben hatte, fand bei den anderen Spice Girls nur bedingt Zustimmung. Doch so grotesk der Vergleich auch sein mochte – er war nicht ganz falsch. Gemeinsam mit Ronald Reagan gehörte Thatcher zu den Vortänzer*innen des global um sich greifenden Neoliberalismus, und mit ihrer Argumentation zugunsten des Primats der Märkte blendete sie die sozialen Barrieren, die viele Menschen an echter Teilhabe hinderten, komplett aus. Solche Herzlosigkeit hatten die Spice Girls natürlich nicht im Programm. Dennoch waren sie ein nützliches Werkzeug des Neoliberalismus: Girlpower wurde weniger eingesetzt, um Mädchen als Menschen anzusprechen, sondern eher, um sie als Marketingzielgruppe im Namen von Pepsi, Polaroid und anderen Unternehmen zu erreichen, die die Spices zur Marke entwickelten und ihr Publikum als neue Gruppe selbstbewusster, couragierter weiblicher Konsumentinnen erschließen wollten.

Feministinnen, die während der Hochphase der Retortenband gerade ins Teenageralter kamen, im Radio verzückt »Wannabe« hörten und mit ihren Freundinnen Spice Girls spielten, ähnelten ziemlich stark meinen Freundinnen und mir eine Generation vorher. Wir hatten mit Wonder-Woman-Puppen gespielt und uns als Charlie's Angels oder Christie Love verkleidet. Hungrig nach popkulturellen Rollenvorbildern, hängten wir uns begeistert an die wenigen, die es gab. Sie waren nicht perfekt, aber sie waren da. Daher gibt es eine unglaubliche Menge Blogpostings über die Spice Girls aus dem zurückliegenden Jahrzehnt. Sie tragen Überschriften wie »Zur Verteidigung der Spice Girls« (auf *Rookie*) oder »Was ich von den Spice Girls über Feminismus gelernt habe« (auf *Autostraddle*) und postulieren, dass es schlechtere Methoden gibt, junge Mädchen für die Ziele des Feminismus zu interessieren, als das fröhliche Geschnatter von fünf Schnuckelchen aus Großbritannien, die sich zu Fürsprecherinnen von Freundschaft, Vertrauen und geschütztem Sex machen. Das stimmt wahrscheinlich auch. Aber das kulturelle Erbe der Spice Girls hat genauso viel mit der Ermächtigung des Marktfeminismus zu tun wie mit der Ermächtigung von Mädchen. In dem Maße, wie die Songs der Girl-Band nach und nach aus den Hitlisten von Radio und MTV verschwanden, wurde auch ihre Girlpower schließlich zu einem bloßen Element innerhalb dessen, was Peggy Orenstein die »Gender-Apartheid« des Einzelhandels nennt, in der »Boy« mit Sportlogos und Robotern verbunden ist und »Girl« mit »Prinzessin« und »verwöhnte Göre«. Statt Mädchen beizubringen, für sich einzutreten und auf sich selbst zu vertrauen, degradierte die Hinwendung zu einem Kapitalismus, der die Unterschiede zwischen den Geschlechtern wieder stärker zementiert, Girlpower zu einem netten, chauvinistischen Verkaufstrend.

»Entscheidungsfreiheit« einer neuen Generation

Mit den Spice Girls als unübersehbaren Fahnenträgerinnen marschierte das Girlpower-Marketing Anfang der 2000er Jahre geradewegs in die Mainstream-Kultur. Fernsehanstalten, Filmstudios, Musiklabels und Werbechefs positionierten die Girlgroup immer geschickter. Die Ermächtigung von Konsument*innen verzahnte sich reibungslos mit der dritten Welle des Feminismus. Deren Ideologie zeichnete sich ja auch durch die Ablehnung dessen, was viele junge Feministinnen als unflexible Dogmen wahrnahmen, und die Anerkennung vielfältiger, sich überschneidender Identitäten aus. Und diese Ermächtigung ging ganz gewiss auch d'accord mit dem neoliberalen Ideal, dem gemäß Individuen unabhängig von kulturellen und ökonomischen Einflüssen agieren, und bewies, dass alles, was wir brauchen, um erfolgreich zu sein – oder, in emanzipatorischen Begrifflichkeiten ausgedrückt, Gleichstellung zu erreichen –, der Wunsch und Wille ist, erfolgreich zu sein. Es scheint bezeichnend, dass Frauen von heute, bittet man sie um ihre Definition von Feminismus, mit ebenso großer Wahrscheinlichkeit sagen »Dabei geht es um Wahlmöglichkeiten« wie »Dabei geht es um Gleichstellung«. Ich selbst habe mir schon ab und an heftig auf die Zunge beißen müssen, wenn ich unter Studentinnen und anderen Frauen war, die im Brustton der Überzeugung verkündeten: »Feminismus ist, wenn man die *Wahl* hat!« So einfach ist es eben nicht, und es ist nicht die ganze Geschichte. Aber ich möchte auch nicht der zänkische, besserwisserische Drachen sein, der sie vom Feminismus abschreckt.

Die Gleichstellung eröffnet einer immer größeren Zahl[1] Menschen Möglichkeiten für eine immer größere Bandbreite überlegter Entscheidungen. Doch Entscheidungsfreiheit ist dasselbe wie Gleichstellung, selbst, wenn die enge Verbindung zwischen beiden mindestens bis ins Jahr 1869 zurückreicht, als John Stuart Mill seinen Essay *Die Hörigkeit der Frau* schrieb. Im Zusammenhang mit seiner Argumentation für die Gleichstellung und das Wahlrecht der Frau beschrieb er Entscheidungsfreiheit als notwendiges Element für beides: »Ich halte es bei jedem für Vermessenheit, bestimmen zu wollen, was Frauen ihrer natürlichen Veranlagung nach sein oder nicht sein, tun oder nicht tun können. Sie sind bis jetzt, was die freiwillige Entwicklung anbetrifft, in einem so unnatürlichen Zustande erhalten worden, dass ihre Natur notwendigerweise verzerrt und entstellt sein muss. Niemand kann mit Gewissheit sagen, welch ein hauptsächlicher Unterschied oder ob überhaupt ein Unterschied zwischen dem Charakter und den Fähigkeiten des Mannes und der Frau sein würde, wenn die Natur der letztern sich so frei hätte entfalten dürfen wie die des Mannes und keinen andern künstlichen Schliff bekommen hätte, als durch die Verhältnisse der menschlichen Gesellschaft absolut bedingt ist und beiden Geschlechtern in gleichem Maße gegeben wird.«[61]

Allerdings ging Mill von der Annahme aus, dass selbst, wenn diese Wahlmöglichkeiten gegeben sein sollten, die meisten Frauen dennoch eher der gesellschaftlichen Grundströmung folgen und eine Rolle als Ehefrau und Mutter annehmen würden, anstatt um eine Position in der männerdominierten Arbeitswelt zu wetteifern. Für Mill war nicht von Bedeutung, was Frauen mit ihrer Wahlmöglichkeit anfingen; für ihn zählte allein der Fakt, dass sie sie hatten.

Zum feministischen Schlagwort wurde »choice« durch das Urteil des Supreme Court im Fall Roe vs. Wade von 1973, einem Meilenstein der feministischen Bewegung. Während der zweiten Welle des Feminismus war im Zusammenhang mit Forderungen nach legaler Abtreibung als einem Akt der Selbstbestimmung noch der Begriff »Recht« allgemeiner Konsens gewesen. Das Urteil im Fall Roe veränderte den Kontext: Die Urteilsbegründung setzte ganz bewusst auf das taktvollere »choice« – bei einem solchermaßen kontroversen Thema eine absolut notwendige und gewollte Umschreibung, denn es ging auch darum, Unterstützung bei den breiten Massen zu finden. »Choice« funktionierte deshalb, weil der Begriff aktiv und passiv zugleich ist. Der Historiker Rickie Solinger drückte es so aus: »Der Begriff beschwor das Bild von einkaufenden Frauen, die auf dem Markt eine Auswahl treffen.«[62] Auf ähnliche Weise hatten feministische Gruppen der zweiten Welle stets den feinen Unterschied zwischen »Abtreibung auf Verlangen« und Schwangerschaftsabbrüchen betont, die aus therapeutischer oder medizinischer Sicht notwendig waren – es sollte deutlich werden, dass die Entscheidung der Frau, nicht die des Arztes, die treibende Kraft war. Als das Thema jedoch zunehmend einer breiteren amerikanischen Öffentlichkeit zur Diskussion gestellt wurde, für die feministische Anliegen keine Rolle spielten, wirkte »Forderung« zu aggressiv, naja, eben zu *fordernd*. Daher bot sich das höflichere »choice« als praktikable Alternative an, da es den Blick von der Macht und der Freiheit weglenkte, die in einem Recht auf legale Abtreibung lagen.

Dass »Entscheidungsfreiheit« und »Rechte« nicht dasselbe sind, war ja bereits durch die Art und Weise, wie Schwangerschaftsabbrüche vor der Roe-Entscheidung abliefen, hinreichend deutlich geworden. Frauen, die sich eine illegale Abtreibung leisten konnten – für die mehrere Hundert Dollar hinzublättern waren, ganz zu schweigen von den Reisekosten, um in Städte zu gelangen, wo solche Dienste diskret angeboten wurden –, hatten es seit Jahrzehnten auch getan. Frauen, denen diese Möglichkeit verwehrt war, blieb nur die »Wahl«, ihr Baby zur Adoption freizugeben an Frauen, die ein Kind angeblich eher »verdienten« – auch wieder alles andere als eine freie Entscheidung, denn viele biologische Mütter waren sehr junge Frauen, die öffentlich bloßgestellt und von Familie und Kirche gedrängt wurden, Kinder wegzugeben, die sie eigentlich behalten wollten. Abtreibung wie Geburt waren bereits zu Märkten geworden, die nur wenigen Frauen zugänglich waren, jenen nämlich, die es sich leisten konnten. Für legale Abtreibungen übertrug das

Urteil im Fall Roe die Kontrolle dieses Marktes einfach der Regierung. Und der vom Kongressabgeordneten Henry Hyde erarbeitete und 1976 verabschiedete Verfassungszusatz, nach dem es bis auf wenige Ausnahmen untersagt ist, Bundesmittel zur Finanzierung von Schwangerschaftsabbrüchen einzusetzen (zum Beispiel über die staatliche Gesundheitsvorsorge Medicaid) schloss in der Konsequenz einen riesigen Prozentsatz von Geringverdienerinnen von diesem Markt aus. Damit war die Welt nach dem Roe-Urteil praktisch fast dieselbe wie zuvor.

Nachdem der Fall Roe erst einmal den Sprachgebrauch beim Thema körperliche Selbstbestimmung von Forderungen auf Wahlmöglichkeiten verschoben hatte, besorgte der heraufziehende Neoliberalismus den Rest und erhob Selbstbezogenheit und Individualismus, die durch den boomenden freien Markt befördert wurden, zum Normalfall. Nunmehr wurden so gut wie alle Entscheidungen, die Frauen trafen, in die Sprache des Marktes gekleidet.[63]

Naomi Wolf machte 1993 in ihrer Polemik *Die Stärke der Frauen: Gegen den falsch verstandenen Feminismus* zwei sich feindlich gegenüberstehende Lager aus: »Opfer-Feministinnen«, so ihr Vorwurf, seien hoffnungslos in einer kollektivistischen Denkweise befangen, die auf den Individualismus herabsehe und in einem Sumpf antiquierter Patriarchatsschelte feststecke. »Power-Feministinnen« dagegen packten den bestehenden Status Quo couragiert bei den Eiern, Scheiß auf die Politik. Die einzigen Grenzen, die Frauen gesetzt seien, existierten in deren Köpfen, schreibt sie dort, und dass unsere Zukunft – die jeder einzelnen Frau und die aller Frauen – davon abhänge, was wir sehen, wenn wir in den Spiegel schauen. Mit anderen Worten: Frauen könnten sich frei entscheiden, Opfer zu sein oder eben nicht, ganz gleich, welche ökonomischen oder gesellschaftlichen Zwänge – Armut, Missbrauch, politische Entmündigung – ihren Alltag auch beeinflussen. (Dass Wolf hier den Spiegel evoziert, erscheint bemerkenswert, wenn frau bedenkt, welch eine überzeugende Anklage gegen die Komplizenschaft der Imageindustrie bei der Entstehung des geschlechtsspezifischen Lohngefälles, dem Umsichgreifen von Essstörungen etc. ihr zuvor erschienenes Buch *Der Mythos Schönheit* darstellte.)

Die Stärke der Frauen war einer der ersten populären Texte, in dem der Einfluss des Neoliberalismus auf den Feminismus explizit angesprochen wurde. Hier ignorierte die Autorin ganz bewusst die real existierenden Systeme geplanter Ungleichheit, die es allen Menschen, die sich nicht bereits in engster Nachbarschaft zu ihnen befinden, so schwer macht, den Status Quo zu attackieren. Innerhalb ihres Gedankengebäudes operierte Macht in einem von ethnischer Herkunft, sozialer Schicht, Bildung und dem Zugang zu medizinischer Versorgung und Kinderbetreuung unberührten Vakuum: Wenn frau es nicht schaffte, lag es einfach nur daran, dass sie sich nicht genügend anstrengte.

Wolf tat ihr Bestes, um den Ausdruck »Power-Feminismus« im allgemeinen Sprachgebrauch zu verankern, aber das gelang nie wirklich. (Vielleicht hätte »Ermächtigungsfeminismus« Schule gemacht.) Aber ihr Konzept von einem Feminismus, der individualistisch und entschlossen ist und sich nicht mit langweiligem Geschwafel über strukturelle Ungleichheit aufhält, hat seither weithin Akzeptanz gefunden. Dessen Attraktivität ist nicht zu leugnen – du beanspruchst einfach eine Identität, und schwupps! verwandelt sich der Feminismus von einem Gefüge praktischer Ethik und zu erkämpfender Rechte in eine Art Obstkorb, aus dem du dir nach Belieben etwas aussuchen kannst.

Den Begriff »Choice-Feminismus« prägte 2005 leicht gereizt die Autorin und Philosophin Linda Hirshman in einem Artikel mit dem Titel »Homeward Bound«. Der Beitrag für das liberale Polit- und Kulturmagazin *American Prospect* war eine Analyse der »Opt-Out-Revolution«, die von den Massenmedien lauthals als Gegenreaktion zum liberalen, karriereorientierten Feminismus propagiert wurde. Hirshman erörterte hier, wie das ewige Gerede von der Wahlfreiheit im feministischen Diskurs die Tatsache überdeckt, dass von der Frau nach wie vor erwartet wird, den überwiegenden Teil der Hausarbeit zu erledigen. »Frauen, die über genügend Geld verfügen, um ihren Arbeitsplatz aufzugeben, sagen, sie würden sich bewusst gegen eine Karriere ›entscheiden‹«, schreibt Hirshman in Anspielung auf Berichte wie etwa eine Titelstory des *New York Times Magazine* mit der Überschrift »Frage: Warum gelangen nicht mehr Frauen in Spitzenpositionen? Antwort: Sie entscheiden sich dagegen«, der eine hämische Spitze gegen den Feminismus war. Der absichtsvolle Verweis auf die Wahlfreiheit verdingliche nur die Ungleichheit, da davon ausgegangen werde, dass Frauen in jedem Fall weiterhin zu Hause die Stellung halten.[64] Wäre die Gleichstellung der Geschlechter wirklich schon in dem Maße erreicht, wie es die schier unüberschaubare Schwemme an Opt-out-Geschichten suggeriert, dann fänden sich mit Sicherheit schon längst nicht mehr nur Frauen in dem Dilemma wieder, ihre häusliche Verantwortung gegen bezahlte Arbeit abwägen und sich für das eine oder das andere entscheiden zu müssen. Und ganz gewiss bekämen sie auch nicht mehr die volle Wucht des Urteils ab, welches die Gesellschaft über alle Frauen fällt, die Letzteres wählen.

Trendstorys wie die eben genannte aus dem *New York Times Magazine* – und sie schossen wie die Pilze aus dem Boden, als die »Opt-out-Revolution« zum neuesten Backlash-Narrativ der Medien avancierte – basierten auf der Vorstellung, die Entscheidungen der beschriebenen Bevölkerungsgruppe (Menschen mit College-Abschluss, die in heterosexuellen Partnerschaften leben und finanziell gut gestellt sind) seien wertneutral und stünden in keinerlei Beziehung zu einem größeren und unauslöschlich gendergeprägten kulturellen Kontext. Darin lag aber nicht nur ein neoliberaler Trugschluss, sondern es war auch ein riesiger, himmelschreiender Fehler: Natürlich hatten diese Frauen die freie Wahl, ihre Arbeit aufzugeben. Aber sie durften doch deshalb nicht glauben, dass eine solche Entscheidung keinen Einfluss darauf hätte, wie Frauen in der Gesellschaft insgesamt behandelt wurden! (Warum denn Frauen überhaupt Stipendien für ein College-Studium oder eine medizinische Ausbildung anbieten, wenn später nur eine fünfzigprozentige Chance besteht, dass sie diese Investitionen wieder einspielen?)

Als ich Linda Hirshman 2014 in ihrer New Yorker Wohnung besuche, um noch einmal mit ihr über die Argumente aus »Homeward Bound« und ihr 2005 erschienenes Buch *Get to Work*, das sie aus dem Artikel entwickelte, zu sprechen, dauert es gar nicht lange, und wir sind bei *Sex and the City*. Ich bin ein bisschen erleichtert, dass diese beeindruckende Frau zu mir sagt, sie halte das Drehbuch zu dieser Fernsehserie für »einen enorm einflussreichen Text«, bevor ich es tun muss. Die Episode, über die wir diskutieren, ist die vierte der siebten Staffel. Charlotte wird von Miranda gefragt, warum in aller Welt sie denn ihren Job in der Kunstgalerie an den Nagel hängen wolle, nur, weil sie jetzt eine verheiratete Frau sei. Daraufhin wiederholt Charlotte gebetsmühlenartig die Worte: »Ich wähle meine Wahl! Ich wähle meine Wahl!« Es ist ein absurder, überraschender Moment, denn Charlotte ist ja unter den vier Freundinnen die konservativste und ideologisch am wenigsten radikale: Sie liebt Perlenketten (auf die sie auch gerne mal ihre Hand legt, wenn sie wegen irgendetwas aus der Fassung gerät) und glaubt unverdrossen an die Mär von Heirat und Mutterschaft, auch wenn das reale Leben sie immer wieder enttäuscht. Es ist Charlotte, die in der Premierenfolge der dritten Staffel das Unaussprechliche ausspricht, als sie zum Entsetzen ihrer Freundinnen behauptet, »dass Frauen im Grunde bloß immer [von einem guten Mann] gerettet werden wollen.« Ausgerechnet Charlotte die Sprache des Feminismus, wie verwässert auch immer, in den perfekt lipglossierten Mund zu legen, war in etwa so, als hätte man sie Slam-Poetry aufsagen lassen – die komische Wirkung entstand aus der Unwahrscheinlichkeit. Die listige Kritik der Serie an der marktfeministischen Auffassung, dass jede Entscheidung eine feministische sein kann, solange es nur eine Feministin (selbst eine vorübergehende) ist, die sie trifft, ist zum geflügelten Wort geworden

Beinahe jede Frau, mit der ich während der Recherche zu diesem Buch sprach, kreischte im Tonfall gespielter Empörung sofort »Ich wähle meine Wahl!«, wann immer die Rede auf den Choice-Feminismus kam.

Der Choice-Feminismus erlebte in den letzten Jahrzehnten eine wahre Blüte, und das hat vor allem einen Grund: Medienkonzerne und Popkultur sind (ähnlich dem Supreme Court im Fall Roe) nicht sonderlich daran interessiert, im Sinne der Gleichstellung der Frau zu argumentieren, stattdessen aber absolut erpicht darauf, Frauen gegeneinander auszuspielen. Der Choice-Feminismus hat den Massen das Projekt »Beurteile nie eine Wahl besser als eine andere« untergejubelt und sich dazu größtenteils der Strategie bedient, institutionalisierte Normen und Gepflogenheiten zu individuellen Begrifflichkeiten umzurüsten und die Frauen im öffentlichen Raum die Sache unter sich ausfechten zu lassen. Hier tut sich eine wahre Goldgrube auf, vor allem in einer Sphäre neuer Medien, wo mithilfe eines schönen, soliden Tauziehens zwischen »Meine Entscheidung ist feministisch und ermächtigend!« und »Nein, ist sie nicht, und ich sag' dir auch, warum!« die so begehrten Klicks und Werbeeinnahmen erzielt werden können.

»Ermächtigung als Funktion von Konsumentscheidung ist kein Feminismus«, stellte eine feministische Wissenschaftlerin fest, die ich interviewte. »Denn beim Feminismus geht es grundsätzlich um Gleichstellung, und das passt mit Kapitalismus überhaupt nicht zusammen.« »Allerdings«, so fügt sie eilig hinzu und bittet mich dann, sie nur anonym zu zitieren, »laufen solche Gespräche oftmals am Ende darauf hinaus, dass die Leute sagen ›Jetzt wirf mir doch nicht dauernd vor, was ich mag oder nicht mag!‹ Frau kann einfach nicht darüber diskutieren, ohne dass es gleich als Verurteilung interpretiert wird.« Feministische Konsument*innen stehen in der Verantw... e Enge des Korsetts »Entscheidungsfreiheit + Ermächti-
...ninismus« zu erkennen. Das gehört zum Wesen kriti-
...ikens, welches wiederum in einer medial geprägten

Kultur unabdingbar ist. Das Problem liegt – um die anonyme Wissenschaftlerin wieder aufzunehmen – darin, dass ein solches Hinterfragen an sich Gefahr läuft, als nicht feministisch genug interpretiert zu werden.

Da Wahlfreiheit inzwischen als feste Linse etabliert ist, durch die alles und jedes betrachtet werden muss, will sich natürlich niemand aus dem Fenster lehnen und zu bedenken geben, dass eine Entscheidung vielleicht, aber auch nur ganz vielleicht, ein klitzekleines Schrittchen in Richtung einer Welt mit objektiv mehr Gleichberechtigung oder von dieser weg sein könnte. Der Shitstorm, der folgen würde (wie Linda Hirshman bezeugen kann, über die nach »Homeward Bound« ein wahrer Tsunami von Hass-Mails hereinbrach), wäre überwältigend. Also machen wir zu allermeist, wenn überhaupt, nur vorsichtige Andeutungen und anschließend sofort einen Rückzieher bei allem, was auch nur im Entferntesten als öffentliche Verurteilung der Entscheidung einer anderen Frau missverstanden werden könnte. Ein neutraler Beobachter, der an Verschwörungstheorien glaubt, würde vielleicht sagen, der Choice-Feminismus sei ein magisches Gegenmittel zum aktivistischen Feminismus, das den Fokus des Feminismus in der öffentlichen Wahrnehmung von der Umverteilung von Macht und Ressourcen weggelenkt und ihn zur narzisstischen Betrachtung kleinster Unterschiede verwässert hat.

Es ist in der Tat eine wichtige Feststellung, dass der Choice-Feminismus innerhalb der echten feministischen Bewegungen keineswegs genährt wurde, jedenfalls anfangs nicht. Er bildete vielmehr einen Kontext, der – genau wie der Postfeminismus – von Trendstorys geschaffen und verstärkt wurde und unweigerlich stets die Schlussfolgerung nach sich zog, der Feminismus habe den Frauen eher geschadet als genützt. Er hatte ihnen eingeredet, sie bräuchten einen Job, wo sie doch nur eines wollten: mit den Kdern zu Hause sein. Er hatte sie dazu gedrängt, sich in Ko. zu den Männern zu begeben, anstatt sich ihnen als Beschü.

zuvertrauen. Er hatte sie dazu gebracht, ihren naturgegebenen Instinkt zum Kinderkriegen zu verleugnen, bis es zu spät war.

Um die Mitte der 2000er Jahre wurden der Choice-Feminismus und seine Ableger, die sogenannten Mommy Wars, zum großen Thema. Zufälligerweise war es zu dieser Zeit auch leichter denn je zuvor, sich in den Graswurzel-Feminismus einzubringen. Diese Bewegung tauchte vielfach online in Gruppenblogs auf, schwelte in politischen Aktionskomitees und weitete sich rasend schnell auch auf traditionell weniger akademische Felder wie Gefängnisreform und Reform des Arbeitsrechts aus. Doch als Story für die Medien sind Frauen, die gemeinsam neue Gesetzentwürfe erarbeiten, einander technisches Know-how beibringen oder sich dafür einsetzen, dass inhaftierte Frauen ihr Baby zur Welt bringen können, ohne gefesselt zu sein, ein großer Schnarcher. Und noch dazu auf der Einnahmeseite viel unergiebiger als eine kosteneffiziente Verwertung von Trends, bei der man auf bereits rollende Themen aufspringt, die künstlich aus der Masse von Trends oder Befragungen und dem Treibgut der Prominenten hochgepeitscht werden. Ein Pro-und-Contra-Text hingegen, in dem der Behauptung einer Frau, Highheels hätten nichts mit Feminismus zu tun, die wortgewaltige Verteidigung von Highheels durch eine zweite Frau gegenübergestellt wird, schlägt gleich mehrere Fliegen mit einer Klappe: Er füllt auf kostengünstige Weise Seiten, denn Studien oder Recherchen sind überflüssig; er legitimiert den Markt als behaupteten Ort der Ermächtigung für Frauen; er macht das Ganze attraktiv für Werbeleute. Und er suggeriert den Leser*innen, dass das eigentliche Hindernis für feministischen Fortschritt nicht frauenfeindliche Gesetzgeber oder gierige Unternehmenspolitik sind oder, ihr wisst schon, *die Ungleichheit der Geschlechter*, sondern das ewige Gezanke der Frauen untereinander darüber, was als Ermächtigung zählt und was nicht.

Je mehr das Prinzip »Wahlfreiheit« ins Zentrum des Marktspiels rückte, desto mehr wurde der Begriff vernebelt – was vielleicht eine Ironie ist, denn je stärker das Konzept mit den reproduktiven Rechten von Frauen assoziiert wird, desto weniger Beachtung finden gesetzgeberische Fehlschläge in Bereichen, die ebenfalls die Autonomie von Frauen beeinflussen, von bezahlbarer Kinderbetreuung bis hin zu gleichem Lohn für gleiche Arbeit. »Wahlfreiheit« zur Begründung individueller Entscheidungen heranzuziehen – und, vielleicht sogar noch wichtiger, um klarzumachen, dass Kritik an diesen Entscheidungen *un*feministisch ist – ist nicht so sehr unethisch oder amoralisch, sondern greift einfach viel zu kurz.

Es ist doch völlig logisch, dass Entscheidungen nicht in einem Vakuum getroffen werden. Wir schreiben einer beliebigen Anzahl von Entscheidungen, die wir tagtäglich treffen, finanziellen, ästhetischen und moralischen Wert zu, und die meisten von uns verstehen, dass sich diese Entscheidungen in der großen Welt auswirken. Menschen wählen, trennen Müll, engagieren sich ehrenamtlich und spenden für eine Sache, der sie sich verbunden fühlen. Sie gehen behutsam mit Kindern und alten Menschen um, und sie treten keine kleinen Kätzchen oder Hundebabys. Oder sie tun eben genau das. Sie unterschlagen Geld, beschimpfen, missbrauchen oder misshandeln Familienmitglieder, geben im Restaurant kein Trinkgeld und richten Zerstörungen in Nationalparks an. Soziopathen ausgenommen, drücken die meisten von uns mit ihren Entscheidungen regelmäßig auch ihr ethisches Bewusstsein und ihre Werte aus. Und wir wissen ganz genau, dass in vielen dieser Entscheidungen das Potenzial liegt, die Welt besser oder schlechter zu machen. Auch nach der Ideologie des Feminismus ist manches – etwa soziale und politische Gleichstellung und körperliche Selbstbestimmung – besser als anderes, wie etwa Ungleichheit, häusliche und sexuelle Gewalt und geschlechtsbedingte Unterwerfung. Die Argumentation, alle Entscheidungen seien gleich gut, solange sie von einzelnen Frauen getroffen würden, entbehrt jeglichen Sinns. Und ebenso unlogisch ist es, dieses Argument in einen neoliberalen Rahmen zu zwängen und zu behaupten, die Entscheidungen einer Frau beträfen nur sie allein. Sieht so aus, als hätten wir uns ins Abseits ermächtigt.

Ermächtigung – eine echte Bank

Laut Google Trends erreichte die Verwendung des Begriffs »Ermächtigung« ihren Höhepunkt in den Jahren 2004 und 2005. Spätestens zu diesem Zeitpunkt fasste er in allen Bereichen Fuß – im feministischen Diskurs, im Verbrauchermarketing, in der Unternehmenskultur. »Ermächtigen« gesellte sich in Vorstandsetagen, Aufsichtsratssitzungen, Vision-Statements und Businessplänen zu »Synergie«, »Messgröße« und »Downdrillen« und wurde schließlich von *Forbes* zum »gönnerhaftesten transitiven Verb aller Zeiten« gekürt.[65] Es wurde zur Devise einer ganzen Reihe von Unternehmen, eines nationales Fitness-Events und einer geradezu schwindelerregenden Anzahl von Yoga-Studios. Es wurde zu einem Lieblingswort im Firmenjargon von Microsoft, wo es immer wieder und mit beeindruckend nebelhafter Wirkung in Memos und öffentlichen Ansprachen der ehemaligen und aktuellen CEOs Steve Ballmer und Satya Nadella Verwendung fand und findet.

Anderswo, etwa in Diskursen und Debatten zum Thema Sex als Aktivität und Konsumgut, entwickelte sich Ermächtigung zu einer Art Kürzel, das bedeuten kann »Ich bin stolz, dies und jenes zu tun«, ebenso gut aber auch »Dies oder jenes ist nicht gerade ideal, aber es ist immer noch Klassen besser als einige der Alternativen«. So war zum Beispiel das Ermächtigungsgefühl, das sich durch Strippen erreichen ließ, gegen Ende der 1990er und Anfang der 2000er Jahre ein heißes Thema unter Akademikerinnen oder anderweitig privilegierten jungen Frauen, die sich dieser steuerfreien Zweitbeschäftigung hingaben. In deren unzähligen Lebenserinnerungen ist mittlerweile nachzulesen, was sie in der Welt des Sexmarktes über sich selbst herausgefunden haben. Dasselbe gilt für die Prostitution, mit Blogs wie Belle de Jour oder College Call Girl und Büchern wie Tracy Quans *Diary of a Manhattan Call Girl.* Was diese oftmals unglaublich fesselnden und gut geschriebenen Texte gemeinsam hatten? Etwas ganz Entscheidendes: Sie stammten alle von jungen, weißen Sexarbeiterinnen, die inzwischen nicht mehr anschaffen gingen.

Eins möchte ich an dieser Stelle mit aller Deutlichkeit klarstellen: An der Seite der Sexarbeiterinnen für das Prinzip einzustehen, dass Sexarbeit Arbeit ist, ist ein Thema, dessen Bedeutung man gar nicht hoch genug einschätzen kann. Und: Meine nicht vorhandene praktische Erfahrung auf diesem Gebiet schließt irgendwelche Äußerungen im Rahmen dieses Buches dazu aus. Aber ich finde es interessant, dass »Ermächtigung« derart oft als reflexhafter Verteidigungsmechanismus benutzt wird, wenn die Rede auf diese Art der Erfahrung als Sexarbeiterin kommt, weitaus seltener dagegen, wenn die Erfahrungen von Leuten beschrieben werden, deren Zeit in dieser Branche nicht so begrenzt ist und sich nicht so gut zur Verarbeitung in Büchern eignet – Transgenderfrauen, ausgebeutete Teenager und illegal ins Land Geholte, Männer und Frauen, die durch Armut, Missbrauch oder Drogenabhängigkeit in die Sexarbeit gezwungen werden. Und mich fasziniert die Tatsache, dass es Tausende von Popkulturprodukten gibt, mit deren Hilfe Frauen von einer Sexindustrie ermächtigt werden, der es mitnichten um Ermächtigung geht, dafür aber nur sehr wenige, mit deren Hilfe Frauen dazu ermächtigt werden, sexuelle Entscheidungen zu ihren eigenen Bedingungen zu treffen, außerhalb eines Status quo, in dem der Körper der Frau eine zum Kauf oder Verkauf bestimmte Ware ist. Die Frau hinter dem Pseudonym Belle de Jour und andere Sexarbeiterinnen haben darüber geschrieben, wie viel Spaß ihnen dieser Job gemacht hat. Wäre der Markt ebenso gierig nach Geschichten, in denen junge Frauen durch ihre Karriere als, sagen wir mal, Elektrikerin ermächtigt wurden, würden sich Verleger alle zehn Finger lecken nach persönlichen Lebenserinnerungen, die von einem jugendfrohen, selbstgewählten Intermezzo in der Welt des Klempnerhandwerks erzählen, dann wäre eine Handvoll ermächtigter Sexarbeiterinnen keine große Nummer. Bis das der Fall ist, lohnt es sich allerdings zu hinterfragen, warum der Begriff so häufig die erste Verteidigungslinie bildet.

Andernorts in der Popkultur verkam Ermächtigung geradezu zum Wegwerfartikel. Den Rahmen dafür gibt im Grunde der eingangs erwähnte geistlose Artikel im Promi- und Klatschmagazin *OK!* vor: Ermächtigung ist »die Fähigkeit, zu tun, was immer du willst«. Hier geht es weder um Wandel, noch um Aktivität oder Forderungen und schon gar nicht um Gemeinschaft. Der Begriff ist apolitisch, vage und dermaßen nicht-konfrontativ, dass es praktisch unmöglich ist, gegen ihn zu argumentieren. Einen Tag ohne Makeup genießen und am nächsten von Kosmetik ermächtigt werden? Klar! Einen kleinen Abstecher in die Sexarbeit? Warum nicht? Gruppencoaching und Ideenfindungsurlaub auf Hawaii? Von mir aus gerne! Innerhalb nur weniger Jahrzehnte mutierte »Ermächtigung« vom Inbegriff einer Strategie radikalen gesellschaftlichen Wandels zu einem Schlagwort der Globalisierung, und am Ende wurde daraus eine Zutat unter vielen im Allerweltssalat des Konsumgeschwurbels. »Erschwächtigung« träfe es daher wohl besser, oder?

»Feminismus« und »Ermächtigung« – beides waren einst präzise definierte Begriffe. Und beide sind verwässert worden, zum Teil aus Angst vor den Veränderungen, für die diese Definitionen standen, zum Teil von einem Markt, der (einige) ihrer Ziele vereinnahmt hat. Beide waren und sind erfolgreich und erfolglos zugleich, und beide sind auch weiterhin Projekte, für die zu arbeiten sich lohnt. Doch die Reflexion über Ermächtigung ist mittlerweile völlig abgenudelt und beinahe schon zwangsläufig gendergeprägt. Wir können mögen, was wir mögen, und Dinge gut finden, die die Gesellschaft vielleicht nicht gutheißt. Doch Ermächtigung weiterhin ausschließlich an Frauen und feministischen Bewegungen festzumachen, vernebelt langsam aber sicher den Blick nach vorn. Denn eins ist klar: Wenn alles ermächtigend ist, ist nichts ermächtigend.

KAPITEL ACHT
DER AUFSTIEG DER MÄCHTIGEN FRAU

Wir können es uns heute kaum vorstellen, aber vor neununddreißig Jahren finanzierte die US-Regierung eine landesweite Frauenkonferenz, deren Ziel es war, Empfehlungen für Themen, Plattformen und die Priorisierung der Aufgaben zu erarbeiten. Seinen Anfang nahm das geistige Kind der Kongressabgeordneten Bella Abzug und Patsy Mink im Jahr 1975 in einem von Präsident Gerald Ford eingesetzten nationalen Ausschuss, der sich um die Internationale Dekade der Frau kümmern sollte (den Frauen wurde damals nicht nur hin und wieder ein Jahr gewidmet). Ausgestattet war die Konferenz, die an vier Tagen im November 1977 in Houston stattfand, mit 5 Millionen Dollar, und unter den 15 000 bis 20 000 Teilnehmer*innen befanden sich allein 2000 offizielle Delegierte aller fünfzig Bundesstaaten und sechs Territorien. Die Kongressabgeordnete Barbara Jordan aus Texas hielt eine Grundsatzrede, und die Delegierten erarbeiteten unter Leitung von Bella Abzug verschiedene Themen und entwickelten einen Aktionsplan mit sechsundzwanzig Punkten, der dem US-Kongress und Präsident Jimmy Carter überreicht wurde. Der »Forderungskatalog« enthielt unter anderem die Schwerpunkte sexuelle Diskriminierung, Einkommensungleichheit, Bildung, Rechte von Minderheitenfrauen, Rechte von Behinderten, Abtreibung, Kindererziehung, den Verfassungszusatz für die Gleichberechtigung (Equal Rights Amendment) und das Antidiskriminierungsgesetz für das Kreditwesen (Equal Credit Opportunity Act). In dem Dokumentarfilm über die Konferenz *Sisters of 77* äußerten sich im Jahr 2005 viele Frauen nachdenklich über die Wirkung dieses einmaligen historischen Ereignisses. Es gab zwar Streit (vor allem über Abtreibung), es gab Anfeindungen (vor allem, vorhersehbar, vonseiten der erzkonservativen Aktivistin Phyllis Schlafly und der familienorientierten Anhängerschaft der Bewegung STOP ERA), aber es herrschte doch auch das Gefühl, dass kein Weg mehr zurückführte in eine Zeit, in der Frauen auf der politischen Agenda des Landes schlichtweg gefehlt hatten. »Der Funke sprang auf viele Frauen über«, erinnerte sich Ann Richards, die Gouverneurin von Texas, in dem Film, »weil sie nun wussten, dass sich der Kampf lohnte und sie mit ihren Anstrengungen nicht allein dastanden, dass es Tausende von Frauen gab, die mit ihnen einer Meinung waren und ihnen helfen würden.«

Stellen wir uns vor, eine solche Konferenz fände heute statt. Mag sein, dass sie von einer ähnlichen Aufbruchstimmung beseelt wäre, aber ich bin mir zu 99,9 Prozent sicher, dass sie nicht vom Staat finanziert würde, sondern von diversen multinationalen Konzernen: Verizon, Estée Lauder, Gucci. Sie würde auch nicht in einem Konferenzzentrum stattfinden, sondern in einer todschicken Hotelanlage, damit sich frau, wenn nötig, zwischendurch kurz eine Algen-Detox-Packung gönnen kann. Vor dem Hotel würden Paparazzi lauern, um Schnappschüsse von den teilnehmenden Promis Salma Hayek, Angelina Jolie und Amal Clooney zu erhaschen, und vielleicht wäre sogar ein roter Teppich ausgerollt. Die Veranstaltungen würden Themen behandeln wie »Führungsaufgaben übernehmen« oder »Achtsamkeit bei der Markenbildung«. Der Aktionsplan stünde nicht im Mittelpunkt der Konferenz, sondern würde als optionaler Workshop zwischen der Podiumsdiskussion über »Finanzielles Empowerment« und einem Gespräch zwischen Hayek und Jolie stattfinden, das für 175 Dollar zugebucht werden könnte, inklusive Geschenktasche mit Chia-Samen-Energieriegeln, einer Luxus-Hautmaske und einem Coupon für Activia-Joghurt.

Gut möglich, dass die ganze Sache ziemlich genau so aussehen würde wie die zweitägige MAKERS-Konferenz für geladene Gäste, die, finanziert von AOL und American Express, im Februar 2014 in einem Strandhotel in Rancho Palos Verdes, Kalifornien, stattfand. Auf MAKERS, der Internet-Plattform für Erfolge und Leistungen von Frauen, wurde die Konferenz als bahnbrechendes Ereignis angekündigt, das »die Agenda für berufstätige Frauen im 21. Jahrhundert völlig neu schreiben« werde. Als jemand darauf hinwies, dass dieses Ziel doch reichlich überheblich sei angesichts der Gästeliste, auf der viele Stars und Unternehmenschefinnen standen, Gewerkschafterinnen beispielsweise aber fehlten, wurde der Text hastig geändert, und es hieß, die Konferenz werde »die wichtigsten Führungspersönlichkeiten und Wegbereiterinnen aus Unternehmen, gemeinnützigen Organisationen und staatlichen Stellen präsentieren, die sich für Frauenfragen und die Vereinbarkeit von Familie und Beruf stark machen«.[66]

Auf der Konferenz ging es – so weit die guten Nachrichten – im weitesten Sinn durchaus um Frauenthemen: Zu den Redner*innen gehörten die US-Fernsehmoderatorin und -köchin Martha Stewart, die Astronautin Mae Jemison und die Kongressabgeordnete Gabrielle Giffords. Berufliche Fragen kamen in Veranstaltungen wie »Marken machen: IN der Marke leben« und »Angst heißt Los geht's: Veränderungen und Herausforderungen annehmen« zur Sprache. Obwohl das Wort »Feminismus« in den Pressematerialien der MAKERS-Konferenz nicht vorkam, scheuten einige der Rednerinnen nicht davor zurück: Sheryl Sandberg forderte in einem Gespräch ihr Publikum auf, »das Wort ›herrschsüchtig‹ zu verbannen und das

Wort ›Feminismus‹ wieder zu verwenden«, und Geena Davis rief leidenschaftlich dazu auf, die unbewusst verzerrte Gender-Darstellung in Film und Fernsehen zu überwinden. Doch insgesamt war es eine Konferenz, auf der sehr elitäre Frauen andere sehr elitäre Frauen für ihre individuellen Leistungen in sehr exklusiven Bereichen lobten und – das war durchaus Absicht – den geldgebenden Konzernen halfen, ihre Produkte besser an ein weibliches Publikum zu vermarkten.

»Mich hat das richtig angeekelt«, räumt die Autorin Anna Holmes ein, Gründerin und Chefredakteurin der Frauen-Website *Jezebel* und Kolumnistin für die *New York Review of Books,* die sich unter den geladenen Gästen befand. Holmes und ich sitzen in der Filiale einer New Yorker Bäckereikette und sinnieren über den rapiden Aufstieg des Feminismus als dekontextualisiertem Stil-Statement. »Es fand überhaupt keine nachhaltige Diskussion statt«, fährt sie fort. »Wir bekamen nur Plattitüden und Verallgemeinerungen zu hören. Da interviewte doch tatsächlich Jennifer Anniston Gloria Steinem. Ich meine, was soll das denn?« (Die Autorin Megan Koster, die ebenfalls teilnahm, lästerte in der Zeitschrift *Vice:* »Als Steinem darüber klagte, dass Schauspielerinnen immer noch deutlich jünger sein müssen als ihre männlichen Kollegen, erwiderte Aniston: ›Was meinen Sie damit?‹, als hätte sie noch nie einen Film gesehen, in dem sie nicht die Hauptrolle spielte.«) Als ich Holmes bitte, das näher auszuführen, zögert sie kurz, ehe sie sagt: »Es wurde überhaupt nicht über Themen wie Frauengesundheit gesprochen oder wie das politische System Frauen den Zugang zu staatlichen Leistungen erschwert. Echte, wirkliche Probleme, die – Anführungszeichen – reale Frauen betreffen. Ich sage ja nicht, dass das eine Prozent der Frauen nicht über Dinge reden sollte, die sie betreffen. Aber dort wurde die Welt und die Gleichstellungspolitik sehr vereinfacht dargestellt.«

Holmes räumt ein, dass die Aufbruchstimmung auf der Konferenz einige der anderen Teilnehmerinnen vermutlich inspiriert und gestärkt habe. Doch nach unserem Gespräch musste ich an die Millionen von Frauen denken, denen nichts ferner liegt als eine neue »Agenda für berufstätige Frauen im 21. Jahrhundert«. Ähnlich wie bei dem Nike-Spot »If you let me play«, der mit spielenden Kindern für Turnschuhe wirbt (hergestellt von Kindern in einem Ausbeuterbetrieb) oder dem Trickle-down-Feminismus einer Sheryl Sandberg und Marissa Mayer (ermöglicht durch Heerscharen von Kindermädchen und Putzfrauen) sprechen auch diese Konferenzen in bequemer Distanz zu der deutlich weniger individualistischen und glamourösen Realität der meisten Frauen eine spezielle weibliche Macht an und vermarkten sie.

Die MAKERS-Konferenz reiht sich ein in einen wachsenden Trend des Marktfeminismus, einen finanzstarken Kreislauf der Ideen, der Networking, Wissensaustausch und Cheerleading hochhält und unter einer »Frau« die Mitarbeiterin eines bekannten Unternehmens im urbanen Umfeld versteht. Eine wachsende Zahl von Konferenzen und Tagungen macht seit einigen Jahren Schlagzeilen als Barometer für den neuen weiblichen Einfluss. Über ein exklusives Erlebnis, das Individualität und Macht als etwas singulär Weibliches würdigt, vermitteln solche Konferenzen den Teilnehmerinnen das Gefühl, ein außergewöhnliches weibliches Individuum unter anderen außergewöhnlichen weiblichen Individuen zu sein. Exklusiv und teuer: Eine Eintrittskarte für den jährlich stattfindenden Frauen-Gipfel Women in the World kostet 500 Dollar, für Thrive zahlt frau 300 Dollar und für S.H.E 250 Dollar (mit Frühbucherrabatt); die Konferenz der Zeitschrift *Cosmopolitan,* Fun Fearless Life ist mit 199 Dollar ein echtes Schnäppchen, vor allem, wenn man zum Vergleich die 3500 Dollar und die 8500 Dollar heranzieht, die für die Teilnahme an MAKERS oder Fortune Most Powerful Women des bekannten Finanzmagazins *Fortune* fällig werden.

Dabei handelt es sich eigentlich nicht um rein weibliche Konferenzen, zumal viele der Unternehmenschefs, die als Redner auftreten, selbstverständlich männlich sind – auf der MAKERS-Konferenz heißen sie »*manbassadors*«. Doch eines der wichtigsten Ziele dieser Veranstaltungen ist es, zu demonstrieren, dass gebildete, steinreiche Frauen mittlerweile eine ernst zu nehmende Wirtschaftsmacht darstellen und Marken prägen können. Machen wir uns nichts vor: In einer Zeit, in der die traditionellen Zeitschrifteneinnahmen durch die veränderten ökonomischen Bedingungen in den Medien stark zurückgegangen sind, sollen die Frauen auf diesen Konferenzen nicht etwa ermächtigt, sondern an Werbekunden verkauft werden. Diese Definition von Ermächtigung löscht alle aus, die nicht im wichtigsten Sinn des Wortes – nämlich finanziell – ermächtigt sind, denn ihre Stimmen spielen für die Neufassung einer Agenda oder die Gestaltung eines erfüllten Lebens keine Rolle. Verstärkt wird diese Dissonanz dadurch, dass einige der Veranstaltungen von Hotelketten gesponsert werden (etwa dem Hyatt, in dessen Häusern sowohl der Forbes Women's Summit als auch die Konferenz Women and Success der Zeitschrift *Real Simple* aus dem Medienunternehmen Time Inc. stattfinden) – Hotels, mit denen die Gewerkschaften wegen Bezahlung, Arbeitszeiten und Arbeitsbedingungen der überwiegend weiblichen Belegschaft heftig im Clinch liegen. Es würde den Veranstaltern gut anstehen einzuräumen, wie schmal ihre Zielgruppe eigentlich ist – aus der Behauptung, dass sie Frauen insgesamt ermächtigten, spricht eine krasse Ignoranz.

Ein Artikel der *New York Times* über das Phänomen der elitären Frauenkonferenzen zitierte 2014 eine Vertriebsberaterin, die häufig an solchen Ereignissen teilnimmt, mit den Worten: »Da entsteht eben ein neuer Mädelsclub. [...] Ich meine, nichts für ungut, aber Männer betreiben dieses Konferenz-Networking seit Jahren.«[67] Das stimmt. Deshalb ist auch leicht einzusehen, dass die Frauen-Konferenzen, die uns plötzlich auf Schritt und Tritt begegnen, weniger die Umsetzung der Gleichberechtigung im Sinn haben als eben den weiblichen Goldesel, auf den sich vor einem Jahrhundert schon die Tabakindustrie stürzte. Säße ich in einer Third-Metric-

oder S.H.E.-Konferenz, würde man mich dafür vermutlich aus dem Saal schmeißen, aber die Frage muss erlaubt sein: Ist das wirklich Feminismus? Oder ist es bloß eine uralte Masche im neuen Gewand – der Verkauf von Produkten und Ideen auf der Grundlage des Gender-Essenzialismus?

Der Gender-Essenzialismus geht, vereinfacht ausgedrückt, von binären, festgelegten Unterschieden zwischen Männern und Frauen aus, die angeblich »natürliche« Verhaltensweisen und Eigenschaften erklären. Dem Gender-Essenzialismus zufolge sind Männer aggressiv, individualistisch und eher rational als emotional; Frauen sind passiv, sozial und eher emotional als rational. Seit Jahrhunderten rechtfertigt der Gender-Essenzialismus die Ungleichbehandlung und öffnet allen möglichen Hirngespinsten Tür und Tor, seien es fundamentalistische religiöse Vorstellungen (die Frau als Moralwächterin über die Reinheit), schablonenhafte Frauenbilder in der Popkultur (die Frau als loyale Freundin und Ehefrau) oder Geschlechterrollen am Arbeitsplatz (Frauen steigen nicht so schnell auf wie Männer, weil sie sich in Machtpositionen nicht wohl fühlen).

Der Vater des Essenzialismus war Aristoteles, für den die Frau »eine Art zeugungsunfähiger Mann« war.[68] Doch obwohl in den Jahrtausenden, die seither vergangen sind, diese Definition widerlegt werden konnte, blieben die Versuche, den Gender-Essenzialismus als solchen zu demontieren, erstaunlich erfolglos. Seine Sprache, Motive und Bilder dienten Medien und Popkultur stets als stabile Grundlage, halten sich in der Arbeitswelt auf allen Ebenen und in sämtlichen Branchen, haben sich tief in die Sportkultur eingeschrieben und prägen religiöse Dogmen und Texte. Doch obwohl immer mehr Menschen Gender als eine nicht festgelegte, fließende Kategorie begreifen, wurde gerade in den letzten Jahrzehnten kulturell und politisch die Biologie als Schicksal festgeklopft, ein Schicksal, in dem der Markt eine geradezu überwältigend sinnstiftende Rolle spielt.

Die Differenzindustrie

Aristoteles wäre sicher stolz gewesen auf den Psychologen und »Vater der Adoleszenz« G. Stanley Hall. Wie viele Mediziner des frühen 20. Jahrhunderts war er davon überzeugt, dass Frauen am besten ungebildet bleiben sollten, damit nicht etwa eine »Überaktivität des Gehirns« ihre wichtigste Funktion störe, das Gebären und Erziehen von Kindern. Und Edward Clarke erklärte 1873 in einem Text mit dem auf den ersten Blick vielversprechenden Titel »Sexualität in der Erziehung, oder Eine faire Chance für die Mädchen«, junge Frauen, die »nach Art der Jungen« studierten, fielen mit großer Wahrscheinlichkeit Gebärmutter- und Eileiterschwund, Wahnsinn und Tod anheim. Zwar wurden solche Studien von zahlreichen Wissenschaftlern widerlegt – darunter Frauen, die eine Ausbildung gemacht und überlebt, mithin also etwas zu dem Thema beizutragen hatten –, doch Gegner der Gleichberechtigung nahmen die Theorien genüsslich auf. Gustave Le Bon, einer der »Kraniometer«, deren Arbeit Steven Jay Gould 1980 in seinem Essay »Frauenhirne: Kleiner, aber nicht feiner« auseinandernahm, verfasste 1879 einen klassischen Beitrag zu der ewigen Leier »Nur keine Bildung für Ladies«: »[B]ei den intelligentesten Rassen, wie bei den Parisern, gibt es eine große Anzahl Frauen, deren Gehirn der Größe nach den Gorillas näher steht als den höchstentwickelten männlichen Hirnen. Diese Unterlegenheit ist so offensichtlich, dass niemand sie auch nur einen Augenblick lang bestreiten kann. [...] Der Wunsch, ihnen dieselbe Bildung zu gewähren und folglich auch dieselben Ziele für sie zu setzen, ist eine tückische Schimäre.«[69] (Le Bon hatte, wie man sich vorstellen kann, auch recht spezifische Ansichten über das Gehirn anderer »Rassen«, Ethnien und Kulturen, bei deren Beurteilung vielleicht hilft zu wissen, dass Adolf Hitler ein Fan seiner Arbeit war.)

Man kann über diese scheinbar kauzigen altmodischen Theorien lachen, doch in vielen Kulturen hält sich die bisweilen erbitterte Ablehnung von Bildung für Mädchen und Frauen bis heute, auch wenn eigentlich weltweit mittlerweile erkannt wurde, wie wichtig sie ist, und eine entsprechende Förderung stattfindet. Nicht einmal in den Vereinigten Staaten will man sich eingestehen, dass sich auch in unserer eigenen Kultur Ressentiments gegen Bildung für Mädchen und Frauen hartnäckig halten. Nur weil heute niemand mehr Schulmädchen Säure ins Gesicht spritzt oder eine Kugel in den Kopf jagt, wird so getan, als wären alle Spuren früherer Ungleichheit aus den heiligen Hallen der Gelehrten getilgt. Wir mögen die fundamentalistisch christliche »Stay-at-home-daughter«-Bewegung belächeln, deren Prediger in Megakirchen ihre Gemeinde davor warnen, Mädchen aufs College zu schicken, weil sie dort von gefährlichem Wissen verdorben und ihrer wahren Bestimmung am heimischen Herd entrissen würden. Doch in der Berichterstattung der großen Medien zum Thema Bildung werden oft ähnlich merkwürdige Befürchtungen laut.

So wird mit spürbarer Unruhe über die Entwicklung der schulischen Leistungen und des College-Besuchs berichtet. In allen Bevölkerungsgruppen schreiben sich heute mehr Frauen als Männer in Colleges und Universitäten ein, während der Anteil der Männer stabil bleibt. Das heißt, es schreiben sich nicht weniger Männer ein, sondern es werden einfach immer mehr Frauen. Doch die Beiträge über dieses Phänomen präsentieren die Entwicklung als eine gigantische Krise. So hieß es auf NBC Nightly News: »Wo sind die männlichen College-Studenten hin?« – als hätten sie sich in Luft aufgelöst. Verlässlich kehrt dann auch der essenzialistische Refrain wieder, der da lautet: »Und wer soll bitte die vielen überqualifizierten Mädchen heiraten?!?« Um das Phänomen, dass gebildete schwarze Frauen angeblich keinen Ehemann finden, tobt ein wahrer Medien-Hype, sei es in der Zeitschrift *Essence,* auf CNN oder in den Äußerungen Steve Harveys, einst Comedian, heute Beziehungsexperte. Die Diskussion dreht sich so gut wie nie tatsächlich um schwarze Frauen, so die politische Moderatorin Melissa Harris-Perry, sondern »stellt das Thema statt als gesellschaftliches Problem als ein

Problem der schwarzen Frauen dar; den Frauen wird sodann geraten, sich eine weichgespülte Definition von Weiblichkeit anzueignen, die nicht mit den sozial sanktionierten Definitionen von Männlichkeit konkurriert.«[70] So sind Bücher wie Harveys *Act Like a Lady, Think Like a Man* nicht etwa ernsthaft um das Glück oder die Erfüllung schwarzer Frauen besorgt, sondern vermitteln vielmehr die Vorstellung, wenn zu viele von ihnen erfolgreich, hochnäsig und alleinstehend seien, entstünde daraus ein gesellschaftliches Problem, das unbedingt behoben werden müsse. »Dass so viele schwarze Frauen Singles sind, dass sie in Bildung und Beruf Erfolg haben, dass sie so oft einen eigenen Haushalt haben, dass sie unabhängig sind, gilt als Beweis für ihre Unzulänglichkeit als Frau«, schrieb Tamara Winfrey Harris 2012 in *Ms*. »Kurz und knapp: Frauen überschreiten die Grenzen, die wir als ›natürlich‹ begreifen, und das macht Angst.«

Wenn sich der biologische Determinismus mit dem Kapitalismus paart, sind ihm keinerlei Grenzen mehr gesetzt. Die Assimilation an einen riesigen Markt überflüssiger geschlechtsspezifischer Produkte beginnt mittlerweile schon mit der Geburt, wenn auf Windeln Autos oder Prinzessinnen abgebildet sind, auf Baby-Bettbezügen Piraten oder Blümchen, nie aber beides gleichzeitig. Witzige Bodies für männliche Neugeborene tragen die Aufschrift »Berufswunsch Superheld« oder, schlimmer noch, »Hab 'n Kater wie 'n Zweijähriger«, während es für Mädchen »Prinzessin in Ausbildung« gibt oder gar »Sehen meine Oberschenkel fett aus?« Als ich vor ein paar Jahren ein Halloween-Kostüm für meinen Sohn kaufen wollte, war ich überrascht, dass die Superheldenkostüme, einstmals einfache bedruckte Plastiksäcke, mittlerweile als winzige kopflose Jean-Claude-Van-Damme-Kopien mit Schaumstoff-Muckis daherkommen, damit auch der Letzte begreift, dass sie für Jungs gedacht sind. (Für ein Mädchen stellt sich an Halloween mittlerweile nicht mehr die Frage, *ob* sie als Disney-Prinzessin gehen will, sondern als *welche*.)

Da hat sich einiges verändert seit dem eher gender-neutralen Marketing für Kinder der 1970er und 1980er. Natürlich waren Barbie und G.I. Joe schon damals im Spielzeuggeschäft in verschiedenen Gängen zu Hause, doch neben der Action-Figur zu Colonel Steve Austin, dem Sechs-Millionen-Dollar-Mann, gab es auch seine Freundin, die Sieben-Millionen-Dollar-Frau Jaime Sommers. Legos waren Bausteine in den wichtigsten Grundfarben und nicht vorgefertigte Bausätze für Star-Wars-Szenen und pastellfarbene Schönheitssalons. Als die Atari-Spielekonsole auf den Markt kam, wurde sie nicht »für Jungs« oder »für Mädchen« angeboten, sondern für Kinder. (Oder für meinen Vater, der sich nach eines langen Tages Arbeit mit einem Drink und einer Zigarette zum Spielen auf die Couch fläzte.)

Das Paradoxe am geschlechtsspezifischen Produktmarketing, das seit den 1990er Jahren an Fahrt aufgenommen hat, ist, dass den jüngeren Generationen einerseits ein größeres Spektrum an starken Rollenvorbildern und Gender-Identitäten zur Verfügung steht als je zuvor, ihnen andererseits aber die meisten Läden, die sie umwerben, vorschreiben, was »Jungen« und »Mädchen« tun und sind. Das macht es für alle Beteiligten kompliziert: für Jungs, die sich schämen, wenn sie »Mädchen«-Filme wie *Merida* oder *Die Eiskönigin* toll finden; für Mädchen, deren Altersgenossinnen kontrollieren, ob sie auch die richtigen Spielsachen haben; für Transgenderkinder, deren Selbstfindung noch dadurch erschwert wird, dass sie sich ständig festlegen müssen, sei es beim Stiftemäppchen oder bei den Gummibärchen; und auch für Eltern und Angehörige, deren Vorbehalte gegen solche steifen kommerziellen Vorgaben einfach abgebügelt werden mit Aussagen wie: »Er/sie ist doch noch viel zu klein, da ist es doch egal, ob das Spielzeug rosa oder blau ist.«

Und? Ist es denn wirklich so wichtig? Also – ja. Der Backlash ist unübersehbar im Kinderspielzeug, im Innendekor und in den Medien, wo so explizit geschlechtsspezifisch differenziert wird. Die Generationen, an die sich diese Produkte richten, wachsen mit den Früchten des Feminismus, der Gay Liberation, des Antirassismus und einer wachsenden Transgender-Akzeptanz auf. Für viele dieser Kinder und Jugendlichen ist es selbstverständlich, dass sie in und außerhalb der Schule gleiche Chancen haben. Sie haben wahrscheinlich zwei arbeitende Elternteile, die noch zusammenleben oder auch nicht. Und trotzdem ist die Welt um sie herum immer stärker nach Geschlechtern unterteilt und fordert von ihnen, dass sie sich einer von zwei klar voneinander getrennten Kategorien mit der jeweils zugehörigen Ästhetik und den entsprechenden Interessen zuordnen. Eine Werbe- und Marketingphilosophie, die mit der Betonung »natürlicher« Unterschiede Erfolg hat, beschränkt sich nicht auf das Reich von Werbung und Marketing, sondern greift um sich und öffnet der Rechtfertigung von Sexismus und Rassismus in allen Lebensbereichen Tür und Tor.

Bizarro-Feminismus

Der Marktfeminismus hat, gleich einem Selbstbedienungsbuffet für willkürliche Definitionen, in sprachlicher Hinsicht eine Situation geschaffen, in der das Wort »Feminismus« als Platzhalter für »Stärke«, »Autorität«, »Reichtum«, »Glück« und alle möglichen anderen, beliebig zirkulierenden Schlagwörter verwendet wird. Popstar Katy Perry zum Beispiel wollte sich nicht so gern als Feministin bezeichnen, bis sie darauf kam, dass Feminismus für sie bedeutet, »mich als Frau lieben und Männer lieben«. *Elle UK* fragte für die Dezember-»Feminismus«-Ausgabe 2014 eine Handvoll Beiträger*innen, was sie unter Feminismus verstünden, worauf ein Journalist (der Ehemann der britischen Autorin Caitlin Moran) die wahrlich sonderbare Antwort gab: »Gute Manieren.« Ein auf *Huffington Post Women* veröffentlichter Blog-Post verteidigte Caitlyn Jenner, die sich kurz zuvor als Transfrau geoutet hatte, mit den Worten: »Wir dürfen selbst definieren, was es bedeutet, eine Frau zu sein, und wir dürfen auch den Feminismus definieren.« Diese Haltung, nach der Leerstellen beliebig gefüllt werden können, hat in den letzten Jahren ein unerwartetes neues Zuhause gefunden: das Reich der ultrarechten Konservativen.

Nehmen wir die Tea-Party-Republikanerin Sarah Palin, deren abenteuerlicher Abstecher in ein »Ich mach' mir meinen eigenen Feminismus« kurz nach der Präsidentschaftswahl 2008 begann, in deren Verlauf die zynische List der Grand Old Party – Findet eine Frau, irgendeine Frau, die für uns kandidiert! – spektakulär nach hinten losgegangen war. Im Vorfeld der Wahl hatte Palin in einem Interview mit dem NBC-Journalisten Brian Williams auf die Frage nach dem Feminismus noch erklärt, sie werde sich »kein Etikett« anheften. Im Jahr 2010 jedoch schwenkte Palin bei einem Arbeitsfrühstück mit den Abtreibungsgegner*innen der Gruppe Susan B. Anthony List um. In ihrer Rede, die gespickt war mit Angriffen auf »quengelige Mamas« und »Pro-Women-Schwestern«, forderte Palin die Aktivist*innen auf, gemeinsam mit ihr eine »konservative feministische Identität« zu schaffen – eine Identität, die ausdrücklich damit einherging, dass nur Kandidat*innen unterstützt würden, die sich gegen Abtreibung stark machten.

Schlagzeilen wie die in der Zeitschrift *The Economist* (»Sarah Palin: Der Feminismus ist für alle da«) suggerierten, Palin entlarve, indem sie den Begriff für sich reklamiere, tapfer die Scheinheiligkeit demokratischer Feministinnen, die nun vor Wut platzten. Medienvertreter, die das Wort Feminismus bis dahin nur in den Mund genommen hatten, um dagegen zu wettern, überschlugen sich in den folgenden Tagen vor Begeisterung über Palins Worte. »Pro-Life-Feminismus ist die Zukunft!«, jubelte die *Washington Post*. »Ist die Tea Party eine feministische Bewegung?«, fragte das Online-Magazin *Slate*. »Sarah Palin, Feministin«, verkündete die *Los Angeles Times*. Es war eine komplett verkehrte Welt. Eine wie von Zauberhand verdrehte konservative Logik stellte es so dar, dass Feministinnen, die sich für reproduktive Autonomie einsetzten, für die freie Verfügbarkeit von Verhütungsmitteln, einen sachkundigen Sexualkundeunterricht an den Schulen, faire Elternzeit und Lohnfortzahlung, ein Existenzminimum, Gleichberechtigung in der Ehe, Aufsicht für die Polizei und für Finanzinstitutionen und eine Gefängnisreform, in Wahrheit *gegen* die Interessen von Frauen verstießen, und das nur, weil sie weiterhin eine legale Abtreibung wollten. Hirnrissig, oder?

Ja, wahrlich hirnrissig. Bis heute wollen die Konservativen den Frauen weismachen, die *echten* Feminist*innen seien die, die Abtreibung ablehnen. Nach dieser Logik führt die Abtreibungslobby die Frauen an der Nase herum: Das sei »das Ergebnis der systematischen Bemühungen vonseiten der Abtreibungs-Aktivistinnen, anfällige Frauen zu täuschen«, schrieb ein männlicher Kolumnist allen Ernstes. »Sie führen einen emotionalen und psychologischen ›Krieg gegen Frauen‹.«[71]

Als Carly Fiorina diese opportunistisch-feministische Identität für sich entdeckte, wurde ihr in der Presse dieselbe Glaubwürdigkeit bescheinigt. Die ehemalige Hewlett-Packard-Chefin warf gemeinsam mit Hillary Clinton 2015 ihren Hut als mögliche Präsidentschaftskandidatin in den Ring, mit einem Wahlkampf, der, wie sie stolz erklärte, »den von den Demokraten geführten ›Krieg gegen Frauen‹ ad absurdum führen« würde.[72] Wenn sich ein Präsidentschaftswahlkampf auf einen fatalen Irrtum stützt (»Ich bin eine Frau, deshalb gibt es keinen Krieg gegen Frauen«), mag das nicht sonderlich vielversprechend klingen, doch die Medien freuten sich auf einen Zickenkrieg zwischen Hillary und einer ihr potenziell ebenbürtigen Kandidatin. *The Week* erklärte in einem speichelleckerischen Profil: »[Fiorina] hält nichts von Gesetzen für ›gleiche Bezahlung‹ oder bezahlten Mutterschutz oder die freie Verfügbarkeit von Verhütungsmitteln, für die sich organisierte Feministinnen einsetzen und die Clinton begierig aufnimmt – aus dem offensichtlichen Grund, dass sie nach hinten losgehen, da sie die Einstellung von Frauen teurer machen und somit verhindern.« »So will Carly Fiorina den Feminismus neu definieren«, hieß es in einem *Time*-Blog-Eintrag, in dem Fiorina, Carly mit den Worten zitiert wurde: »Eine Feministin ist eine Frau, die das von ihr gewählte Leben führt. [...] Eine Frau kann sich dafür entscheiden, fünf Kinder zu bekommen und sie zu Hause zu unterrichten. Sie kann sich dafür entscheiden, Unternehmenschefin zu werden oder für das Präsidentenamt zu kandidieren.« »Was für eine Feministin ist Carly Fiorina?«, fragte *Newsweek* und beantwortete die eigene Frage zumindest teilweise mit dem Hinweis darauf, dass die Kandidatin Monate zuvor den Feminismus als »Waffe für Wahlsiege« bezeichnet hatte.

Das Independent Women's Forum, eine Denkfabrik in Washington, D. C., wird finanziert von rechten und konservativen Stiftungen, die sich auf einen, wie Mitglied und Autorin Christina Hoff Sommers es nennt, »Equity-Feminismus« konzentriert. Das Forum, das sich als direkte Opposition zu etablierten feministischen Organisationen wie der National Organization For Women oder der Feminist Majority Foundation versteht, lehnt einen »radikalen« Feminismus als für Familien und Frauen schädlich ab, und seine Mitglieder vertreten eine harte Linie, sei es beim Thema des geschlechtsspezifischen Lohngefälles (gibt es nicht; Frauen bewirken durch ihre eigenen beruflichen Entscheidungen, dass sie anders bezahlt werden als ihre männlichen Kollegen) oder bei der sogenannten Jungskrise an den Schulen (Sommers hat ausführlich über die negativen Auswirkungen der »Feminisierung« der staatlichen Bildung auf die männlichen Schüler geschrieben). Und obwohl das Forum den Feminismus nicht ausdrücklich als Aufgabe benennt (wichtige Ziele sind stattdessen »größerer Respekt für das *limited government* [das in der US-Verfassung festgeschriebene Prinzip einer Kompetenzbegrenzung des Staates], Gleichheit vor dem Gesetz, Eigentumsrechte, freie Märkte, starke Familien und eine energische und effektive nationale Verteidigungs- und Außenpolitik«), hat es mit der Unabhängigkeit im Namen doch ein Merkmal des traditionellen Feminismus im Gepäck.

Es spricht viel dafür, den Feminismus sehr breit anzulegen, besonders angesichts der blinden Flecken, die die Bewegung historisch betrachtet in ihrer Sicht eingeschränkt haben – Hautfarbe, Klasse und Religion. Als Palin den Begriff 2008 abgreifen wollte, kam ihr, ohne dass es ihr bewusst war, eine vorhandene Aversion gegen die Festlegung, was eigentlich den »echten« Feminismus ausmacht, zugute. In den Vorwahlen waren die langjährigen feministischen Führungsfiguren Gloria Steinem und Robin Morgan wegen ihrer entschiedenen Haltung gescholten worden: Frauen sollten Hillary Clinton statt Barack Obama wählen, so Steinem, weil »das Gender wohl die einengendste Kraft in der amerikanischen Kultur ist«. Nachdem sich Palin auf die Kandidatenliste der Republikaner hatte setzen lassen, zog Kim Gandy von der National Organization for Women den Zorn der Öffentlichkeit auf sich, weil sie erklärte, Palin sei wegen ihrer abtreibungsfeindlichen Haltung keine »authentische« Frau. Schon solche kleinen Ausrutscher verhinderten, dass Palin kategorisch abgestraft oder ihr Feminismus auch nur als taktisches Manöver entlarvt wurde. In ihrer Kolumne in der *Los Angeles Times* schrieb Meghan Daum: »Wenn [Palin] den Mut hat, sich als Feministin zu bezeichnen, dann hat sie ein Anrecht darauf, als solche akzeptiert zu werden«, was in etwa so hilfreich ist wie die Aussage, wenn jemand bereit sei, sich als Personenschadenanwalt zu bezeichnen (in vielen Kreisen ein besonders verachteter Berufsstand), solle er doch ruhig eine Kanzlei eröffnen. Palins und nun auch Fiorinas Wunsch, den Frauen das Abtreibungsrecht und/oder Verhütungsmittel zu verweigern, kann nicht ernsthaft mit einer Ideologie in Einklang stehen, für welche die körperliche Autonomie seit Jahrzehnten ganz oben auf der Liste der Ziele steht. Ein breites Dach mag schön und gut sein, aber eine rote Linie muss es schon geben, und ich bin ziemlich sicher, dass der Wunsch, anderer Frauen Körper gesetzlich zu regeln, eine solche Linie markiert. Große Medien sehen das anders, und es ist ja auch völlig klar, warum. Wer den Feminismus einer Palin oder Fiorina diskutiert, bekommt die Klicks auf dem Silbertablett serviert.

Seit es das 24-Stunden-Nachrichtenformat gibt, ist die Antwort auf die Frage, was im politischen Kontext unter Feminismus zu verstehen sei, besonders subjektiv geworden. Immerhin hat weder Palins noch Fiorinas performative Aneignung des Feminismus verhindert, dass rechtsgerichtete Medienvertreter und Politiker demokratische Politikerinnen wie Hillary Clinton, Nancy Pelosi und Elizabeth Warren als Feminazis dämonisieren, die Familien hassen, Babys fressen und die moralischen Grundfesten, auf denen die USA einst gegründet wurden, mit ihrem gigantischen feministischen Vorschlaghammer zerschlagen wollen. Doch wenn Politikerinnen auf der anderen Seite des politischen Spektrums ihre persönliche Spielart des Feminismus vertreten, schenken dieselben Medienvertreter*innen ihnen ihre werte Aufmerksamkeit. Das ist nicht nur eine recht durchschaubare Diskreditierungsmasche im Interesse einiger weniger; das ist ideologischer Narzissmus.

Der Marktfeminismus beschwört eine exklusive Variante der mächtigen Frau herauf, indem er ein uraltes Frauenbild aufpoliert und in »Empowerment«-Seminaren und politischen Wahlkämpfen verwurstet. Feministische Begriffe werden gekapert und beziehen sich hernach nicht mehr auf einen Prozess des sozialen und politischen Wandels, sondern auf eine Machtidentität. Die Definition einer Feministin als einer »Frau, die das von ihr gewählte Leben führt«, ist wunderbar für eine, die diese Wahl bereits hat. Doch für die große Mehrheit der Frauen, die nicht in die Konferenzsäle gelangen und vergeblich darauf warten, dass die Ermächtigung nach unten durchsickert, bleibt dieser Feminismus völlig wirkungslos.

KAPITEL NEUN
SCHÖNHEIT IM KRIECHGANG

Die Macht erotischen Kapitals hat sich von jeher in der Kultur des Menschen manifestiert. Wie viele Narrative in Literatur, Theater, Film und moderner Popkultur drehen sich um Frauen, die im Bestreben um ein besseres Leben Körper, Kleidung und Temperament verändern, und wenn auch nur vorübergehend? (Ich fange mal eine Aufzählung an: Scheherezade, *Cinderella*, *Pygmalion* und dessen zahlreiche Remakes, *Der Widerspenstigen Zähmung*, *Betty und ihre Schwestern* – hier besonders das unvergessliche Kapitel 9 des ersten Bandes: »Meg geht auf den Jahrmarkt ihres Lebens« –, *Pretty Woman*, *Miss Undercover*, das Video »She's got legs« von ZZ Top...). Und wie viele Tragödien erwuchsen aus kulturellen Botschaften, die vermittelten, es gebe Körper, Hautfarben und Kleidergrößen, die wertvoller seien als andere? Die Werke von Toni Morrison, Edith Wharton, James Baldwin und vielen anderen legen Zeugnis davon ab.

Erotisches Kapital war einst eine Frage von Andeutungen und kleinen Kriegslisten (»Genaues weiß nur ihr Friseur...«). Doch heute gibt es vielerlei Mittel und Wege herauszufinden, wie und wozu frau es einsetzen kann. Ein Artikel mit der Überschrift »Mit dem Lippenstift in der Hand die Karriereleiter hinauf«, der 2011 in der *New York Times* erschien, stellte Belege dafür zusammen, dass Frauen durch das Tragen von Makeup ihre Beliebtheit und den Grad ihrer Vertrauenswürdigkeit am Arbeitsplatz steigern können. Diese Erkenntnis mag wie die vorhersehbare Schlussfolgerung einer von Procter & Gamble finanzierten Studie erscheinen (Hersteller sowohl von CoverGirl und anderer Massenkosmetik für Drogeriemärkte wie auch der hochwertigen Beauty-Produkte von Dolce & Gabbana). Doch der Beitrag versicherte seinen Leser*innen eilfertig, die Verfasser*innen der Studie seien in keinster Weise mit P&G verbandelt, und daher gehe alles mit rechten Dingen zu. Zu ihnen gehörte die Harvard-Professorin Nancy Etcoff, Autorin des 1999 erschienenen Buches *Nur die Schönsten überleben: Die Ästhetik des Menschen*[73] und Beraterin der »Real Beauty«-Werbekampagne von Dove. (Dazu kommen wir gleich.) Zur Beantwortung der Frage, ob Menschen eher nach ihrer Kompetenz als nach ihrem Äußeren beurteilt werden sollten, führte sie das Argument von einem »kulturellen Wandel« in der Einstellung von Frauen gegenüber ihrem Äußeren ins Feld. »Wenn du dich vor zwanzig oder dreißig Jahren aufgebrezelt hast, hast du das einfach gemacht, um Männern zu gefallen, oder du hast es gemacht, weil die Gesellschaft es von dir forderte. [...] Für Frauen und Feministinnen von heute ist es ihre eigene, freie Entscheidung und kann ein effektives Werkzeug sein.«

Die Autorin Catherine Hakim, Professorin an der London School of Economics, machte die Bezeichnung für dieses effektive Werkzeug mit ihrem 2010 erschienen Buch *Erotisches Kapital* populär. Darin vertritt sie die These, dass überall dort, wo nach wie vor Ungleichheit zwischen den Geschlechtern herrscht, die Frauen den einzigen klaren Vorteil, der ihnen zur Verfügung steht – erotisches Kapital –, noch besser nutzen sollten, um sich auf Augenhöhe zu bringen. Einige ihrer Behauptungen waren bewusst provokant (etwa die, erotisches Kapital sei für Frauen möglicherweise sogar wertvoller als ein College-Abschluss), doch der größte Teil ihrer Theorie war alter Wein in neuen Schläuchen. Der »Beauty-Bonus« und seine Wirkung auf die Vergabe von Arbeitsplätzen ist über die Jahre in schöner Regelmäßigkeit immer wieder Gegenstand wissenschaftlicher Forschung gewesen. Die Ergebnisse fielen im Allgemeinen recht unterschiedlich aus: Eine Studie fand heraus, dass gutaussehende männliche Probanden in Europa und Israel, die ihren Bewerbungen ein Foto beifügten, eine signifikant höhere Antwortquote hatten als durchschnittlich aussehende Männer und auch solche, die ihrem Lebenslauf kein Foto beigefügt hatten. Dasselbe Experiment mit weiblichen Probandinnen führte zu dem einigermaßen überraschenden Ergebnis, dass Frauen, die kein Foto beifügten, mit höherer Wahrscheinlichkeit kontaktiert wurden als jene mit Foto, ganz unabhängig davon, wie attraktiv sie waren. Eine frühere Studie kam unterdessen zu dem Ergebnis, dass Menschen, die als attraktiv galten, mindestens 5 Prozent mehr verdienten als ihre gewöhnlicher aussehenden Kolleg*innen. Im Gegenzug fanden sich Menschen, die als hässlich galten, mit bis zu 5 Prozent (Frauen) und 10 Prozent (Männer) weniger Lohn »bestraft«. Mit anderen Worten: Ja, es gibt einen Beauty-Bonus. Da aber niemand mit Gewissheit sagen kann, wann oder wie er ins Spiel kommt, ist es sicherer, grundsätzlich in diesem Modus zu fahren.

Mit *Erotisches Kapital* prägte Hakim nicht nur einen Begriff mit wissenschaftlichem Unterbau – Vorbild waren die von dem Soziologen Pierre Bourdieu beschriebenen unterschiedlichen Formen von Kapital, die einem Menschen zur Verfügung stehen können –, sondern plädierte auch dafür, Sex und Macht im Alltag nach der Devise »Wer rastet, der rostet« zu behandeln. Zwar betonte sie, der Einsatz von erotischem Kapital sei nicht ausschließlich Frauen vorbehalten, machte zugleich aber deutlich, dass diese (genauso wie alle anderen Menschen mit weniger ökonomischem und sozialem Kapital, einschließlich junge Leute, ethnische Minderheiten und

Teile der Arbeiterklasse) besonders stark darauf angewiesen seien. Die Anerkenntnis der Tatsache, dass in den meisten Lebensbereichen immer noch überproportional viele weiße Männer die Zügel der Macht in Händen halten, fand ihren Niederschlag darin, wie das Buch der potenziellen Leserschaft schmackhaft gemacht wurde, nämlich als gut gemeinte, wenn auch politisch inkorrekte Verhaltensanleitung für Frauen, als moderne Version von Helen Gurley Browns *Sex im Büro*[74] für das 21. Jahrhundert.

Als Begründung für die Würdigung des erotischen Kapitals wird oft angeführt, dass wir in der Regel mehr Selbstvertrauen ausstrahlen, wenn wir gut aussehen. Also warum nicht als erstes mal gut aussehen, damit dein Selbstvertrauen stärken und dann die Dinge tun, die du tun willst, um die Welt zu verändern / eine Promotion zu bekommen / deine Erfolgsaussichten zu verbessern? In einigen Regionen der Erde ist dieser Plan Teil einer breiteren ökonomischen Strategie geworden. In Brasilien, bis vor Kurzem noch das Land mit den meisten Schönheitsoperationen weltweit (mittlerweile überholt von Südkorea), gibt es Dutzende staatlicher Krankenhäuser, die Geringverdiener*innen kostenlose oder verbilligte kosmetische Behandlungen anbieten. Dem liegt die Überzeugung zugrunde, dass unterprivilegierte Menschen bessere Chancen auf dem Arbeitsmarkt haben, wenn sie sich den im Land geltenden berühmt-berüchtigten Schönheitsidealen anpassen. Und obwohl Eingriffe wie Facelifting, Nasenkorrekturen und Po-Implantate unabhängig vom Geschlecht des Patienten vorgenommen werden, sind es in den meisten Fällen Frauen, von denen die Medien in Zusammenhang mit staatlich geförderten Schönheitsoperationen berichten. Dadurch entsteht der Eindruck, dass Management und Einsatz erotischen Kapitals primär Frauensache seien.

Die meisten Frauen brauchen keine von einem Großunternehmen subventionierte Studie, um zu wissen, dass erotisches Kapital eine Verhandlungsbasis ist, die mit einem unguten Gefühl einhergeht und oftmals auch nichts bringt. Die in dem »Lippenstift«-Artikel zitierte Studie von Procter & Gamble stellte zwar fest, dass Makeup durchaus einen positiven Effekt auf die Kolleg*innen und Vorgesetzen einer Frau haben kann und darauf, wie sehr sie sie wertschätzen. Trägt dieselbe Frau aber zu viel Makeup oder »stark kontrastierende« Farben – sagen wir mal, einen dunkelroten Vamp-Lippenstift –, läuft sie Gefahr, als unseriös eingestuft zu werden. Die Styleguides der Frauenmagazine zur angemessenen Bekleidung am Arbeitsplatz warnen seit langem davor, dass Blusen oder Bleistiftröcke, die bei Körbchengröße A und kleinem Hinterteil absolut chic aussehen, das Risiko bergen, als »nuttig« rüberzukommen, wenn eine Frau mit großem Busen und kräftigerem Hintern sie trägt. Die Botschaft lautet letztlich: Erotisches Kapital ist ungeheuer nützlich, vorausgesetzt, dein real-existierender Körper trifft bereits gut den Idealpunkt, will heißen, er ist attraktiv, aber nicht aufreizend, sexy aber nicht zu sexy, feminin, aber nicht Jessica Rabbit.

Wie so viele Frauen, die sich an dieser nahezu unmöglichen Gratwanderung versucht haben, war auch ich 2010 höchst fasziniert von der Geschichte einer ehemaligen Citybank-Angestellten in New York. Debrahlee Lorenzana hatte damals Citigroup verklagt, den Mutterkonzern ihres Arbeitgebers. Sie machte geltend, man habe ihr gekündigt, weil sie für ihren Job zu sexy sei. Als Begründung führte sie an, ihre Chefs hätten sich darüber beschwert, dass ihr Körper die männlichen Kollegen zu sehr ablenke, und ihr verboten, unter anderem Rollkragen-Shirts, Bleistiftröcke, taillierte Hosenanzüge und acht Zentimeter hohe Absätze zu tragen. Als sie darauf hingewiesen habe, dass ihre Kleidung sich in nichts von der ihrer Citibank-Kolleginnen unterscheide, habe man ihr gesagt: »Ihre Kolleginnen haben andere Körperformen, und Sie ziehen zu viel Aufmerksamkeit auf sich.«[75] Am Ende wurde entschieden, der Klägerin stünde keinerlei Schadensersatz zu, und da sie in der Folge eine wahre Lawine von Prozessen lostrat – zwischen 2011 und 2013 verklagte sie unter anderem ein Taxi-Unternehmen und ein medizinisches Labor –, verschwand die Citigroup-Klage mehr oder weniger aus der Berichterstattung der Medien. Aber die Frage, ob es Beauty-Strafen und Beauty-Boni gibt, wurde in den letzten Jahren mehrfach schallend laut mit Ja! beantwortet.

2013 wurde eine High-School-Lehrerin in Florida gebeten, ihre Kündigung einzureichen, nachdem eine unbekannte Person Fotos an den Schulleiter geschickt hatte, auf denen sie in ihrem Nebenjob als Model zu sehen war (den sie unter einem anderen Namen ausgeübt hatte). 2014 pickten sich Ausbilder der Port Authority Police Academy eine Rekrutin heraus, die sie als »Barbiepuppe« und »American-Girl-Puppe« bezeichneten; die Frau wurde wiederholt schikaniert und schließlich gefeuert, nachdem sie sich weigerte, ihre Kündigung einzureichen.[76] Bevor Dov Charney als CEO von American Apparel ausgebootet wurde, hatte es gegen den inzwischen legendären Deppen der Bekleidungsindustrie eine ganze Reihe von Gerüchten und Anschuldigungen wegen sexueller Belästigung gegeben, darunter die Behauptung, er habe Angestellte gefeuert, die er als unzureichend fickbar betrachtete.[77] Und der Supreme Court in Iowa urteilte 2013, dass es in Ordnung sei, eine Frau zu entlassen, deren äußere Erscheinung ausreichend attraktiv ist, um die Ehe ihres Chefs in Gefahr zu bringen – eine Entscheidung, die von dem Fall eines Zahnarztes beflügelt wurde, der seine Zahnhygienikerin entlassen hatte, weil diese selbst dann noch unwiderstehlich gewesen wäre, wenn sie einen Kartoffelsack getragen hätte. Das Gericht war der Ansicht, dies sei absolut legitim: Arbeitgeber »können Beschäftigte entlassen, die von ihnen selbst und ihrem Ehepartner als Bedrohung für die Ehe angesehen werden«. Na bitte: Es obliegt nicht den Chefs, sich in solchen Fällen professioneller und angemessener zu verhalten, aber woher denn. Es ist Aufgabe der weiblichen Angestellten, ihren Arbeitgeber nicht noch unabsichtlich zu ermuntern, wenn sie schon die Unverfrorenheit besitzen, mit dem Gesicht und dem Körper zur Arbeit zu erscheinen, die Mutter Natur ihnen gegeben hat. (Falls ihr euch fragt, wo ihr dieses Narrativ von der Frau als Versuchung und dem Mann als hilflosem

Opfer seiner Begierde schon mal gehört habt: Stöbert doch einfach ein bisschen in Geschichte, Kunst, Literatur und Musik der letzten paar Tausend Jahre.)

Wenn die Trennlinie zwischen akzeptablem und nicht mehr akzeptablem Einsatz erotischen Kapitals von anderen je nach Gusto immer wieder neu gezogen wird – Arbeitgebern, Kolleg*innen, staatlichen Rechtsinstitutionen – dann erscheint die »freie Entscheidung«, von der Nancy Etcoff in ihrem *New-York-Times*-Artikel schrieb, als eine ziemlich hohe Phrase. Darüber hinaus ist erotisches Kapital unauflöslich mit ethnischer Herkunft verknüpft, was Proklamationen seiner Macht unvermeidlich und stets aufs Neue Maßstäben unterwirft, die um weiße Menschen kreisen. Nehmen wir den Zwischenfall, der sich 2007 auf einem vom Mode- und Frauenmagazin *Glamour* in einer Rechtsanwaltskanzlei veranstalteten Event ereignete. Das Motto der Veranstaltung war »Businessmode – Was geht und was geht nicht«. Eine der Herausgeberinnen erklärte den versammelten Anwältinnen klipp und klar, Afros, Dreadlocks und andere »politische« Frisuren seien »unangemessen« und ein definitives »No-Go«. Sieben Jahre später weitete das US-Militär im Rahmen einer Überarbeitung der bestehenden Regeln zur Körperpflege die Liste verbotener Frisuren auf solche aus, die typisch sind für afroamerikanisches Haar, darunter Dreadlocks, zweisträhnige Twists, flache Twists und Afros. Die neuen Regelungen sollten ihrem Wortlaut gemäß sicherstellen, dass »die Uniformität innerhalb einer militärisch definierten Bevölkerungsgruppe aufrecht erhalten« bleibt, und bezogen sich ebenso auf »verfilzte und ungekämmte« Varianten. Auch hier schien der erhobene Zeigefinger wieder Richtung schwarze Soldat*innen zu deuten. Diese Beispiele verdeutlichen, wie fest allenthalben die Überzeugung verwurzelt ist, dass den Maßstab für Kategorisierungen wie »angemessen«, »professionell« und »uniform« ausschließlich Merkmale für weiße Attraktivität bilden. Und damit kann eigentlich nur eins gemeint sein: Menschen anderer ethnischer Herkunft, die nicht danach streben, sich diesen Kriterien anzupassen, vergeben die Chance, ihr erotisches Kapital einzusetzen, das sie ansonsten für ihr berufliches und gesellschaftliches Fortkommen nutzen könnten.

Vergrößert wird das Problem des erotischen Kapitals auch dadurch, dass die Fallen, die es auslegt – Kleidung, Makeup, sogar Schuhe – oftmals das Erste sind, was in Fällen sexueller Belästigung oder Vergewaltigung genau unter die Lupe genommen wird (wie alle wissen, die jemals Medienberichte über solche Vorfälle zur Kenntnis genommen haben). Es ist noch gar nicht lange her, dass die erste Frage stets lautete »Und, was hatte sie an?« (Heute ist es oft noch die zweite oder dritte.) Die Frau, die 1991 William Kennedy Smith der Vergewaltigung beschuldigte, musste ertragen, dass ihre Geschichte wie auch ihre Glaubwürdigkeit in Zweifel gezogen wurden, weil sie in der fraglichen Nacht perlenbestickte Unterwäsche von Victoria's Secret getragen hatte. Obwohl der BH als Beweismittel zugelassen wurde – vorgeblich, um die Behauptung der Klägerin zu entkräften, sie sei von Kennedy attackiert und vergewaltigt worden –, diente er den Medien als Beweis dafür, dass seine Trägerin eine schamlose Opportunistin war, und Fotos ähnlicher Unterwäsche zierten den gesamten Prozess über (der im Fernsehen übertragen wurde) die Titelseiten der Boulevardblätter.

Selbst jene Frauen, die mit ihrem erotischen Kapital wohl am erfolgreichsten Handel treiben – die, deren Karriere davon abhängt –, haben am Ende weniger Entscheidungsmöglichkeiten als Etcoff, Hakim und andere, die ähnlich argumentieren, uns glauben machen wollen. Ein besonders deprimierendes Beispiel geben jene Models ab, die sich in den vergangenen mehr als zehn Jahren öffentlich zu den sexuellen Übergriffen äußerten, denen sie während ihrer Arbeit für den Star-Modefotografen Terry Richardson ausgesetzt waren. Richardsons patentierte Gruselonkel-Nummer – er forderte seine jungen weiblichen Models am Set auf, ihm einen runterzuholen oder einen zu blasen, oftmals im Beisein zahlreicher anderer Leute – galt über Jahre in der Branche als offenes Geheimnis.

Ab 2004 jedoch machten viele seiner damaligen und früheren Models ihre Erlebnisse mit Richardsons lüsternem Raubtierverhalten auf Online-Plattformen wie *Jezebel*, *The Gloss* und *BuzzFeed* öffentlich (manche anonym, andere nicht). Ihre Geschichten zeigten deutlich, wie leicht sich die angebliche Macht der weiblichen Schönheit und Sexualität aushebeln lässt, wenn die Karriere einer jungen Frau und ihre Chance, sich den Lebensunterhalt damit zu verdienen, in den Händen eines Mannes liegt, der einmal sagte: »Es geht nicht darum, wen du kennst, es geht darum, wem du einen bläst.« Das *New York Magazine* brachte 2014 ein ausführliches Porträt des Fotografen. Darin wurde offenkundig, dass Richardson das Machtgefälle zwischen einem Promi-Fotografen und unbekannten Models ganz bewusst ausnutzte – Models, die genau wussten, dass, wenn sie aus einem Fotoshooting wegliefen, ihre Karriere womöglich beendet war, noch bevor sie überhaupt angefangen hatte. Eine in dem Beitrag zitierte Fotoagentin sprach es offen aus: »Kate Moss wurde nicht aufgefordert, einen harten Schwanz anzufassen. Miley Cyrus wurde nicht aufgefordert, einen harten Schwanz anzufassen. H&M-Models wurden nicht aufgefordert, einen harten Schwanz anzufassen. Aber die anderen Mädchen, diese Neunzehnjährigen aus der Provinz, hätten die sagen sollen ›Ich glaube nicht, dass das eine gute Idee ist‹? Diesen Mädchen wird von ihren Agent*innen erzählt, wie bedeutend der ist, und dann gehen die da hin und sind am Haken. Dieser Typ und seine Freunde sagen einfach ›Los, nimm meinen Ständer‹. Würden diese Mädchen Nein sagen? Und ihr Dorf zurückgehen? Das ist keine echte Wahl. Es ist eine falsche Wahl.«[78]

Mit anderen Worten: Wenn es einen Unterschied gibt zwischen den Frauen, die die »Entscheidung« treffen, mithilfe ihres erotischen Kapitals Karriere zu machen (passenderweise ist der einzige Ort, wo erotisches Kapital Frauen einen echten Vorteil gegenüber Männern verschafft, die kommerzielle Sexindustrie) und den Millionen von Frauen, die einfach dazu genötigt oder gezwungen sind, um zu überleben, dann ist er minimal.

Nabelschau und Nasenschau

»Ich tu' es für mich«, so die Aufschrift einer Tafel, die eine Frau in einer Botox-Werbung hochhält. Es wirkt, als präsentiere sie die Tafel uns, dem Publikum, und es ist irgendwie enervierend. Die Macher beherrschen das ABC der Körperakzeptanz und des Choice-Feminismus, und diese Werbung ist der Versuch eines Ausweichmanövers. Sie soll die Reste noch vorhandener Skepsis gegenüber kosmetischen Operationen umgehen, indem sie an die freie Wahl appelliert, die in profunder Kenntnis des Marktes getroffen wird, und an deren Ergebnis: Ermächtigung. Diese Frau, die ein hübsches Sümmchen für ihre glatte Stirn und das Verschwinden ihrer Nasen-Lippen-Falten bezahlt hat, ist doch kein Werkzeug des Patriarchats, verdammt noch eins! Sie tut es nicht für einen Mann; sie tut es nicht für eine Frau; sie tut es für *sich selbst,* und das sind die magischen Worte. In Werbung für Botox und Brustimplantate begegnen wir immer neuen Variationen auf das Thema; es ist präsent, wenn *Vogue* dir nahelegt – ihr wisst schon, nur mal so andeutungsweise –, du könntest dir deine Zehen verkürzen lassen, damit deine Füße besser in Schuhe von Jimmy Choo passen; es ist präsent, wann immer Radiomoderator*innen in ihren Morgensendungen kostenlose Brustimplantate an die Frau verschenken, die die rührseligste Jammergeschichte über ihre zu klein geratenen Brüste erzählt. »Ich habe das für mich gemacht«, »Ich habe es gemacht, um mich mit mir wohlzufühlen« und »Ich mache das für niemanden anders« sind defensive Reflexe, die einen erwarteten feministischen Widerspruch vorwegnehmen und ihn genervt vom Tisch wischen.

Es ist jetzt fünfundzwanzig Jahre her, dass Naomi Wolf in ihrem Bestseller *Der Mythos Schönheit* schrieb: »Die Ideologie der Schönheit ist die letzte noch verbliebene der alten weiblichen Ideologien. Sie besitzt nach wie vor die Macht, jene Frauen zu kontrollieren, die der Feminismus der zweiten Welle ansonsten relativ unkontrollierbar gemacht hätte.« Wie viel sich auch durch diverse

Frauenbewegungen bis jetzt geändert haben mag: Die starren Vorgaben vorrangig weißer Schönheitsideale sind ein Gebiet, auf dem die Zeit unser Denken noch nicht revolutioniert hat. Und gleichzeitig hat hier auch die enorm gewachsene Auswahl für die Konsument*innen Möglichkeiten eröffnet, sich solchen Maßstäben auf mannigfache neue Art zu unterwerfen.

Die Wahlfreiheit beherrscht mittlerweile den Diskurs über das Aussehen, ein Phänomen, das die Journalistin Alex Kuczynski in ihrem 2006 veröffentlichten Buch *Beauty Junkies* als »Aktivismus der Ästhetik« bezeichnet hat. Darin beschreibt sie insbesondere die Branche Schönheitschirurgie als eine Art Donnerkuppel, in der die Wartelisten für ein neues Injektionsmittel rasend schnell länger werden, perfekt bräunungsspraygetönte Promi-Ärzte sich um die besten O-Ton-Plätze in den Frauenmagazinen balgen und Redner auf Chirurgenkongressen ihre Vorträge mit dem Aufruf »Pusht die plastische Chirurgie!« beschließen. Mit zunehmend vielfältigeren Konsumoptionen – mehr Ärzte, mehr konkurrierende Marken großer Pharmakonzerne, ein Schönheits-OP-Tourismus, der Billig-Behandlungen in tropischen Gefilden verspricht – wurde über »Wahlfreiheit« das Profil einer neuen Landschaft aus perfekt geformten Nasen und fettabgesaugten Bäuchen geformt. Der angesprochene »Aktivismus« beruht ebenfalls auf individuellen Entscheidungen. Er bedeutet, proaktiv zu handeln, was das eigene Äußere betrifft, und mit Argusaugen nach ersten Ansätzen von Falten und Fältchen, Winkearmen und Tränensäcken Ausschau zu halten, um ihnen sofort den Garaus machen zu können. Eingebettet in unseren neoliberalen Diskurs, reißt Ästhetik-Aktivismus nicht etwa die Schönheitsideale nieder, die Wert und Status einer Person kommunizieren. Vielmehr tritt er für das Recht jedes und jeder Einzelnen ein, alle notwendigen Mittel zu erwerben und Maßnahmen zu ergreifen, um diese Vorgaben zu erfüllen. Die eigene Welt schrumpft auf die Größe einer Arztpraxis; andere Menschen existieren nur noch als Referenzpunkte für körperliche Vergleiche.

Wenn wir an strenge Ideale für Schönheit und Figur denken, fallen uns oft präfeministische Beispiele ein: vorsichtiges Trippeln auf eng abgebundenen Lotosfüßchen, bleihaltiges Schönheitspuder für helle Haut, Bandwurmdiäten. Doch all die Jahre seit den 1970ern, in denen doch angeblich ein Bewusstsein für alles und jedes entstand, haben ein absolut irres Aufgebot an Diktaten, Standards und Trends für alle Geschlechter hervorgebracht, am entschiedensten aber für Frauen. Als in den 1990ern plötzlich Caprihosen zum Nonplusultra avancierten, trat sogleich auch die *Vogue* auf den Plan und empfahl operative Schnelllösungen für knubblige Knie und nicht ausreichend definierte Waden. Nicht einmal zehn Jahre später schlug unvermittelt die Stunde des Schlüsselbeins. Als Ausgleich für den Trend zu voluminöser Bekleidung wurde es zum sichtbaren, unwiderleglichen Beweis, dass unter all dem Stoff ein angemessen schlanker Körper steckte. (Eine Frau, die sich besonders schöner Exemplare rühmte, sagte gegenüber der *New York Times,* das Schlüsselbein sei der »einfachste und am wenigsten kontroverse Ausdruck eines gewissen Sexappeals« – nicht so offensichtlich sexy wie Brüste, aber Beweis für die in der Modewelt so sehr begehrte körperliche Disziplin.[79]) Einige Jahre später richtete sich der Fokus wieder auf die etwas südlicher gelegenen Gefilde. Die »Oberschenkellücke« war besonders beim jüngeren Publikum heiß begehrt. Einige Mädchen posteten sogar Ernährungstagebücher und Fotos über ihre Jagd nach der Lücke.

Bestimmte Körpertypen kamen im Laufe der Geschichte immer mal wieder in oder aus der Mode – das Flapper Dress der 1920er Jahre konnten nur Frauen mit knabenhafter Figur und schmalen Hüften tragen, während die engen Angora-Pullover der 1950er sichtbar vorhandene Brüste erforderten oder zumindest gepolsterten Ersatz für solche. Die Geschwindigkeit, mit der die »richtigen« Körperformen, die frau unbedingt haben muss, aufeinander folgen, hat sich allerdings erhöht. Die schlanken, braungebrannten Strandmädels der 1970er Jahre wurden von den amazonenhaften Supermodels der 1980er weggedrängelt, die ihrerseits in den 1990ern den Heroin-Chicks im Junkielook Platz machen mussten. Diese wiederum wurden Anfang der 2000er Jahre durch brasilianische Sexbomben von den Titelseiten der Magazine gekickt, die anschließend britischen Blondinen mit großen, runden Puppenaugen den Vortritt lassen mussten. Inzwischen vereinnahmt die Modeindustrie in selektiver Manier jedes »ethnische« Attribut, das sich im Dienst eines Trends vermarkten lässt. Schwarze Frauen und Latinas mit prallem Hinterteil, die im Repertoire der Mainstream-Hochglanzmagazine nicht vorkamen, als Laufstegmodels übergangen wurden und chronisch schlecht angezogen waren mit Hosen, die für vergleichsweise flache Hintern entworfen wurden, erbosten sich zurecht, als die *Vogue* ihnen 2014 weismachen wollte, wir seien jetzt dank Stars wie Iggy Azalea, Miley Cyrus und Kim Kardashian »offiziell in der Epoche der großen Hintern« angekommen. »Es gibt keinen falschen Körper«, schrieb die Autorin und Koryphäe des positiven Körpergefühls Hanne Blank. Doch dieser Ansicht widersprechen unablässig ein Markt und eine Medienwelt, die darauf angewiesen sind, dass die Menschen es nicht glauben.

Schamgebiete

Joan Jacobs Brumberg spürte in ihrem Buch *The Body Project: An Intimate History of American Girls* (1997) anhand von Tagebüchern junger Frauen aus Vergangenheit und Gegenwart der Rolle nach, die Familie, Medizin, Ernährung und Konsumismus bei der Entstehung zunehmend auf Körper und Schönheit fokussierter Ängste und Bestrebungen von Mädchen gespielt haben. Eine auffällige Erkenntnis war die folgende: Mädchen, die um die Wende zum 19. Jahrhundert in gering urbanisierten Gebieten mit eingeschränkten Konsummöglichkeiten lebten, neigten nur selten dazu, ihren Körper oder ihr Aussehen mit ihrem Wert als Person gleichzusetzen; moderne Mädchen dagegen waren von beidem geradezu besessen. Ein Vergleich von guten Vorsätzen zum Neuen Jahr, verfasst im Abstand von etwa hundert Jahren, ist schockierend. Im Tagebuch eines Mädchens an der Schwelle zum Erwachsenwerden aus den 1890er Jahren heißt es: »Beschlossen [...] nachzudenken, bevor ich spreche. Ernsthaft zu arbeiten. In Wort und Tat beherrscht zu sein. Meine Gedanken nicht abschweifen zu lassen. Ehrfürchtig zu sein. Mich mehr für andere zu interessieren.« Bei ihrer Altersgenossin aus den 1990er Jahren lesen wir: »Ich will mit allen Mitteln versuchen, etwas Besseres aus mir zu machen. [...] Ich werde abnehmen und neue Kontaktlinsen besorgen. Eine neue Frisur, gutes Makeup, neue Klamotten und Accessoires habe ich schon.« Die Gleichsetzung von »verbessern« mit »körperlich attraktiver werden«, schallt uns von überall her entgegen, und sie nimmt heute früher Einfluss insbesondere auf das Leben von Mädchen als jemals zuvor. Wenn ihr das nicht glaubt – es gibt da dieses T-Shirt für Teens mit dem Aufdruck »Ich bin zu hübsch für Mathe«. Vielleicht überzeugt euch ja das.

Die Lehren des Choice-Feminismus in Kombination mit einer sich ständig verlängernden Angebotsliste für Zähmung, Straffung, Füllung, Reduzierung, Glättung, Weichmachung, Nachdunkelung, Aufhellung und alle möglichen anderen Arten von Verschönerung diverser Körperteile dienen zunehmend als Rechtfertigung für diese Obsession. Wir haben unsere Hightech-Filler – Kollagen, Hyaluronsäure, Restylane – zur Glättung von Lachfältchen, Krähenfüßen und anderer Anzeichen, dass wir nun mal altern. Es gibt Seren für dichtere Wimpern und, falls das nichts hilft, Wimpernimplantate und -färbemittel. Bist du noch nicht so richtig entschlossen, eine dauerhafte Brustvergrößerung vornehmen zu lassen, kannst du es ja erst mal mit »Ferienbrüsten« versuchen, erzeugt von einer injizierbaren Substanz, deren Effekt zwei oder drei Wochen lang anhält. Und natürlich ist da noch die Riesenpalette von Behandlungen, mit denen frau das Untergeschoss aufmöbeln kann, von »Vajazzling« (Applizierung von Glitzersteinchen und anderen Schmuckelementen auf den glatt rasierten Schamhügel) und »Vajacial-Treatments« (Beauty-Behandlung für die Vagina bestehend aus: antibakterieller Reinigungslotion, Maske mit exfoliierender Peelingpaste, Auftragen von Bleichcréme, abschließendes Einparfümieren) über Schamlippenimplantate bis hin zur knallig euphemistischen »Vaginalverjüngung««, auch bekannt als Tightening (Vaginaverengung). Vieles davon begann als Hollywood-Hype (es war die Schauspielerin Jennifer Love Hewitt, die als Erste Vajazzling aufs Tapet brachte), doch die Menge der Läden, die mittlerweile solche Dienstleistungen anbieten, lässt vermuten, dass inzwischen auch immer mehr normale Frauen auf diesem Reparatur- und Renovierungskarussell mitreiten.

Na und? Haben sich denn Frauen nicht schon immer genötigt gesehen, alle verfügbaren Mittel und Wege im Dienst der Schönheit zu nutzen? Ich selbst habe das definitiv getan und werde es zweifellos auch weiterhin tun, ungeachtet eines ganzen Friedhofs für Produkte, die meine Haare nicht geglättet haben, und der Schublade voller Kosmetik, die mir nie im Leben schöne, hohe Wangenknochen verschaffen wird. Botox-Injektionen sind bei genauerer Betrachtung auch nicht weniger bizarr als Gifte wie Arsen, Blei und todbringender Nachtschatten, die sich die Ladies früher ins Gesicht geschmiert oder in die Augen getropft haben, um einen gesünderen Teint oder die berühmten Rehäuglein zu bekommen. Formunterwäsche ist nur eine etwas weniger grausame Nachfahrin des Fischbeinkorsetts. Wenn Frauen mit schmerzhaften Verletzungen, die sie sich beim Waxing oder Vajazzling zugezogen haben (diesbezügliche Schätzungen gehen von einem fünfzigprozentigen Anstieg solcher Verletzungen in den Jahren von 2002 bis 2008 aus)[80], in den Notaufnahmen der Krankenhäuser landen, dann ist das eben so. Geht mit der Zeit! Es ist ihre Wahl!

Ja, Frauen haben für die Schönheit schon gelitten, lange bevor die Konsumkultur, wie wir sie heute kennen, ihren Anfang nahm. Und als Werbung, Marketing und die Massenmedien erst so richtig in Aktion traten, galt solches Leiden schon bald als absolute Notwendigkeit, um Selbstwertgefühl, Glück und die ewige Liebe zu erlangen. Frauenmagazine der 1950er Jahre ermahnten ihre Leserinnen, sich den Mund mit Lysol oder Listerine zu spülen, um ihre »weibliche Anmut« zu erhalten, auf dass ihnen der Ehemann nicht wegliefe. In den 1950er und 1960er Jahren wurden Frauen explizit dazu angehalten, ihrem Gatten niemals ihr ungeschminktes Gesicht zu zeigen, was – so *The Cosmo Girl's Guide to the New Etiquette* – es unbedingt erforderlich mache, ein Notfall-Set bestehend aus Spiegel, Foundation, Lippenstift und Lidschatten unter dem Ehebett zu bunkern, damit frau, wenn sie morgens aufwache, erst einmal »die Schäden begutachten und richten« könne.[81]

Erst vor kurzem verschob sich der Ton in der Werbung für Bekleidung und Beautyprodukte, kosmetische Operationen und andere dringliche Prozeduren, die nun nicht mehr als obligatorisch präsentiert, sondern der Entscheidung der Frau überlassen werden. Bis weit in die 1970er Jahre hinein waren Werbeanzeigen und redaktionelle Beiträge in Frauenmagazinen, obwohl sich die Sprache über die Jahre verändert hatte, beinahe ausschließlich präskriptiv. In den 1920ern warnten Anzeigen vor falschen Konsumentscheidungen. Diese könnten, so die Botschaft, das Schicksal einer jungen Frau besiegeln, weil sie dann nicht mehr liebenswert sei. In den 1940ern drängte man Frauen, deren Liebster in Europa im Krieg war, alles zu tun, um noch so jung wie möglich auszusehen, wenn ihr Held nach Hause zurückkehrte. Nach der zweiten Welle des Feminismus wurden die Vorschriften zunehmend mit Vorschlägen gespickt (»Warum nicht mal blauen Lidschatten ausprobieren?«). Und bald ging es nicht mehr darum, etwas Bestimmtes zu kaufen, sondern aus einer Fülle von Angeboten auszuwählen. (»Mit diesem Schnelltest finden Sie im Handumdrehen heraus, welcher Duft am besten zu Ihnen passt!«) Doch in dem Maße, wie die freie Wahl zum Standard geworden ist, hat sich auch die Grundüberzeugung entwickelt, dass die individuellen Entscheidungen von Frauen in Zusammenhang mit ihrem Körper und ihrem Äußeren auf einem postfeministischen Spielfeld getroffen werden, wo sich alle auf Augenhöhe begegnen. Das ist ein verführerisches Narrativ und, wie überaus passend, der Ort, an dem einige der ermüdendsten Debatten des Mainstream-Feminismus geführt werden.

Nehmen wir mal die Schambehaarung. Über sie ist in den letzten zwanzig Jahren wohl öfter und eingehender diskutiert worden, als zu jeder anderen Zeit in der Menschheitsgeschichte. Und dieser Diskurs kocht in regelmäßigen Abständen zu einem Vulkanausbruch hoch, der an ätzender Schärfe und Selbstgerechtigkeit kaum zu überbieten ist. Die meisten dieser Debatten fußen auf einer unwiderlegbaren Tatsache: Das weibliche Schamhaar, einst begehrtes Zeichen für körperliche Reife und, für Jungs, Markierung unbekannter, verlockender Grenzgebiete erotischen Verlangens, ist heutzutage ein Auslaufmodell. Seine Ausrottung wurde auf vielfältige Weise vorangetrieben: durch die breite Verfügbarkeit von Pornografie, massentaugliche Dessous-Werbung und eine Promikultur, in der Stars rund um die Uhr unter Beobachtung stehen. Verfechterinnen des Waxings versichern uns zwar eilfertig, die Entfernung der Schambehaarung habe sich die gesamte Menschheitsgeschichte hindurch, angefangen bei den alten Griechen und Ägyptern, schon immer einer außerordentlichen Beliebtheit erfreut. Dennoch erleben sowohl das Enthaaren wie auch die diesbezüglich angebotenen Dienstleistungen in der modernen Welt seit den 1990er Jahren einen unverkennbaren Aufschwung.

In der heterosexuellen Pornografie ist Haarlosigkeit die Norm für weibliche Darsteller. So ist nicht bloß mehr vom Eigentlichen zu sehen, sondern es kann auch mit beunruhigender Offenherzigkeit ein Markt bedient werden, der nach möglichst mädchenhaften Frauen verlangt. Ein einstmals unbeachtliches Merkmal des weiblichen Körpers gilt heute als Fetisch, und Frauen mit Schambehaarung tummeln sich nur noch in irgendwelchen abseitigen Nischen der Pornoindustrie, wo sie mit derselben gruseligen Sensationslust beworben werden wie Oma-Pornos, Schwangeren-Pornos und

Plüsch-Pornos. (Ich rate übrigens davon ab, einen dieser Begriffe zu googeln.) Die Pornoindustrie ist allerdings nicht alleine schuld daran, dass das, was Amy Poehler einmal schwärmerisch den »Lady-Garten« nannte, zu einer buschigen Belastung mutierte; der Trend zu immer knapperer Bademode und Unterwäsche spielte ebenfalls eine Rolle. Wie formulierte es doch eine glühende Anhängerin des Brazilian Waxing so schön: »Wenn deine Haare da auf beiden Seiten der Unterwäsche so rausgucken, naja, das sieht irgendwie ungepflegt aus.«[82] Und Prominente wie die vom Spice Girl zur Mode-Mogulin gewandelte Victoria Beckham (die 2003 verkündete, Brazilian Waxing »sollte ab 15 obligatorisch sein, finden Sie nicht auch?«) oder Kim Kardashian (»Frauen sollten nirgendwo Haare haben außer auf dem Kopf«) stimmen größtenteils in den Chor der Modemagazine ein, wenn es um Körperpflege und die diesbezüglichen Diktate geht.

Epizentrum der erbitterten Schamhaardebatte, die im Mainstream-Feminismus seit etwa zehn Jahren tobt, ist die Frage, ob die genitale Entlaubung als Kapitulation vor patriarchalischen, pornofizierten Schönheitsstandards zu werten ist oder als mutige Proklamation feministischer Wahlfreiheit. So oder so, die Sache wurde, deprimierenderweise, zum Politikum. An dieser Stelle lohnt sich die Anmerkung, dass auch Männer nicht immun sind gegen die Botschaft, Haare da unten seien ein für alle Mal passé. Im Schwulenporno gab es schon immer Kategorien für die Besitzer von Körperbehaarung und Kerle, die das liebten, doch viele männliche Darsteller in Heteropornos fingen zur gleichen Zeit wie ihre Kolleginnen an, sich regelmäßig kahlzuscheren. Dies wiederum beeinflusste mit Sicherheit die Entscheidungen anderer Männer in puncto Körperpflege: Waxing am Rücken, am Sack und in der Arschritze (»back, sack and crack«) erfreut sich mittlerweile zunehmender Popularität bei Männern mit unterschiedlichstem Geschmack und jedweder sexuellen Orientierung. Allerdings wird deren persönlicher Entscheidung zur Entfernung der Schambehaarung offenbar keinerlei politische Bedeutung beigemessen. Bei Frauen ist das anders. Hier geht die Streiterei weiter, ob online oder offline, und es ist kein Ende abzusehen. Eine Autorin, die für den Londoner *Telegraph* schreibt, räsonierte 2013, die jungen Frauen in ihrem Bekanntenkreis sähen nicht die reproduktiven Rechte oder die Lohnlücke als schwierigstes Problem an, das Feministinnen lösen müssten, sondern die Frage, wie sie ihren Intimbereich gestalten sollten. Diese Aussage ist, je nachdem, aus welchem Blickwinkel man sie betrachtet, entweder großartig oder absolut erschreckend.

Schon allein der Umstand, dass wir uns den Luxus leisten, jede Menge Zeit mit einer Debatte um die emanzipatorischen Dimensionen der Schambehaarung zu vertrödeln, könnte vermuten lassen, drängendere feministische Themen seien bereits zu den Akten gelegt; am Ende handelt es sich bei denen, die sich an diesen Diskussionen beteiligen, ja wohl eher nicht um Leute mit drei Minijobs, die an ihren wenigen freien Tagen online gehen, um sich für die eine oder andere Seite ins Zeug zu legen. Diese Debatte spielt sich in einer recht privilegierten Sphäre ab, in der Selbstverwirklichung über kollektive Arbeit gesiegt hat. Ich will damit keineswegs sagen, dass frau sich nicht für beides engagieren kann. Mit Blick auf Beschwichtigungen à la Caitlin Moran (die britische Feministin gehört zur Fraktion der Schamhaarbefürworterinnen und hat in diversen Interviews über die Reaktionen von Leserinnen ihres Buches *How to be a Woman. Wie ich lernte, eine Frau zu sein*[83] gesprochen, die nach der Lektüre von Schuldgefühlen geplagt wurden, weil sie sich immer noch rasierten) gebe ich aber folgendes zu bedenken: Aussagen wie »Wenn es dich glücklich macht« und »Solange du die Wahl hast« sind sich insofern ziemlich ähnlich, als beide den Fokus auf persönliche Gefühle und Entscheidungen legen und sie so von der tiefer gehenden Frage zu entkoppeln suchen, warum solche Entscheidungen überhaupt diskutiert werden. Allein, dass Frauen das Bedürfnis verspüren, Moran solche Einzelheiten über ihren Intimbereich zu gestehen, zeigt deutlich, wie aufgeheizt die Debatte inzwischen ist.

Allerdings macht es auch klar, dass die feministische Aufladung von subjektiven Gepflogenheiten der persönlichen Körperpflege eine ziemlich instabile ideologische Basis abgibt. Dessen ungeachtet ist die Schambehaarung – und mit ihr Stöckelschuhe, Makeup und Unterhosen – zu einer feministischen Streitfrage geworden, die sich an der Beschwörung der »freien Wahl« als unumstößlichem Argument der Verteidigung aufhängt. Und über sie ist inzwischen auch mehr geschrieben worden als über drängendere Probleme wie Gewalt gegen Frauen oder die Notwendigkeit angemessener Regelungen zur Elternzeit. Einen Kopf können wir uns um alle diese Themen machen. Aber es darf doch zumindest mal gefragt werden, wieso solche, bei denen äußere Erscheinung und der Wunsch, begehrt zu werden, in den Vordergrund rücken, so viel lauter und breiter diskutiert werden als die anderen.

»Bin ich eine schlechte Feministin?«

Schaut man sich in der Blogosphäre der letzten paar Jahre um, so scheint es da eine massive Bewusstseinskrise bei jungen, größtenteils weißen Frauen zu geben. Sie halten sich für Feministinnen ... *aber*. Eine Bloggerin rätselt: »Macht Waxing mich zu einer schlechten Feministin?« (Seht ihr, was ich meine?) Eine zweite fragt sich: »Darf eine Feministin hohe Absätze tragen?«; eine dritte: »Kann eine Beauty-Redakteurin Feministin sein?«; und eine vierte gesteht: »Ich bin verlobt, und das gibt mir das Gefühl, eine schlechte Feministin zu sein.« Wohin das Auge reicht, überall ringt frau die virtuellen Hände vor Sorge, nicht einem mythischen Ideal zu entsprechen, sich in etwas ergeben zu haben, das sie selbst als feministisches Scheitern definiert hat, und stellt sich vor, wie der Zorn ihrer schrillen Vorgängerinnen Höllenfeuer (oder Menstruationsblut) gleich auf sie herabregnet.

»Manchmal mache ich so Sachen, die mir gefallen, und dann habe ich Angst, dass Germaine Greer es rausfindet«, sinniert eine geplagte Seele, um anschließend zu gestehen, dass sie Highheels und die kitschigen Klamotten der 1950er liebt. Das ist zu einem formelhaften Drehbuch geworden: Egal, um welches Thema es geht – Push-up-BHs, schmalzige Liebesromane, Gonzo-Pornos und so weiter –, immer gibt es da draußen eine Frau, die sich öffentlich das Hirn darüber zermartert, ob ein Interesse an solchen Dingen irgendwie ihre grundsätzliche Überzeugung von der Gleichstellung der Geschlechter ad absurdum führt. Das hat etwas Performatives, als wäre öffentliche Selbstkasteiung gleichbedeutend mit gründlicher Analyse. Allerdings enden solche Ergüsse stets in einer bestens bekannten Geisteshaltung: *Es ist meine Entscheidung. Ich tue es für mich. Also ist es feministisch.* Wenn das jedoch stimmt, dann mutet es schon etwas seltsam an, wenn darüber 1500 Wörter in einem öffentlich zugänglichen Forum geschrieben werden. Wie das Verhalten der Mädchen, die reuevoll zu Caitlin Moran tapern, um ihre Schamhaarsünden zu bekennen, wirken auch diese Selbstbekenntnisse wie eine müßige Bitte um Absolution. Wenn du Stöckelschuhe magst, dann trag' halt welche. Wenn du die Braut im weißen Kleid sein oder dabei zusehen möchtest, wie eine Frau mehrere Penisse in sich aufnimmt, nur zu! Lebe mit deiner dunklen Seite. Aber hänge dir kein öffentliches Selbstbekenntnis als Büßerhemd um.

Solche Webinhalte, die inzwischen ein eigenes Genre bilden, gehören zu den größten Triumphen des Marktfeminismus: Frauen, die sich aus der Illusion heraus, die vom Markt offerierte freie Wahl anzunehmen, freiwillig den Massenmedien andienen, damit diese Kapital daraus schlagen können. Die meisten dieser Aufsätze werden für sehr wenig Geld geschrieben, und beinahe alle werden veröffentlicht, weil sie massenhaft Klicks garantieren. Und im Großen und Ganzen sind es junge Frauen, die diese Nachfrage bedienen, indem sie ihr vermeintliches Scheitern in allen Einzelheiten sezieren. Dadurch perpetuieren sie die Vorstellung, dass der Feminismus eine zutiefst arrogante, heteronormative, auf die weiße Mittelschicht zentrierte Bewegung ist, schon lange nicht mehr imstande, über den eigenen Tellerrand hinauszublicken. Und wisst ihr, manchmal ist es verdammt schwer, dem zu widersprechen. Aber vielleicht erleben wir es ja noch, dass eines Tages von Männern geschriebene Texte auftauchen, die Überschriften tragen wie: »Begehe ich mit Back-Sack-Crack-Waxing Verrat an meiner marxistischen Überzeugung?« Doch noch ist dieser Tag nicht gekommen. Und das scheint mir ein ausreichend guter Grund zu sein, dass wir uns alle mal ein bisschen runterkühlen und die Dinge wieder etwas lockerer sehen.

Lasst es mich noch einmal klarstellen: Es geht mir hier nicht darum, verunsicherte Frauen zu verdammen, die sich einem Bombardement einander widersprechender Botschaften ausgesetzt sehen über die Frage, was sie tun müssen, um erfolgreich oder begehrenswert oder glücklich zu sein. Es geht mir nicht darum, Frauen zu verteufeln, die sich Botox spritzen oder ihre Schambehaarung so und nicht anders stylen lassen. Es gibt unzählige Gründe, warum Menschen es genießen, sich hübsch zu machen, Makeup aufzulegen, einen bestimmten Stil zu pflegen, gewissen Trends zu folgen: Familie und kulturelle Traditionen, Rebellion gegen oder Zugehörigkeit zu einer Religion oder Ausdruck der eigenen Persönlichkeit sind nur einige davon. Das »Ich-bin-eine-schlechte-Feministin«-Genre enthüllt jedoch die Doppelbödigkeit des Ganzen: Das Persönliche, das Individuelle und das auf die äußere Erscheinung Zentrierte werden besonders in den Vordergrund gerückt, und zwar einerseits als Orte der Ermächtigung, auf die andererseits aber mit dem Finger gezeigt und behauptet wird, so etwas sei Verrat an einem monolithischen Feminismus-Konzept. Die Kulturkritikerin Susan Bordo hat betont, dass diese Art reflexhafter Rechtfertigung als »Ablenkungsmanöver« fungiert, das den Fokus vom eigentlichen Thema – Konsumkultur, fortdauernde Ungleichheit – zu dessen Symptomen verlagert.[84] Wir existieren nicht im luftleeren Raum, und unsere Wahlmöglichkeiten auch nicht. Die kulturellen Idealnormen, die von profitgetriebenen Medien und Unternehmen geschaffen und geliefert werden, wirken sich massiv auf die angeblich so freien Entscheidungen aus, die wir im Hinblick auf unseren Körper treffen, und das für die Länge eines persönlichen Aufsatzes wegzurechtfertigen, ist viel einfacher, als zu versuchen, es zu ändern.

Darf ich vorstellen: Die neue Schönheit. Aber eigentlich kennt ihr euch ja schon

Es ist schon paradox: Mehr und mehr Frauen werden in Richtung einer kosmetisch verbesserten Gleichförmigkeit gelotst, und zugleich gehört ein ernsthaft geführter Dialog über die Ausweitung von Schönheitsstandards zu den Schlüsselelementen des Marktfeminismus. Das bringt uns zu Dove. Der Marke ist es in den letzten zehn Jahren gelungen, mit ihrer Real-Beauty-Kampagne in den Olymp des Empowertising aufzusteigen.

Alles begann 2004, als Frauen in Nordamerika und Großbritannien ein Werbeclip für Dove-Seife präsentiert wurde, in dem etwas ganz Unerwartetes zu sehen war: keine Seife nämlich. An die Stelle des allseits bekannten, vornehm weißen und schön geschwungenen Produkts waren starke Fotos getreten. Sie zeigten Frauen jeden Alters, verschiedenster ethnischer Herkunft und Konfektionsgröße, dazu kleine Kästchen zum wahlweisen Ankreuzen von Antworten auf diverse Fragen. »Übergröße? Überragend?«, lauteten etwa die neben dem Foto einer molligen Frau in einem schwarzen, trägerlosen Kleid, die lächelnd beide Arme hob; »Voller Makel? Makellos?« die neben einer irre sommersprossigen Rothaarigen; »Halb leer? Halb voll?« die neben einer Frau, deren kleine Oberweite durch ein weißes Tanktop betont wurde. Und statt eines Produktes wurde anschließend die URL einer Website eingeblendet, dazu der Aufruf »Beteiligt euch an der Beauty-Debatte«.

Mehr als 1,5 Millionen Frauen waren dank der Kampagne inspiriert oder neugierig genug, die Website von Dove zu besuchen. Aber das war noch gar nichts im Vergleich zu der Publicity, die Phase Zwei erzielte, als in New York, Chicago, Washington, D. C., und anderen US-amerikanischen Großstädten riesige Werbeplakate auftauchten, die Frauen in weißer Unterwäsche zeigten. Sie waren kräftig, kräftiger als »normale« Models, und, noch überraschender: Sie schienen in keinster Weise darunter zu leiden. Sie lächelten, lachten, lehnten sich vertraut aneinander. Im Gegensatz zu Werbeplakaten für exklusive Mode, auf denen die Models unmöglich verrenkt, gequält oder wie schockgefroren wirkten, sahen diese Frauen lebendig aus. Es hätte nicht ein derartiger Aufreger sein dürfen, sechs Meter große, glücklich aussehende Frauen verschiedener Konfektionsgröße und Hautfarbe über dem New Yorker Times Square zu sehen. War es aber doch, und innerhalb weniger Tage summte es in den Medien angesichts des neuesten Coups von Dove im Namen der »wahren« Schönheit wie in einem aufgescheuchten Bienenkorb.

Die Real-Beauty-Kampagne kombinierte für ihren Vorstoß zur Verbreitung eines guten Körpergefühls opulente, ins Auge springende Bilder der berühmten Fotografinnen Annie Leibovitz und Peggy Sirota mit einem institutionellen Hebel. Dieser kam in Gestalt einer 2004 im Auftrag des Unternehmens durchgeführten Studie mit dem Titel *The Real Truth About Beauty* daher, deren Konzeption von Nancy Etcoff und Susie Orbach stammte. Beide hatten populäre Bücher zum Thema Frauen und Körper/Schönheitsideal verfasst. Etcoff lehrt an der Harvard University und dröselte 1999 in *Nur die Schönsten überleben* die biologischen Fundamente dafür auf, was allgemein als schön gilt. Orbach ist Gastprofessorin an der London School of Economics und am besten für ihr *Anti-Diätbuch*[85] von 1978 bekannt, einem Grundlagenwerk zu den Ursachen von Dickleibigkeit und Esssucht. Die Studie, durchgeführt in den USA, Kanada, Großbritannien, Italien, Frankreich, Portugal, den Niederlanden, Brasilien, Argentinien und Japan, rühmte sich ihres »globalen« Ansatzes, wobei der Ausschluss von ganz Afrika und weiter Teile Asiens in einer Untersuchung über Frauen und Schönheitsideale dann schon wie eine grobe Unterlassung wirkt. Der Fragenkatalog sollte eine Einschätzung ermöglichen, welchen Wert Schönheit – sowohl die eigene als auch die anderer – für Frauen in unterschiedlichen Ländern und Kulturen besitzt und wie die Wahrnehmung des eigenen Körpers von den konventionellen Schönheitsnormen beeinflusst wird.

Bei der Verbreitung der Ergebnisse stellte Dove nicht so sehr die negativen Befunde in den Mittelpunkt – dass zum Beispiel nur etwa 2 Prozent der befragten Frauen das Wort »schön« benutzt hatten, um sich selbst zu beschreiben –, sondern bezog sich vor allem auf den Abschnitt mit der Überschrift »Auffassungen über Schönheit«. Hier sollten die Befragten einschätzen, wie stark sie Aussagen zustimmen würden wie »Eine Frau kann in jedem Alter schön sein« (89 Prozent bejahten das stark); »Ich glaube, dass jede Frau etwas Schönes an sich hat« (85 Prozent); und »Wenn ich eine Tochter hätte, würde ich mir wünschen, dass sie sich schön fühlt, auch wenn sie körperlich nicht attraktiv ist« (82 Prozent). Das so entstandene Gesamtbild zeigte, dass Frauen in einem Dilemma steckten: Einerseits schienen sie den Drang zu verspüren, die Schönheit besonders fraulicher Frauen zu rühmen, andererseits aber nicht imstande zu sein, sich selbst Schönheit zu bescheinigen. Und damit waren das Mission-Statement der Kampagne – »eine weltweite Debatte über die Notwendigkeit einer breiteren Definition von Schönheit anstoßen« – und die Dove-Frau geboren – eine, die sich mutig für ihre Geschlechtsgenossinnen ins Rampenlicht stellt und ihnen den Weg weist. Eines der Plakatmodels, Gina Crisanti, sagte gegenüber der Presseagentur Associated Press: »Als Heranwachsende war ich mit meiner Figur und Konfektionsgröße gar nicht glücklich. [...] Mit Mitte zwanzig stellte ich fest, dass solche [Gedanken] selbstzerstörerisch sind. Also fing ich an, mir eine alternative Definition von Schönheit zurechtzulegen. Und da fügte sich plötzlich alles zusammen. Es geht einfach nur darum, was du ausstrahlst.«

Ja, genau. Und um Hautstraffungscreme. Wie bitte? Oh, ja, diese strahlenden Frauen auf den bahnbrechenden Werbeplakaten von Dove dienten als Lockvögel für eine ganze Reihe von Lotionen und Cremes zur Bekämpfung von Cellulite. Wie schrieb Jennifer L. Pozner im September 2005 in ihrer Betrachtung der Real-Beauty-Kampagne gleich noch: »[Doves] Wohlfühlbotschaft, dieses ›Frauen sind in Ordnung, wie sie sind, mit jeder Konfektionsgröße‹ wird hoffnungslos diskreditiert von dem dahinterstehenden Versuch, uns dazu zu bringen, jede Menge Geld auszugeben, um diese lästigen ›Problemzonen‹ zu ›korrigieren‹, von denen Werbemacher uns schon immer eingeredet haben, wir müssten sie hassen.«[86] (Ganz zu schweigen von zuvor nicht existenten Problemzonen, die die Marke selbst kreiert hatte: Im Rahmen einer späteren Etappe des Real-Beauty-Werbefeldzugs schlug Dove Frauen vor, mithilfe der Produktlinie Advanced Care, hautaufhellenden Deodorants, ihre »Achselhöhlen in Unterarme zu verwandeln«.)

Die Dove-Werbung präsentierte zwar eine alte Geschichte mit leicht größenveränderten Models, dennoch brachte das Unternehmen einen Großteil seiner Zielgruppe – durchschnittliche Kosmetikkäuferinnen jeglicher Couleur – in eine echte Zwickmühle. Es schien wichtig und richtig zu sein, eine Marke zu unterstützen, die zur Kenntnis nahm, dass nicht alle Frauen gertenschlanke Weiße mit modemagazintauglicher Konfektionsgröße sind; und noch wichtiger und richtiger erschien es, Befürchtungen zu zerstreuen, der Anblick einer Frau in Unterwäsche Größe 44 könnte die in den USA grassierende Adipositaskrise verschärfen (die in Artikeln wie dem mit der Überschrift »Wie Dove zu einem Hintern kam« allen Ernstes geäußert wurden). Und ebenso verführerisch war es, Dove gegen männliche Kritiker zur Seite zu springen, die mit der Begründung gegen die großformatige Plakatwerbung protestierten, wenn sie gezwungen seien, sich Frauen in Unterwäsche mit einer Konfektionsgröße über 34 anzusehen, stelle das einen schwerwiegenden Angriff auf ihr Erektionsvermögen dar.

Die Dove-Werbung war ebenso Symptom wie Auswirkung des Marktfeminismus. Indem das Unternehmen einen Missstand ansprach, für dessen Beseitigung der Feminismus schon lange kämpfte – die eng gefassten, strengen Mainstream-Beauty-Standards – positionierte es sich trotz der zugrundeliegenden Lockvogeltaktik in Sachen »Straffung« als fortschrittliche Marke. Und allen, die diese Taktik entlarvten, warf man vor, das Perfekte zum Feind des Guten zu machen. Dove sei schließlich Teil eines multinationalen Konzerns, lautete die Rechtfertigung. Wir könnten doch nicht ernsthaft erwarten, dass sie ihre Produkte *nicht* unters Volk bringen wollten. Zumindest mache sich Dove für eine positive Körperwahrnehmung und das Selbstvertrauen von Frauen stark. Richtig? Die Verbraucher*innen reagierten jedenfalls darauf: 2006 generierte Dove zwei Drittel seines Umsatzes über Kund*innen, die mehr als ein Produkt kauften, eine Verdopplung gegenüber 2003, der Zeit vor der Kampagne. Und zehn Jahre später waren die Erlöse von 2,5 auf 4 Milliarden US-Dollar gestiegen.[87]

In den Jahren seit Beginn der Real-Beauty-Kampagne balancierte Dove geschickt weiter auf dem schmalen Grat zwischen Steigerung des öffentlichen Bewusstseins und Vereinnahmung. Das Unternehmensvideo »Onslaught« (Attacke) von 2007 ist ein Beispiel für Ersteres: Die Kamera zoomt ganz dicht an das Pfirsichgesicht eines weißen Mädchens heran und lässt dieses Bild einen Moment lang stehen. Dann bricht ein wahres Bombardement aus schnellen Schnitten auf weibliche Körper und Körperteile los. Brüste, Lippen, Bikini-Figuren, Hüften, Schlüsselbeine. Eine Frau, die auf einer Waage steht und rasend schnell zu-, ab- und wieder zunimmt. Chirurgenskalpelle und Kanülen, die an betäubtem Fleisch herumschnippeln und -saugen. Ein wahrer Sturm aus Bildern, wie sie in den Medien alltäglich sind. Und das ist genau der Punkt. Am Ende des Videos erscheint eine Botschaft: »Reden Sie mit Ihrer Tochter, bevor die Schönheitsindustrie es tut.« »Onslaught« nahm starke Anleihe bei den Arbeiten von Jean Kilbourne und Sut Jhally, zwei Medienkritiker*innen, die in ihren Filmen explizite und verstörende Verbindungen zwischen den Bildern von Frauen in der Werbung und dem gesellschaftlichen oder kulturellen Umgang mit Frauen herstellen.

»Onslaught« wurde, ebenso wie der Vorläufer »Evolutions« (ein Video, das anhand von Zeitrafferaufnahmen zeigte, wie sich gewöhnliche Models mithilfe von Makeup und Photoshop in werbetaugliche Amazonen verwandelten) zu einer viralen Sensation. Beide waren auf den ersten Blick nicht als Werbung erkennbar. Frau musste schon ein bisschen tiefer graben, um herauszufinden, dass es sich um Projekte des Dove Self-Esteem-Fund handelte, einer Initiative der Real-Beauty-Kampagne. Beide Videos gaben den Ton für die Upworthy-Ära auf Twitter vor, indem sie freimütige, verstörende visuelle Reize setzten, drängende Musik unterlegten und Werbetexte nur äußerst sparsam einstreuen. Auf diese Weise sollten die Zuschauer*innen dazu gebracht werden, angebliche Gewissheiten zu hinterfragen. Die Entdeckung, dass am Ende Dove dahinterstand, verlieh dem Ganzen gefühlte Legitimation: Das war ja gar nicht das Werk von ein paar irren feministischen Aktivistinnen, sondern kam von einem Unternehmen, das eine Menge zu verlieren hatte, falls Frauen und Mädchen die Vorherrschaft gewisser Schönheitsideale in Zukunft ablehnen sollten. Wenn Dove schon anfing, sich Sorgen zu machen, dann musste die Kacke ja echt am Dampfen sein.

Doch während diese viralen Videos in der Tat dazu beitrugen, den von Dove angestrebten weltweiten Dialog auf die Schiene zu setzen, ließen einige der aktuelleren Werbeclips des Unternehmens ihn wieder entgleisen. Da war zum Beispiel »Sketches«. Er kam 2013 als TV-Spot und gleichzeitig als längeres Video heraus, das in den Sozialen Medien geteilt werden sollte, und spielt in einem großzügigen, sonnendurchfluteten Loft. Ein forensischer Künstler bittet zuerst einige Frauen, ihm ihr Aussehen zu beschreiben. Danach bittet er fremde Personen, ihm dieselben Frauen zu beschreiben. Anschließend präsentiert er den Frauen beide Zeichnungen, was zu den unterschiedlichsten Reaktionen führt: Erschrecken, Schock, verdutztes Lachen, Verlegenheit, Ungläubigkeit. So sollte auf spielerische Weise deutlich gemacht werden, dass Frauen, wenn es um Schönheit geht, sich selbst die schärfsten Kritikerinnen sind. Denn jedes Mal war es Dasselbe: Die Zeichnung, die auf der Eigenwahrnehmung der Frauen basierte, fiel deutlich unattraktiver aus als die Zeichnung anhand der Beschreibung durch Fremde.

Inzwischen haben mehr als 135 Millionen Menschen dieses Video gesehen, und falls die Zahl derjenigen, die es auf Facebook geteilt haben, als Anhaltspunkt dienen kann, dann hat »Sketches« die Wirkung einer Wahrheits-Neutronenbombe entfaltet. *Advertising-Age* kürte das Video sogar zur Viralen Kampagne des Jahres. Und doch hat es womöglich, wie zahlreiche Kritiker*innen betonten, sein größeres Ziel als Teil der Mission der Real-Beauty-Kampagne verfehlt – nicht nur, weil es nur wenig dazu beitrug, die Definition dessen zu erweitern, was als »schön« gilt, sondern auch, weil es die Vorstellung zementierte, »Schönheit« sei die wichtigste Kategorie für die Beschreibung einer Frau. Ann Friedman brachte es auf dem Style- und Kultur-Blog *The Cut* folgendermaßen auf den Punkt: »Was, wenn Dove eine Frau gefilmt hätte, die exakt so ausgesehen hätte wie eine der ›negativen‹ Selbstbeschreibungen? Vielleicht eine mit buschigen Augenbrauen, einem schlimmen Muttermal und dunklen Ringen unter den Augen? Eine mit Kleidergröße 46? Und was, wenn diese Frau zu dem Zeichner als Erstes gesagt hätte: ›Naja, eigentlich bin ich ganz hübsch?‹«

Das nächste Video der Kampagne ließ einen erst recht ratlos zurück. »Patches« zeigt ahnungslose Frauen, denen ein »Schönheitspflästerchen« angeboten wird, einfach aufzukleben, vergleichbar mit einem Nikotinpflaster; dazu die Versicherung, es würde helfen, sich schöner zu fühlen. Was als nächstes passiert, schockiert euch sicher nicht im Geringsten: Der Placebo-Effekt der Pflästerchen hält sogar dann noch an, als den Frauen eröffnet wird, dass sie reingelegt worden sind und dass – tataaa! – *wahre Schönheit von innen kommt.* »Das Wissen, dass ich für dieses Gefühl gar nichts brauche, dass ich einfach nur ich selbst sein muss ... das war verschüttet, aber jetzt ist es wieder da, und das ist so ermächtigend!«, begeistert sich eine der Gefoppten. Innerhalb von knapp zehn Jahren war Dove vom Ausgangspunkt – Frauen, die offen ihr Selbstvertrauen in die eigene Schönheit zeigen – wo angekommen? Bei Frauen, die sich leichtgläubig in den Dienst von Schönheitsidealen stellen. Nicht gerade das, was frau als Fortschritt bezeichnen möchte. Und doch erntete »Patches«, genau wie die anderen Werbeclips von Dove, größtenteils positive Reaktionen: Eine von *AdvertisingAge* durchgeführte Studie in den Sozialen Medien verzeichnete in den ersten beiden Tagen nach Veröffentlichung des Videos in 65 Ländern zu 91 Prozent positive Reaktionen.[88]

Erfolg mal beiseite. »Sketches« und »Patches« enthüllten die Knackpunkte in der Vermählung von echter Körperakzeptanz und Markt-Status-quo. Dove mag seine Ziele durchaus ernst gemeint haben, aber das Unternehmen ist nach wie vor Teil eines Systems, das seine Profite seit jeher aus der Perpetuierung weiblicher Unsicherheit zieht und Frauen auf subtile Weise dazu verleitet, die Schuld für diese Unsicherheit bei sich selbst zu suchen. Und doch genießt Dove immer noch den Ruf einer Marke, die sich ernsthaft Gedanken macht – was einfach daran liegt, dass sich ansonsten nur wenige andere Firmen an das Thema »medial vermittelte Schönheitsstandards« herangetraut haben. Dass sich Dove nur genau so viele Gedanken macht, dass der Umsatz nicht gefährdet wird (aber nicht genug, um damit aufzuhören, immer neue Unsicherheiten und die passenden Produkte zu ihrer Beseitigung zu erfinden), ist völlig ohne Bedeutung in einem Markt, in dem es als radikal gilt, auch nur ansatzweise mit der Akzeptanz des eigenen Körpers zu kokettieren.

Unilever finanzierte 2014 eine Nachfolgestudie, um den Effekt der Real-Beauty-Kampagne zu messen. Nancy Etcoff begleitete die Studie als wissenschaftliche Beraterin. Wie sie herausfand, stimmten jetzt 62 Prozent der befragten Frauen der Aussage zu »Ich bin für meine eigene Definition von Schönheit mitverantwortlich«, eine

Verdreifachung gegenüber der ersten Studie. Die auf Schönheit fokussierten Medien, die die befragten Frauen konsumierten, hatten ihre Botschaften nicht verändert; sie waren nur mittlerweile so clever, diese mit einem feministisch inspirierten Dreh zu vermitteln.

Natürlich steckt in solchen breit angelegten Kampagnen durchaus auch ein bisschen Selbstkritik. Und da diese Marken Vorwürfe, sie sprächen mit gespaltener Zunge, schon von vornherein einkalkulieren, verbinden sie ihre Werbung zunehmend mit Angeboten an die Konsumentinnen, sich zu »beteiligen« oder Mediendiskussionen über gesellschaftliche Themen »mitzugestalten«, die sie mit ihrem Marktaktivismus selber lostreten. Special K, eine Marke, die seit langem die einzigartige Kraft ihrer Frühstückscerealien rühmt (diese sind angeblich imstande, Frauen so weit zu verschlanken, dass sie irgendwann in ein eng anliegendes rotes Kleid passen), startete 2013 *#fightfattalk*. Die Hashtag-Kampagne war speziell dafür entwickelt worden, das öffentliche Bewusstsein auf das Phänomen zu lenken, dass Frauen in der Sprache des Selbsthasses über ihren Körper reden. »Von ›Gefrotzel‹ über dicke Fußknöchel bis hin zu destruktiver Selbstzerfleischung – Fat Talk hat Einzug in die Alltagssprache gehalten und wird gedankenlos verwendet«, so der Wortlaut des Werbetextes. Und weiter: »Worte haben Macht. Lasst uns dafür sorgen, dass es positive Worte sind.«

So weit, so gut. Special K hatte in der Tat den Nagel auf den Kopf getroffen. Es stimmt, dass Fat Talk nicht nur im Zusammenhang mit der Selbstzerfleischung von Frauen inzwischen zum Standardarsenal gehört und als alltägliches Gesprächsthema fest verankert ist, vor allem unter weißen Frauen in kommerziell geprägten Kulturen. Von weiblichen Stand-up-Comedians, für die bissige Selbstbetrachtung seit Jahrzehnten zum akzeptierten Standardrepertoire gehört, bis hin zu Promi-Profilen von Starlets, die sich dazu bekennen, von Paparazzi einmal dabei »erwischt« worden zu sein, als sie wie normale Menschen aßen – das ständige Sich-Entschuldigen für die simple Tatsache, einen sichtbaren Körper zu haben, ist für die meisten Frauen ganz normal. Und für viele farbige Frauen hat die Dynamik der Selbstzerfleischung unter Umständen noch einen zusätzlichen Aspekt. Sie müssen sich nicht nur dafür entschuldigen, dass sie die Unverschämtheit besitzen, einen lebendigen Körper zu haben, der nun mal Nahrung braucht, um zu funktionieren. Bei ihnen kommt auch noch die Erkenntnis hinzu, dass sie, sobald sie nicht den ethnisch geprägten Stereotypen entsprechen – weder einen saftigen Hintern haben wie schwarze oder Latinofrauen noch die vogelartige Zierlichkeit ostasiatischer Frauen – entweder unsichtbar sind oder schlichtweg »falsch«.

Und trotzdem. Die Website von Special K verkündet zwar zunächst im Brustton der Überzeugung: »99 Prozent aller Frauen sprechen Fat, gehören deine Freundinnen auch dazu?« und lädt die Leserinnen freundlich ein: »Finde es jetzt heraus.« Doch was nach einem Klick auf den angebotenen Link erscheint, ist keine Enthüllung über irgendwelche »Freundinnen«, sondern eine in Form einer Diashow gestaltete Werbung für diverse Produkte der Marke, darunter eines, dass die Kundinnen nachdrücklich auffordert, diversen »Versuchungen« durch den Kauf eines Frühstücksmüslis mit dem Namen Protein Cinnamon Brown Sugar Crunch »ein Schnippchen zu schlagen«. Mit anderen Worten: Das Unternehmen *spricht selbst Fat* mit den Verbraucher*innen, indem es von der Konkurrenz hergestellte Lebensmittel als »Versuchungen« positioniert. Die Pressemitteilung für die Kampagne enthüllte denn auch den wahren Antrieb hinter *#fightfattalk*: Die Marke wollte nicht erreichen, dass Frauen um ihrer selbst willen damit aufhören, schlecht über ihren Körper zu sprechen, sondern weil solches Gerede »destruktiv [ist] und ein entscheidendes Hindernis auf dem Weg zu einem erfolgreichen Gewichtsmanagement«. Es war ein feministisch aufgemotzter Aufhänger für eine entschieden unfeministische Kampagne, deren Subtext lautete: Quatscht nicht darüber, *warum* ihr meint, abnehmen zu müssen. Nehmt einfach ab und fertig!« Tyra Banks, Model, bekannte TV-Persönlichkeit und *#fightfattalk*-Botschafterin, fasste die gemischte Botschaft der Kampagne versehentlich sehr gut zusammen, als sie verkündete: »Ich bin begeistert, Partnerin von Special K zu sein. Gemeinsam wollen wir Frauen dazu ermächtigen, sich wohlzufühlen mit ihrem Körper. Doch nicht nur das. Wir wollen ihnen auch dabei helfen, negative Gedanken loszuwerden und ihnen Tipps und Tricks an die Hand geben, um die Merkmale ihres Körpers, die ihnen am wenigsten gefallen, besser aussehen zu lassen.«

2014, als der Feminismus in der öffentlichen Diskussion zunehmend an Bedeutung gewann, schaltete sich CoverGirl auf ganz ähnliche Weise in die Aktivitäten zur Beauty-Positivity ein. Der Kosmetikhersteller kündigte eine eigene, auf fünf Jahre angelegte Hashtag-Kampagne mit dem Namen #*GirlsCan* an, die Mädchen »ermächtigen« sollte, zur »nächsten Generation zu werden, die die Welt aus den Angeln hebt«, nebst Spenden in Höhe von insgesamt etwa 5 Millionen US-Dollar, gedacht für Einzelpersonen und Organisationen, die sich die Förderung des Potenzials von Mädchen auf die Fahnen geschrieben haben. Prominente Unterstützerinnen wie Ellen DeGeneres, Katy Perry, Pink, Janelle Monae und Queen Latifah sprachen in den Werbeclips über die inspirierende Erfahrung, Dinge getan zu haben, die ihnen alle Welt hatte ausreden wollen.

Eins tat CoverGirl als Teil der Kampagne allerdings nicht: Das Unternehmen änderte nichts an seiner Verkaufsstrategie gegenüber Mädchen und Frauen. Und so sehen wir also Katy Perrys Auftritt in einem #*GirlsCan*-Werbevideo, wo sie die Bedeutung von Ermächtigung diskutiert (»Überzeugung, innere Überzeugung«) und enthusiasmiert verkündet: »Mädchen können das Wort in Besitz nehmen.« Und wo tut sie das? In einem Laden, und dazu wird die Frage eingeblendet: »Welche Art Sexgranate bist du?« (Die Optionen, falls ihr euch das fragen solltet, sind »süß«, »kokett« und »wild«.) Hier haben wir das Bilderbuchbeispiel einer Marke, die versucht, Ermächtigung gleich doppelt auszuschlachten: Erst erzählt sie Mädchen, sie könnten alles sein und tun, was sie wollen, um ihnen anschließend zu raten, sich für eine begrenzte Anzahl von Auswahlmöglichkeiten passend zu machen.

Beinahe alle Marken, die ihre Produkte mithilfe weiblicher Ermächtigung pushen, haben gemeinnützige Ableger. Das reicht von Brustkrebsforschung (Avon, Revlon und Estée Lauder) über die Schulbildung von Mädchen (Dove, CoverGirl, Gillette) bis hin zur Sensibilisierung der Öffentlichkeit für häusliche Gewalt (The Body Shop, Mary Kay). Dagegen lässt sich schwerlich etwas sagen, und diese Unternehmen wissen das. Wirft frau allerdings mal einen Blick auf die Geschäftspraktiken, Inhaltsstoffe und Mutterkonzerne dieser ach so ermächtigenden Marken, dann fängt es gewaltig an zu knirschen. Wenn Estée Lauder und Revlon wirklich so viel an Brustkrebsvorsorge liegt, wäre doch zu erwarten, dass sie bei der Vermeidung von bekanntermaßen krebserregenden Ingredienzien einen besseren Job machen. Wenn Dove wirklich bestrebt ist, unsere Auffassung von Schönheit zu erweitern, könnte doch Mutterkonzern Unilever mal grundlegend über hautaufhellende Cremes wie Fair & Lovely nachdenken, die im Nahen Osten und in Südasien äußerst aggressiv vermarktet werden. Es lässt sich wohl kaum glaubhaft behaupten, die stillschweigende Vereinnahmung feministischer Grundhaltungen durch große Marken habe deren grundlegende Einstellung gegenüber ihren weiblichen Kunden verändert. Indem sie die Verbindung zwischen ansprechendem Äußeren und Glück/Erfüllung vertiefen, haben Dove und CoverGirl und Special K lediglich eine noch engere Allianz zwischen ihrer Marke und einer kulturellen Vision geschmiedet, die Jungsein, Schlanksein und Weißsein gleichsetzt mit Selbstachtung und Erfolg.

Dass ausgerechnet diese feministischen Themen immer wieder an die Oberfläche eines tiefen Ozeans der Geschlechterungleichheit gespült werden, ist nur logisch, und zwar auf die traurigste nur denkbare Weise. Denn wie Susan J. Douglas betonte: Wir leben in einer Zeit, in der »Machtfantasien [...] Mädchen und Frauen pausenlos versichern, dass die Befreiung der Frau bereits erreicht sei;

dass wir stärker, erfolgreicher, weniger ängstlich und sexuell selbstbestimmter sind; dass wir mehr Respekt genießen, als es in Wahrheit der Fall ist.«[89] In diesem Kontext wirkt es weniger wie ein steiler Weg bergauf, wenn sich frau um das kümmern kann, was wirklich in ihrem Einflussbereich liegt – Figur, Kleidung, Körperpflege, Konsumverhalten. Das ist mit Sicherheit leichter, als lautstark Menschen und Systeme anzuprangern, die aktiv unserer Emanzipation und unserem Menschsein entgegenwirken. Erotisches Kapital ist echtes Kapital, und an vielen Stellen, in vielen individuellen Leben, zahlt es sich aus. Doch was mit Injektionsnadel, Rasierer oder Lippenstift zu erlangen ist, sind kurzlebige Lösungen und keine nachhaltige Strategie.

EPILOG
DAS ENDE DES WOHLFÜHL-FEMINISMUS

Bei Erscheinen dieses Buches in den USA ist es zwei Jahre her, dass der Feminismus Einzug in den amerikanischen Mainstream gehalten hat. Und nachdem ich diesen Epilog über eine Zeitspanne von mehreren Monaten geschrieben, redigiert und wieder umgeschrieben habe, bin ich mir immer noch nicht sicher, mit welchen Schlussfolgerungen ich enden soll. Verweise ich auf die vielen Erfolge, die einer stärkeren Politisierung der Popkultur ebenso geschuldet sind wie der aufgeklärteren – oder für alle, die keine Fans der Aufklärung sind, »politisch korrekten« – Berichterstattung der Konzernmedien? Das könnte ich sicher tun, hat sich doch die Haltung der Öffentlichkeit zu wesenshaft feministischen Themen tatsächlich auf erstaunliche Weise verändert.

Ich könnte zudem darauf aufmerksam machen, dass ein gestiegenes Bewusstsein für den Einfluss von Medien und Popkultur landauf landab Aktivist*innen an der Basis beflügelt hat, sich zu organisieren und kreativ zu werden. Das ist in erster Linie dem Internet zu verdanken, dem wichtigsten Werkzeug für den Wandel, das wie kein anderes Medium Diskurse ankurbeln, Fakten publik machen und Aktivist*innen mobilisieren kann. Und vom Hackathon bis zum Twitter-Hashtag schärfen unzählige Projekte und Initiativen in Medien und Popkultur die Medienkompetenz und erfüllen den Spruch »Wenn du es sehen kannst, kannst du es auch sein« als Mantra für Reformen mit neuem Leben.

Natürlich könnte ich an dieser Stelle auch erwähnen, wie stark feministische Bewegungen in Mainstream-Medien und Popkultur heute die Berichterstattung über Vorurteile und Fanatismus beeinflussen, indem sie Begriffe wie »Vergewaltigungskultur«, »cisgender« und »colorism« [Diskriminierung aufgrund der Hautfarbe] in öffentliche Räume und Diskurse einführen. Im Gegenzug machte, ähnlich wie weiland Anfang der 1990er Jahre, die Klage über »Gedankenpolizei« und »völlig überzogene politische Korrektheit« die mediale Runde – doch gleichzeitig meldeten sich auch wieder Menschen zu Wort, für die Sicherheit, Gerechtigkeit und Menschlichkeit mehr als nur rhetorische Gedankenexperimente sind. Im Zuge der College-Proteste des Jahres 2015 gegen Polizeigewalt löste die feministische Forderung nach einem »geschützten Raum« hämische Kommentare in den Mainstream-Medien aus, schob aber auch eine Diskussion darüber an, warum es einen Begriff, der so viel Hohn und Spott erntet, überhaupt geben muss. »Wer Sicherheit als gegeben hinnimmt, verunglimpft die Sicherheit, weil sie für diese Leute wie viele andere Rechte immer unverzichtbar war«, so Roxane Gay. »Sie nehmen fälschlicherweise an, dass wir alle diesen Luxus genießen und blindlings nach noch extravaganteren Rechten trachten.«[90]

Die Vergewaltigung auf dem Uni-Campus als systemisches Problem hat sich US-weit, die Notwendigkeit einer intersektionalen Betrachtung feministischer Themen weltweit zu einem wichtigen Diskussionsthema entwickelt. Die uralte Forderung nach Repräsentanz – in der Unternehmensführung, im Fernsehen, in Hollywood, in der Literatur, in der Politik – dringt nach und nach ins öffentliche Bewusstsein vor, und besonders komplex und nuanciert findet der Diskurs in der Popkultur statt. Dass es wichtig ist, wenn Unternehmen eine ethnisch, religiös oder genderdiverse Belegschaft nicht nur einstellen, sondern auch halten, wird mittlerweile auch von Wirtschaftswissenschaftler*innen und Personalchefs diskutiert, und wenn Studien belegen, dass Unternehmen aus der Vielfalt an Geschlechtern und Hautfarben konkrete finanzielle Vorteile erwachsen, berichten auch Zeitschriften wie *Forbes* und *Scientific American* darüber. Immer mehr Menschen begreifen also, was Feminist*innen seit Jahren sagen: Gleichheit ist für alle besser, wenn wir es schaffen, Ängste und Stereotype zu überwinden und uns die Gleichberechtigung wirklich zu eigen zu machen.

Trotzdem: Wenn wir uns die vielen ungelösten Fragen im Feminismus ansehen, sind wir doch nicht viel weiter als im Jahr 1971, als der damalige Präsident Richard Nixon die Comprehensive Child Development Bill verhinderte. Der von beiden Kongresskammern unterstützte Gesetzentwurf sah die Einrichtung von Kinderbetreuungszentren vor, die allen Bürger*innen offenstehen sollten, und forderte von sämtlichen US-Kommunen die Einrichtung von Programmen für die frühkindliche Bildung. Als Senat und Repräsentantenhaus der Gesetzesvorlage zugestimmt hatten, landete sie auf Nixons Tisch – der prompt sein Veto einlegte, weil er eine verdeckte kommunistische Verschwörung dahinter vermutete, die das moralische Grundgerüst Amerikas schwächen sollte. Bei Inkrafttreten des Gesetzes würde, so Nixon, die »weitreichende moralische Autorität des Staates kommunalen Erziehungsansätzen geopfert« und die Unantastbarkeit der Familie und insbesondere die Rolle der Mutter untergraben. »Ziel war es nicht«, so die Kolumnistin Gail Collins von der *New York Times,* »das Gesetz zu verhindern, sondern die Idee eines landesweiten Anspruchs auf Kinderbetreuung für alle Zeiten zu begraben.«[91]

Die Kinderbetreuung ist und bleibt eines der größten unvollendeten Projekte, dessen sich feministische Bewegungen immer wieder annehmen. Selbst bescheidene Vorstöße wie ein Steuernachlass für arbeitende Eltern, den Barack Obama 2015 ins Gespräch brachte, rufen große Empörung hervor, in der Nixons Beschwörung der »traditionellen« Werte nachhallt. Die am schlechtesten bezahlten Jobs – Kassierer*in, Kellner*in, Fließbandarbeiter*in – sind die einzigen, die Frauen ohne Highschool- oder College-Abschluss offenstehen; jede*r fünfte Fast-Food-Angestellte lebt unterhalb der Armutsgrenze.[92] In der Frage der Abtreibung und der körperlichen Autonomie geht die Entwicklung sogar rückwärts. (Denken wir nur an die Gesetzesinitiative der Republikaner, vor jeder Abtreibung eine vaginale Ultraschalluntersuchung vorzuschreiben). Das Equal Rights Amendment wurde nie ratifiziert, das heißt, wir mögen unseren männlichen Mitbürgern zwar vordergründig gleichgestellt sein, doch offiziell sind Frauen nach dem Gesetz noch immer keine vollberechtigten Staatsbürgerinnen der USA.

Der Spruch »Es gibt kein Zurück« hat sich für feministische Bewegungen weltweit zu einer Art Mantra entwickelt, das in allen möglichen Kontexten ertönt, von staatlich sanktionierten Verstößen gegen LGBT-Rechte bis hin zum Fernsehprogramm für Kinder. Die Zahnpasta ist aus der Tube, der Geist aus der Flasche, die Brandung lässt sich nicht mit einem Besen aufhalten. Dennoch garantiert uns das derzeitige Tempo (zwei Schritte vor, einer zurück oder auch mal umgekehrt) keinen beständigen nachhaltigen Fortschritt. Deshalb ist der Marktfeminismus so wichtig – oder genauer, dass wir ihn uns zu eigen machen.

Lob oder Vereinnahmung?

Der Feminismus kommt heutzutage ja wirklich fröhlicher und witziger, cooler und lockerer daher als je zuvor. Wenn wir ein Video von Amy Schumer posten, in dem eine Pseudo-Boy-Group ihre »natürliche Schönheit« anpreist, zeigen wir, dass wir es auch satthaben, ständig den perfekt geschminkten Lockvogel zu geben. Wenn ein

Politiker absurde Behauptungen und haltlose Ansichten – zum Beispiel über die Funktionsweise der Gebärmutter – verbreitet, und stante pede von einer Million flinken Internet-Witzbolden durch den Kakao gezogen wird, ist das unglaublich befriedigend. Wenn wir heute in dem FIFA-Videospiel in die Rolle von Alex Morgan und anderen Fußballerinnen schlüpfen können, so ist das ein großer Fortschritt in der Sportspielebranche. Wenn wir uns im Internet »Riot Don't Diet«-Anstecker und T-Shirts mit dem Aufdruck »Ovaries Before Brovaries« (»Eierstöcke über Eier«) bestellen, ist das ein schöner Zeitvertreib. (Ich würde mich übrigens über das feministische Faultier-Sticker-Set freuen.) All das beweist, dass der Feminismus in der Massenkultur angekommen ist, doch noch ist unklar, was dort mit ihm geschieht. Der Marktfeminismus ist verführerisch. Doch der Marktfeminismus allein ist noch keine Gleichberechtigung.

Das Narrativ, dem zufolge der Feminismus sein Ziel erreicht hat, weil wir ihm im Internet überall begegnen, weil er ein Marketing-Knüller ist, weil eine Handvoll berühmter Frauen als seine Ikonen auftreten, ist ebenso unreflektiert wie die Behauptung, der Feminismus habe sein Ziel erreicht, als (weiße) Frauen das Wahlrecht erhielten oder als die erste CEO über die Schwelle ihres geräumigen Chefbüros trat. Das soll nicht heißen, dass diese Schritte nicht wichtig gewesen wären oder dass sie das Leben der Menschen nicht beeinflusst hätten. Aber wenn einige Frauen in einigen Bereichen vorankommen, so ist das noch kein umfassender feministischer Sieg, zumal schon solch kleine Fortschritte eine unverhältnismäßig große Angst auslösen.

Wenn der Feminismus sein Ziel erreicht hat, warum sind dann in den letzten gut fünf Jahren beispielsweise die Einschränkungen des Abtreibungsrechts in den USA dermaßen durch die Decke gegangen – allein im ersten Halbjahr 2015 waren es einundfünfzig neue Bestimmungen?[93] Wenn wir jetzt alle gleichberechtigt sind, warum sind Frauen jeder Hautfarbe in den Mainstream-Nachrichtensendern als Moderatorinnen und Expertinnen dermaßen unterrepräsentiert? Wenn der Feminismus die Kultur so gründlich verändert hat, warum kümmern sich die Boulevardzeitungen dann immer noch um die Frau mit der schönsten Strandfigur oder um Jennifer Anistons einsam alterndem Uterus? Wenn die Stimmen der Frauen wirklich genauso viel zählen wie die aller anderen, warum wird Frauen auf Twitter dann mit Vergewaltigung und Mord gedroht, wenn sie nur ihre Meinung über eine Sportveranstaltung oder ein Videospiel äußern, während Millionen von Männern dieselbe Meinung kundtun können, ohne dass sie gleich als Hirni beschimpft werden oder ihnen jemand damit droht, ihr Telefon zu hacken oder ihre Leiche zu schänden? Und wenn die Leute tatsächlich beim Feminismus angekommen sind, warum reagieren sie dann auf die feministische Diskussion geschlechtsspezifischer Gewalt, struktureller Ungleichheit und anderer Themen mit Bemerkungen wie »Aber das passiert Männern doch auch« und »Nicht *alle* Männer sind so«?

Das Problem ist – das Problem war schon immer –, dass Feminismus kein Spaß ist. Er soll auch kein Spaß sein. Feminismus ist komplex und schwierig, und er nervt. Er ist eine ernsthafte Angelegenheit, denn hier fordern Menschen, dass ihr Menschsein als wertvoll anerkannt wird. Die Kernthemen, die der Feminismus anspricht – Lohnungleichheit, geschlechtsspezifische Arbeitsteilung, institutionalisierter Rassismus und Sexismus, strukturelle Gewalt und natürlich körperliche Autonomie –, sind alles andere als sexy. So etwas lässt sich schwer verkaufen in den rasanten Content-Strömen, die auf möglichst viele Klicks aus sind, und in der profitorientierten Dauerwerbeberieselung der Konsument*innen. Vor allem aber zielt der Feminismus auf eine Verschiebung der Machtbalance ab. Damit irritiert er die Mächtigen, und das muss er auch, damit er Wirkung entfalten kann. Wenn wir also von diesen Leuten zu hören bekommen – und, ach, wir hören das pausenlos –, der Feminismus möge doch bitte seine Laustärke etwas herunterfahren, höflich um die gewünschten Rechte nachsuchen und auf wütende und scharfe Töne verzichten, dann sollten wir uns klarmachen, dass tiefgreifender sozialer Wandel nicht durch freundliches Nachfragen, Abwiegeln und Süßholzraspeln herbeigeführt wird. Aber machen wir uns nichts vor: Genau das tut der Marktfeminismus. Er redet potenziellen Kritiker*innen ein, der Feminismus könne in Räumen Bestand haben, in denen fundamentale Ungleichheit herrscht, ohne dass er dort grundlegend etwas veränderte.

Während der Arbeit an diesem Buch unterhielt ich mich mit vielen Leuten, hörte ihnen zu, lauschte den Gesprächen anderer, um zu erfahren, was der kulturelle Aufstieg des Feminismus ihrer Ansicht nach bedeutet und warum er wichtig ist. Mir begegneten Optimismus und Begeisterung. Ich erlebte Skepsis und Augenrollen. Weiße Studentinnen bezeichneten Beyoncé als »Einstiegsdroge«, die zum echten Stoff der reinen, unverfälschten Feminismustheorie führe. Nicht-weiße Feministinnen befürchteten, da sich die Kultur nur die unkritischsten Aspekte des Feminismus einverleibe, blieben historische, bis heute nachwirkende blinde Flecken hartnäckig bestehen. Ich habe Menschen jeden Alters erlebt, die sich ehrfürchtig an den Moment erinnerten, an dem es bei ihnen feministisch »Klick« machte. Und oft bekam ich auch den Stinkefinger zu sehen: »Nicht schon wieder dieser hemmungslose mediale Kreiswichs!«

Auf meine Frage, wie sich der Bekanntheitsgrad des Feminismus für konkreten Wandel nutzbar machen ließe, erhielt ich so gut wie keine Antwort, die hätte vermuten lassen, dass es darauf nur *eine* Antwort gäbe. Worin sich jedoch fast alle einig waren: Ob jemand den Feminismus öffentlich lobt oder ihn für sich vereinnahmt, lässt sich nur sehr schwer unterscheiden.

Der Hauptkonflikt, den ich in diesem Buch hoffentlich deutlich gemacht habe, besteht darin, dass feministische Bewegungen Systeme verändern wollen, wohingegen der Marktfeminismus das Individuum in den Mittelpunkt stellt. Als Wasserträger des Neoliberalismus verpasst der Marktfeminismus systemischen Problemen ein persönliches Kleid und bietet fröhlich kommerzielle Lösungen an. Statt sich zum Beispiel mal um die nach wie vor klaffenden schwarzen Löcher zu kümmern, etwa die fehlenden Hilfen für Eltern im Niedriglohnsektor, macht man es sich leicht und erklärt den Müttern, dass sie sich gefälligst aufraffen und die Kriegerin in sich aktivieren sollen. Der Marktfeminismus unterstellt, wir könnten völlig unbelastet sein, frei von jedem Sexismus oder Rassismus, der das Leben derer vor uns geprägt hat. Wir sollen glauben, dass es nichts mit unserem Geschlecht zu tun hat, wenn wir in der Schule, auf der Arbeit, in Beziehungen und in Führungspositionen an Grenzen stoßen, sondern mit persönlichen Problemen, die sich mit einem besseren Selbstwertgefühl, mehr Zuversicht und lebenslangem Training lösen lassen.

Zertifizierte Feministin

So weit ist es also gekommen. Wir haben feministische Höschen und feministische Liebesromane, feministische GIFs und feministische Witze. Wir haben »12 feministische Cocktails für eine bessere Welt«, »10 Gründe, warum *The Mindy Project* ein feministisches Meisterwerk ist«, und »9 Zitate, die erklären, warum die Serie *Game of Thrones* Empowerment pur ist«. Wir wissen, wie viele Leute in Filme geströmt sind, die als bahnbrechende feministische Statements angekündigt wurden, aber wir wissen nicht, ob diese Zahlen die geschlechtsspezifisch ausgerichteten Systeme beeinflussen können, die bahnbrechende feministische Filme überhaupt erst nötig machen. Es war ohne Zweifel beeindruckend zu sehen, wie Beyoncé eine feministische Identität, die man ihr hatte verweigern wollen, für sich beanspruchte, und es ist keine Frage, dass sie (und Emma und Lena und Taylor) andere angespornt haben, es ihr gleichzutun. Aber was kommt als Nächstes?

Wenn der Feminismus zum Produkt wird, zum eigenständigen Maßstab für Wert oder Unwert, zum Verkaufsargument für völlig nutzlose Produkte, lässt sich nur höchst unzuverlässig beurteilen, ob er »wirkt« oder nicht, denn dann geht es weniger um Feminismus als um Kapitalismus. Unternehmen, die feministische Körperlotion herstellen, feministische Energy-Drinks, feministische T-Shirts, haben kein Interesse daran, Bankrott zu gehen, indem sie den Status quo tatsächlich ändern.

Die Vermarktung des Feminismus ist unterdessen kein neues Phänomen. Wir kennen heute die feministischen Bewegungen am besten, die es geschafft haben, dass auch Außenstehende sie ohne größere Schwierigkeiten verstanden. Ausschlaggebend war die Optik: Die Feministinnen der ersten Welle wollten keine People of Color dabeihaben, die ihnen die Erlangung des Wahlrechts womöglich vermasselt hätten; die Feministinnen der zweiten Welle wollten keine Lesben und Transgenderfrauen dabeihaben, die mit ihren randständigen Identitäten die Bewegung kompromittiert hätten. Beide Bewegungen verkauften skeptischen Käufer*innen ein Markenimage. Und bis heute gehen Risse durch den Feminismus, weil es nicht gelang, den Spielraum dieser Marke zu erweitern – ein Fehler, der sich nicht wiederholen darf, wenn der Feminismus nicht nur einer elitären Klasse dienen will.

Der Feminismus muss sich weiterentwickeln, und wer Kapital schlägt aus seiner Ideologie, ohne selbst aktiv zu werden, hemmt in Wahrheit diesen Prozess. Was wir vielleicht als befreiend erleben, ist dann nur innerhalb der begrenzten Ziele des Kapitalismus befreiend. Die Fülle an Modeartikeln mit »Empowering«-Effekt ändert nichts daran, dass diese Industrie Frauen auf sämtlichen Produktionsebenen nachweislich ausbeutet. Wenn ein männlicher Pornostar als Feminist vergöttert wird, weil er nebenbei erwähnt hat, dass er Frauen achtet, verändert das nicht wie durch Zauberhand die Ausbeutungsökonomie der Sexindustrie. Wenn heute in einem System, das nach der Einstellung von zwei neuen TV-Drehbuchautorinnen erklärt: »Wir haben jetzt genug weibliche Autorinnen«, mehr weibliche TV-Drehbuchautorinnen beschäftigt sind als je zuvor, hat in dieser Branche noch lange nicht die Diversität gesiegt. Wenn 2015 drei schwarze Frauen einen Emmy erhalten, heißt das noch lange nicht, dass die rassistische Darstellung schwarzer Frauen in Hollywood nun endgültig passé wäre. Wenn die Umstände weniger schlecht sind, heißt das noch nicht, dass sie gut sind. Weniger Frauenfeindlichkeit in der Popkultur ist nicht dasselbe wie mehr Feminismus.

Doch im Moment rät uns der Marktfeminismus, dass wir uns mit dem Spatz in der Hand zufrieden geben sollen. Wir sollen glücklich sein mit dem, was wir haben, weil uns immer noch die Macht fehlt zu verhindern, dass man uns das, was wir haben, wieder wegnimmt, wenn wir den Hals nicht vollkriegen. Das ist nicht Feminismus, das ist das Stockholm-Syndrom.

Früher war es meine eiserne Überzeugung, dass sich Leute, besonders Frauen, denen die Gleichwertigkeit und Gleichbehandlung von Frauen wichtig ist, auch als Feministinnen bezeichnen müssten; alles andere wäre eine Beleidigung derer, die eine Welt errichtet haben, in der Feminismus wenigstens als Option besteht. Wenn Frauen einen Satz mit den Worten »Ich bin keine Feministin, aber ...« begannen, verzog ich das Gesicht. Heute weiß ich, dass das kurzsichtig war, weil ich damit andere Diskriminierungsformen völlig außer Acht ließ; mir war nicht bewusst, dass es Millionen von Frauen gab, die von den Feminismusbewegungen einfach ausgeblendet worden waren, sich mit ihren Problemen an den Rand gedrängt fühlten oder schon mal die Sprache des Feminismus gar nicht beherrschten.

Heute interessiert mich nicht so sehr, ob sich jemand das feministische Etikett anheftet, sondern vielmehr, was sie oder er mit dem Feminismus anstellt. Dass der Begriff den Mainstream erreicht hat, ist in meinen Augen kein Ziel an sich, sondern ein nützliches Werkzeug für den Aktivismus. Heute will ich, dass sich die Leute für mehr interessieren als das, was sie in den Listicles auf *BuzzFeed* finden. Ich will, dass die Frauen, die ich auf einem College-Campus treffe, Fragen stellen, die PR-Profis wie Beyoncé und Emma Watson nicht beantworten können. Ich will, dass Idealismus mehr ist als eine vorübergehende Modeerscheinung. Ich will, dass Feminismus auch dann noch Bedeutung hat, wenn niemand mehr darüber singt, auf dem roten Teppich darüber spricht oder ihn auf Omas Schlüpfer druckt.

Der Marktfeminismus lässt die Gleichberechtigung attraktiv, sexy und cool aussehen. Er verwandelt alltägliche Verhaltensweisen und Tätigkeiten in »mutige feministische Statements«; er verhilft unscheinbaren Stars zu einer faszinierend neuen Dimension; er bringt uns dazu, dass wir uns von Taylor Swift weismachen lassen, wir hätten schon den Gipfel der weiblichen Gleichberechtigung erreicht, wenn wir nur ständig von einer Riege fantastischer Freund*innen umringt seien. Der Marktferminismus hat es geschafft, dass wir lieber auf die lauteren feministischen Absichten einer Muppets-Figur vertrauen als auf die unkoordinierten Anstrengungen echter Frauen. Er macht die Leute glauben, sie könnten dem Feminismus zum Durchbruch verhelfen, indem sie den Status quo mit T-Shirt-Slogans und »Nur für mich«-Highheels aufhübschen. Er bewegt Schiffsladungen voller Konsumgüter. Er hat eine Glückssträhne. Aber ich hoffe – und ich hoffe, ihr hofft das auch –, dass wir uns die Freude und die Begeisterung für die Schaffung einer feministischeren Kultur bewahren und die nötige Entschlossenheit aufbringen, diese Kultur weiter zu gestalten. Die Welt des Post-Marktfeminismus mag weniger Schlagzeilen produzieren, doch es wird eine Welt sein, die nicht nur einigen wenigen finanziell ermächtigten Frauen nützt, sondern allen.

DANK

Dieses Buch wäre ohne meine Agentin Jill Grinberg nicht entstanden. Sie verdient weit mehr als eine bloße Erwähnung, und wenn sie dies liest, habe ich ihr hoffentlich schon einen Korb Muffins oder einen sehr teuren Wein geschickt, den jemand, der sich damit auskennt, für sie ausgesucht hat. Für dieses Buch habe ich mich mit vielen Autorinnen, Journalisten, Wissenschaftlerinnen, Aktivistinnen und klugen Leuten unterhalten, und obwohl ich nicht alle zitieren konnte, hat mir doch jedes Gespräch fantastische Erkenntnisse beschert. Ich danke ihnen allen dafür, dass sie sich die Zeit nahmen, und ich danke ihnen für die wichtige Arbeit, die sie tun: Veronica Arreola, Jennifer L. Pozner, Linda Hirshman, Phoebe Robinson, Susan J. Douglas, Anna Holmes, Feminista Jones, J. Maureen Henderson, Leslie Bennetts, Leora Tanenbaum, Nicki Lisa Cole, Allison Dahl Crossley, Tamara Winfrey Harris, Jaclyn Friedman, Soraya Chemaly, Inkoo Kang, Melissa Silverstein, Jessica Bennett, Anne Elizabeth Moore, Mary Dore, Gloria Feldt, Jessica Valenti, Zeba Blay, Sarah Banet-Weiser, Lisa Wade und Susan Brownmiller. Mein besonderer Dank gilt Susan J. Douglas und bell hooks, den beiden Autorinnen, von denen ich überhaupt erst erfuhr, dass die Liebe zur Popkultur unglaublich bereichernd und gleichzeitig unendlich frustrierend sein kann.

Dank geht auch an meine Lektor*innen beim Verlag Public Affairs, Clive Priddle und Maria Goldverg, dank deren durchdachten Hinweisen und gründlichem Lektorat das Schreiben und Überarbeiten dieses Buches so angenehm war, wie das Schreiben und Überarbeiten eines Buches sein kann. Danke auch an Marco Pavia, meinen Hersteller, der alles zusammenführte und viel Geduld aufbrachte, als ich diese Danksagung immer wieder hinausschob.

Dank an meine Redakteurinnen bei *Salon* und *Oregon Humanities*, zwei Publikationen, für die ich zunächst einige der Themen in diesem Buch aufarbeitete. Und da ich nicht wie Jonah Lehrer enden will, weise ich gleich darauf hin, dass ich Passagen dieser Beiträge überarbeitet habe, einige Formulierungen aber unverändert geblieben sind.

Dank geht an meine Kolleginnen von Bitch Media, eine Gruppe von Frauen, deren Klugheit, Engagement, Optimismus und Humor ihresgleichen suchen. Ich schätze mich glücklich, mit ihnen meine Tage verbringen zu dürfen. Ein spezieller Dank gilt unserer Geschäftsführerin Julie Falk, die in den vergangenen zwei Jahren meine Neurosen toleriert und auch erste Entwürfe dieser Kapitel gelesen hat; ebenso an Kate Lesniak und Ashley McAllister, die mir geholfen haben, Dinge in meinem Leben zu organisieren, die ich dauernd vergessen würde.

Ich bedanke mich bei Rabbi Danya Ruttenberg, meiner Brieffreundin zwischen Evanston und Jerusalem; bei Paul Fischer, der mir während der Recherche zu diesem Buch mehrmals seine Couch lieh, und bei Rollene Saal, die zu kennen mich schon sehr stolz macht.

Mein Dank geht zudem an die Mitglieder des Little Justice Media Club Portland Original für ihre Freundschaft, ihre moralische Unterstützung, ihr Aufschubfutter und den Käse. Ein besonderer Dank gilt Briar Levit, dessen Kreativität, Beharrlichkeit und Neugier mich ständig zu mehr und Besserem antreiben.

Dank an alle Zeisler-Geschwister für die Unterstützung aus der Ferne. Besonders danke ich Jeff Walls für seine Liebe und Nachsicht für all das, was mit dem Manuskriptabgabetermin der Ehefrau eben so einhergeht. Und Dank an Harvey Zeisler-Walls, der mich immer mal daran erinnert hat, eine Pause einzulegen.

Und schließlich will ich euch allen danken, die ihr Feminist*innen wart, seid und sein werdet.

ANMERKUNGEN

1 Giles Slade, *Made to Break. Technology and Obsolescence in America*, Cambridge: Harvard University Press, 2007, S. 19.
2 www.mediainstitute.edu/media-schools-blog/2014/02/edward-bernays
3 www.ncbi.nlm.nih.gov/pmc/articles/PMC1748044/pdf/v014p00172.pdf
4 fcpfragrance.wordpress.com/2013/04/17/successful-brands-charlie
5 »The Alluring Right-Hand Diamond Ring«, NBCnews.com, 20. Januar 2004.
6 Kiran Adhikam, »Behind-the-Swoosh: The-Making of Nike's Greatest Commercials«, *MediaBistro*, 25. Januar 2010.
7 scholarship.law.marquette.edu/cgi/viewcontent.cgi?article=1150&context=sports law
8 Eine eigene Kategorie, das sogenannte »Sadvertising« (sad = dt. traurig) ist im viralen Zeitalter zu großer Blüte gelangt, zum Teil als Reaktion auf einen referenziellen »zu-cool-für-die-Schule«-Trend, der die späten 1990er und die frühen 2000er Jahre prägte.
9 Susan J. Douglas, *Where the Girls Are. Growing Up Female with the Mass Media*, New York: Times Books, 1994, S. 247.
10 Die Quäkerin aus Philadelphia (1752–1836) nähte der Legende nach die erste Flagge der Vereinigten Staaten (Anm. d. Ü.).
11 In: *Critical Studies in Mass Communication*, 7 (1990), Nr. 3, S. 215–230.
12 Karen Ward Mahar, *Women Filmmakers in Early Hollywood*, Baltimore 2008, S. 190.
13 Michelle Goldberg, »Where Are the Female Directors?«, in: *Salon*, 27. August 2002, S. 4, 5. Laura Hertzfeld, »From Sundance to the Multiplex. Women Directors are Taking the Spotlight«, in: *Entertaiment Weekly*, 16. August 2013.
14 www.theguardian.com/film/2002/sep/08/features.review1

15 www.ew.com/article/2013/08/16/women-directors-to-do-list-sundance
16 Marie C. Wilson, *Closing the Leadership Gap. Add Women, Change Everything*, New York 2004.
17 Brent Lang, »Theater Chief Says 2015 Will Be ›Year of Women‹ at Box Office«, in: *Variety*, 21. April 2015.
18 Megan Angelo, »The Bridesmaids Effect. 6 Hollywood Changes The Chick-Comedy's Big Weekend Will Trigger«, in: *Business Insider*, 16. Mai 2011.
19 »›Bridesmaids‹ Effect. Funny Women Flourish in Female-Written Comedies Like ›Pitch Perfect‹«, *Associated Press*, 28. September 2012.
20 Aja Romano, »The Mako Mori Test. ›Pacific Rim‹ Inspires a Bechdel Test Alternative«, in: *The Daily Dot*, 18. August 2013.
21 Nein, diese verkaufen wir nicht, aber – und das soll jetzt keine Prahlerei sein – unsere neuste Charge T-Shirts mit dem Aufdruck »Outsmart the Patriarchy« war innerhalb einer Woche ausverkauft.
22 Im Jahr 2003 begann auch Planned Parenthood mit dem Verkauf eigener T-Shirts. Entworfen von der feministischen Aktivistin Jennifer Baumgardner als Begleitartikel zu ihrem gleichnamigen Dokumentarfilm, trugen sie den Aufdruck »I had an abortion«.
23 Angela Y. Davis: »Afro Images. Politics, Fashion and Nostalgia«. Critical Inquiry, Bd. 21, Nr. 1 (1994).
24 tressiemc.com/2012/06/23/the-atlantic-article-trickle-down-feminism-and-my-twitter-mentions-god-help-us-all
25 rocunited.org/new-report-the-glass-floor-sexual-harassment-in-the-restaurant-industry
26 Susan Faludi, *Die Männer schlagen zurück. Warum die Siege des Feminismus sich in Niederlagen verwandeln und was Frauen dagegen tun können*, übersetzt von Susanne Hübner, Reinbek, 1993, S. 208–220.
27 scholarship.law.duke.edu/cgi/viewcontent.cgi?article=3311&context=dlj
28 Susan J. Douglas, »Patriarchy, New and Improved«, in: *These Times*, 22. November 2002.
29 morningafter.gawker.com/unreal-creator-sarah-gertrude-shapiro-talks-feminism-an-1721758299
30 Angela McRobbie, The Aftermath of Feminism: Gender, Culture and Social Change, Sage Publications, 2009. S. 14.
31 livefromthetrail.com/about-the-book/speeches/chapter-18/vice-president-dan-quayle
32 www.scpr.org/programs/the-frame/2014/09/23/39476/geena-davis-institute-study-shows-gender-gap-in-fi
33 Zeba Blay, »How Feminist TV Became the New Normal«, in: *The Huffington Post*, 18. Juni 2015.
34 medium.com/@mariskreizman/game-of-thrones-and-the-threatening-fantasy-ec8767758cda
35 Tamara Winfrey Harris, »All Hail the Queen? What Do Our Perceptions of Beyonce's Feminism Say About Us?«, in: *Bitch*, Mai 2013.
36 STOP ERA war das Akronym für »Stop Taking Our Privileges«. Die Kampagne thematisierte unter anderem das Schreckgespenst der genderneutralen Toilette als Ergebnis einer gleichheitstrunkenen Zukunft – nicht unähnlich den Anti-Trans-

gender-Kreuzzüglern unserer Tage, die die öffentliche Toilette in den Mittelpunkt ihrer ganz eigenen Angstkampagnen rücken.

37 Mia McKenzie, »Why I'm Not Really Here For Emma Watson's Feminism Speech At the U.N.«, 24. September 2014.
38 Ramona Barth, »The Feminist Crusade«, in: *The Nation*, 17. Juli 1948.
39 Katherine Cross, »Words, Words, Words. On Toxicity and Abuse in Online Activism«, Januar 2014.
40 »Mo'Nique: I Was ›Blackballed‹ After Winning My Oscar«, in: *The Hollywood Reporter*, 19. Februar 2015.
41 Roxane Gay, »Emma Watson? Jennifer Lawrence? These Aren't the Feminists You're Looking For«, in: *The Guardian*, 10. Oktober 2014.
42 Jennifer L. Pozner, »The Big Lie. False Feminist Death Syndrome, Profit, and the Media«, in: Rory Dicker und Allison Piepmeier (Hg.), *Catching a Wave. Reclaiming Feminism for the 21st Century*, Boston 2003, S. 31.
43 Susan Faludi, *Die Männer schlagen zurück. Wie die Siege des Feminismus sich in Niederlagen verwandeln und was Frauen dagegen tun können*, übersetzt von Sabine Hübner, Reinbek 1993, S. 21.
44 Ebd., S. 126.
45 Ebd., S. 153 f.
46 Douglas, Susan J., *Where the Girls Are: Growing Up Female with the Mass Media*, New York 1994.
47 Faludi, *Die Männer schlagen zurück*, S. 178.
48 Cora Harris, »She's Gotta Have It. A Comedy in Error«, http://socialism.com/drupal-6.8/?q=node/2643
49 Kimberlé Williams Crenshaw, »Black Women Still in Defense of Ourselves«, in: *The Nation*, 24. Oktober 2011.
50 Rebecca Walker, *To Be Real. Telling the Truth and Changing the Face of Feminism*, New York 1995.
51 Camille Paglia, *Der Krieg der Geschlechter. Sex, Kunst und Medienkultur*, übersetzt von Margit Bergner, Ulrich Enderwitz und Monika Noll, Berlin 1993, S. 62.
52 Camille Paglia, *Die Masken der Sexualität*, übersetzt von Margit Bergner, Berlin 1992, S. 66.
53 Camille Paglia, *Vamps and Tramps. New Essays*, New York 1994, S. 111.
54 Naomi Wolf, *Die Stärke der Frauen. Gegen den falsch verstandenen Feminismus*, übersetzt von Andrea Galler, München 1993, S. 185.
55 Kristine Herman, »Demands from the Women of Antioch«, in: Jodi Gold und Susan Villari (Hg.), *Just Sex. Students Rewrite the Rules on Sex, Violence, Activism, and Equality*, Lanham, M. D. 1999.
56 »Are You a Card-Carrying Feminist?«, in: *BUST*, Winter 2000.
57 Barbara Ehrenreich, «Are women getting unhappier? Don't Make Me Laugh«, in: *Los Angeles Times*, 14. Oktober 2009; siehe auch articles.latimes.com/2009/oct/14/opinion/oe-ehrenreich14
58 www.opendemocracy.net/article/putting_power_back_into_empowerment_0
59 Elona Jones, »Go Ask Alice. A Q&A with author and punk veteran Alice Bag«, in: *Bitch*, Sommer 2012, S. 38.

60 Sara Marcus, *Girls to the Front. The True Story of the Riot Grrrl Revolution*, New York 2010, S.190.

61 Kapitel 3f, in der Übersetzung von Jenny Hirsch, gutenberg.spiegel.de/buch/die-horigkeit-der-frau-the-subjection-of-women-1465/3

62 Rickie Solinger, *Beggars and Choosers. How the Politics of Choice Shapes Adoption, Abortion, and Welfare in the United States*, New York 2002.

63 Summer Wood, »On Language. Choice«, in: *Bitch*, Frühjahr 2004.

64 Linda Hirshman, »Homeward Bound«, in: *The American Prospect*, 21. November 2005.

65 »The Most Pointless, Pretentious, and Useless Business Jargon«, in: *Forbes*, 6. Januar 2012.

66 www.makers.com/conference/2014

67 Christine Haughney und Leslie Kaufman, »The Rise of Conferences on Women's Empowerment«, in: *New York Times*, 6. Oktober 2014.

68 Aristoteles, Über die Zeugung der Geschöpfe, übersetzt von Paul Gohlke, Paderborn 1959, S.59f.

69 Stephen Jay Gould, *Der falsch vermessene Mensch,* übersetzt von Günter Seib, Frankfurt a. M. 1988, S.108f.

70 Melissa Harris-Perry, »Nightline Asks Why Black Women Can't Get a Man«, in: *The Nation*, 22. April 2010.

71 Aaron Breitkrutz, »With Abortion, Feminists are Waging War on Women«, in: HutchinsonLeader.com, 3. Oktober 2015.

72 Melinda Henneberger, »What Brought Carly Fiorina Down at HP Is Her Greatest 2016 Asset«, in: *Bloomberg Business*, 30. April 2015.

73 Übersetzt von Heinz Tophinke, Kreuzlingen/München 2001.

74 Übersetzt von Rosemarie Winterberg, München 1968.

75 Elizabeth Dwoskin, »Is This Woman Too Hot to Be a Banker?«, in: *The Village Voice*, 1. Juni 2010.

76 Nicole Hensley, »Port Authority Cops Said Female Recruit was ›Too Feminine‹ to be a Police Officer: Lawsuit«, in: *New York Daily News*, 10. Dezember 2014.

77 Jim Edwards, »Inside the ›Conspiracy‹ That Forced Dov Charney Out of American Apparel«, in: *Business Insider*, 21. August 2015.

78 Benjamin Wallace, »Is Terry Richardson an Artist or a Predator?«, in: *New York*, 15. Juni 2014.

79 Kara Jesella, »The Collarbone's Connected to Slimness«, in: *The New York Times*, 10. Mai 2007.

80 www.stylist.co.uk/people/lucy-mangan-our-grandmas-had-corsets-we-have-vajazzling

81 Lynn Peril, *Pink Think. Becoming a Woman in Many Uneasy Lessons*, New York 2002.

82 Lorraine Berry, »Caitlin Moran: Women Have Won Nothing«, in: *Salon*, 16. Oktober 2012.

83 Übersetzt von Susanne Reinker, Berlin 2013.

84 www.public.iastate.edu/~jwcwolf/Papers/Bordo.pdf

85 Susie Orbach, *Das Anti-Diätbuch. Über die Psychologie der Dickleibigkeit, die Ursachen von Esssucht*, übersetzt von Inge Wacker, München 1987.

86 Jack Neff, »Ten Years In, Dove's ›Real Beauty‹ Seems to Be Aging Well«, in: *AdvertisingAge*, 22. Januar 2014.

87 Ders., »Dove's ›Real Beauty‹ Hits a Rough Patch«, in: *AdvertisingAge*, 14. April 2014.

88 adage.com/article/news/dove-s-real-beauty-hits-a-rough-patch/292632/

89 Susan J. Douglas, *Enlightened Sexism. The Seductive Message That Feminism's Work Is Done*, New York 2010.

90 Roxane Gay, »The Seduction of Safety, on Campus and Beyond«, in: *New York Times*, 13. November 2015.

91 Gail Collins, *When Everything Changed. The Amazing Journey of American Women from 1960 to the Present*, Boston 2009.

92 Hayley Peterson, »McDonald's Hotline Caught Urging Employee To Get Food Stamps«, in: *Business Insider*, 24. Oktober 2013.

93 www.guttmacher.org/media/inthenews/2015/07/01

PERSONENREGISTER

A

Abraham, Farrah 145
Abzug, Bella 83, 92, 124, 223
Adele 102
Adichie, Chimamanda Ngozi 9, 138
Alda, Alan 141, 148
Allen, Lily 147, 148
Allen, Woody 76, 175
Anders, Alison 63
Aniston, Jennifer 197, 226, 282
Ansari, Aziz 143
Arbuckle, Roscoe »Fatty« 54
Arquette, Patricia 159, 160, 162
Arzner, Dorothy 52
Atwood, Margaret 89, 169

B

Bag, Alice 203
Banks, Tyra 102, 272
Barth, Ramona 155
Basinger, Jeanine 57
Batliwala, Srilatha 200
Beal, Frances 179
Bechdel, Alison 73, 75
Bernays, Edward 22
Beyoncé 9, 10, 135–139, 144, 150, 155, 283, 284, 287
Bigelow, Kathryn 67, 70
Blakely, Sara 101
Blay, Zeba 126, 128, 129, 289
Bloomer, Amelia 81
Boal, Mark 27
Bolotin, Susan 170, 171, 181
Boone Isaacs, Cheryl 67
Bordo, Susan 262
Bow, Clara 52
Breen, Joseph 55
Breslin, Susannah 190
Brumberg, Joan Jacobs 253
Bruni, Frank 71
Buchanan, Pat 124, 125
Bush, George W. 30, 89, 90

C

Champ, Janet 32
Charney, Dov 246
Cher 168
Clarke, Edward 230
Clinton, Bill 113, 201
Clinton, Hillary 95, 142, 236, 238, 239
Clooney, George 165
Cole, Nicki Lisa 289
Collins, Gail 279
Cosby, Bill 112
Crawford, Joan 57, 58
Crenshaw, Kimberlé Williams 180
Crisanti, Gina 265
Cross, Katherine 157
Curtis, Jamie Lee 40
Cyrus, Miley 118, 147, 148, 198, 249, 253

D

Daniels, Lee 68, 164
Daum, Meghan 238
Davis, Angela 91–93, 171
Davis, Bette 57, 58
Davis, Geena 127, 128, 144, 226
Dearden, James 175
DeGeneres, Ellen 142, 152, 273
Deggans, Eric 75
Douglas, Michael 162, 176
Douglas, Susan J. 37, 39, 117, 274, 289
Douthat, Ross 71, 192
Dowd, Maureen 192
Dunham, Lena 11, 100, 130, 131, 144, 150, 160
DuVernay, Ava 72

E

Echols, Alice 156
Egerman, Barbara 139
Ehrenreich, Barbara 193
Ephron, Nora 76
Etcoff, Nancy 242, 247, 248, 264, 270

F

Faludi, Susan 170, 173
Feig, Paul 70, 72
Feldt, Gloria 89, 289
Ferguson, Marjorie 51
Fey, Tina 102, 126, 162
Findlen, Barbara 182
Fiorina, Carly 95, 236–239
Fithian, John 65, 66
Frémaux, Thierry 66
Friedman, Ann 269
Friendly, David T. 69
Friend, Tad 70
Fudge, Rachel 157
Fuller, Simon 205

G

Gandy, Kim 238
Gay, Roxane 165, 278
Gevinson, Tavi 85, 86
Ginsberg, Ruth Bader 144
Goldstein, Marilyn 169
Granik, Debra 61
Greenfield, Lauren 41
Greer, Germaine 82, 260
Guy-Blaché, Alice 52
Gyllenhaal, Maggie 72

H

Hack, Shelley 25, 27
Hager, David 89
Hakim, Catherine 242, 243, 248
Hall, G. Stanley 230
Halliwell, Geri 207
Hanna, Kathleen 92, 205
Harlow, Jean 53
Harris, Cora 176
Harris, Leslie 61
Harris-Perry, Melissa 231
Harris, Tamara Winfrey 138, 232, 289
Harron, Mary 62
Harvey, Steve 231, 232

PERSONENREGISTER | **301**

Hathaway, Anne 76
Hawthorne, Nathaniel 58
Hays, Will 53
Heigl, Katherine 57, 163
Henderson, J. Maureen 289
Herman, Kristine 189
Herzigova, Eva 37, 38
Hill, Anita 178–181, 201
Hirshman, Linda 213–215, 217, 289
Hoff Sommers, Christina 237
Holmes, Anna 226, 289
Holtzclaw, Daniel 13
hooks, bell 72, 136, 172, 289
Hudson, Kate 76

J

James, Lily 190
Jay Z 136, 150
Jenner, Caitlyn 234
Jhally, Sut 45, 267
Johnson, Kjerstin 75
Jones, Samantha 53
Jordan, Barbara 109, 223
Judd, Ashley 87

K

Kaling, Mindy 130
Kamen, Paula 177, 178
Kang, Inkoo 289
Kilbourne, Jean 45, 267
Koster, Megan 226
Kreizman, Maris 130
Kuczynski, Alex 251

L

Lady Gaga 145
Lansing, Sherry 175
LaSalle, Mick 54, 55
Lasch, Christopher 36
Lauzen, Martha 67
Lear, Norman 109, 110
Le Bon, Gustave 230

Lee, Spike 32, 176, 177
Lennox, Annie 136
Lilly, Evangeline 145
Liss, Shannon 181
Lorenzana, Debrahlee 245
Louis-Dreyfus, Julia 162
Lyne, Adrian 176

M

Malone, Annie Turnbo 21
Marcus, Sara 203
Maule, Frances 21
Mayer, Marissa 100, 227
Mazza, Cris 191
McKenzie, Mia 152
McMillan Cottom, Tressie 99
McRobbie, Angela 38, 123
Meyers, Nancy 76
Mikulski, Barbara 202
Miller, George 168
Mill, John Stuart 210
Minaj, Nicki 58, 148, 150
Mink, Patsy 223
Mo'Nique 163
Moran, Caitlin 234, 259, 261

N

Nadella, Satya 220
Nicholson, Jack 168
Nixon, Richard 279, 280
Nussbaum, Emily 122

O

Obama, Barack 90, 95, 238, 280
Orbach, Susie 264
Orenstein, Peggy 208

P

Paglia, Camille 92, 185, 186, 189, 190
Palin, Sarah 100, 235, 238, 239
Pao, Ellen 106
Perez, Rosie 144

Perry, Katy 13, 145, 234, 273
Peters, Tom 95
Pfeiffer, Michelle 168
Pickford, Mary 52
Poehler, Amy 144, 258
Portman, Natalie 143, 144
Pozner, Jennifer L. 115, 116, 169, 266, 289
Putnam, Keri 63

Q

Quayle, Dan 124

R

Radcliffe, Daniel 151
Reagan, Ronald 37, 99, 172, 207
Rhimes, Shonda 126
Rice, Condoleezza 100
Richards, Ann 224
Richardson, Terry 248, 249
Rich, Lois 139
Rich, Melissa 139
Rihanna 148, 150
Roiphe, Katie 185–187, 189, 190
Romney, Mitt 56
Ryan, Paul 56

S

Sandberg, Sheryl 11, 14, 98, 225, 227
Sarandon, Susan 168
Sarkeesian, Anita 74
Schmitt, Mary 32
Schumer, Amy 162, 163, 280
Shapiro, Sarah Gertrude 120
Showalter, Elaine 84
Silverstein, Melissa 52, 71–73, 76, 127, 289
Sirk, Douglas 56
Smith, William Kennedy 248
Solomon, Barbara Bryant 199
Soloway, Jill 126
Spar, Deborah 25
Stanwyck, Barbara 53, 57, 58
Steinem, Gloria 13, 83, 92–94, 97, 155, 193, 226, 238

Stevenson, Betsey 192, 193
Stone, Emma 199
Sturm, Susan 183
Swank, Hilary 70
Swift, Taylor 10, 98, 143, 145–147, 150, 199, 287

T

Taylor, Elizabeth 140, 150, 151
Taylor, Kate 196
Thatcher, Margaret 99, 207
Theron, Charlize 48, 49, 50
Thomas, Clarence 178–181, 201
Travers, Peter 61

U

Updike, John 167, 168, 169

V

Varda, Agnes 66
Vardalos, Nia 69
Vernon, Polly 196

W

Walker, Alice 181
Walker, Madam C. J. 21
Walker, Rebecca 155, 181, 182
Wallace, David Foster 63, 75
Watson, Emma 10, 14, 148–153, 164, 165, 287
Weber, Lois 52
West, Mae 53
Wiig, Kristin 40
Winfrey, Oprah 94, 101
Wolfers, Justin 192, 193
Wolfe, Tom 36
Wolf, Naomi 155, 186, 212, 213, 250
Wyler, William 56

Y

Young, Cathy 195

Tansy E. Hoskins
Das antikapitalistische Buch der Mode

Aus dem Englischen
von Magdalena Kotzurek

320 Seiten, Klappenbroschur, 2016
ISBN 978-3-85869-705-9, Fr. 26.– | € 24,–

Mode macht Spaß. Mode verleiht Macht. Mode ist das Lieblingskind des Kapitalismus. Mode ist ebenso großartig und spannend, wie das System dahinter schmutzig und zerstörerisch ist. Die britische Journalistin Tansy Hoskins leuchtet das Geschäft mit der Mode in seinen dunklen Ecken aus. Von Haute Couture bis H&M, von Karl Marx bis Karl Lagerfeld erzählt sie über die Entstehung des Phänomens Massenmode, über Körper und Kapitalismus, Werbung und Widerstand.

»*Eine fundierte, sarkastische Analyse der Mode als perfides Geschäftsmodell – und als gutgeschmierte Verführungsmaschinerie.*«
Carmen Böker, Berliner Zeitung

Rotpunktverlag.